走向开放的高校后勤
——纪念改革开放40年高校后勤社会化改革案例集

ZOU XIANG KAI FANG DE GAO XIAO HOU QIN
——JI NIAN GAI GE KAI FANG 40 NIAN GAO XIAO
HOU QIN SHE HUI HUA GAI GE AN LI JI

主　编◎张柳华
副主编◎卢彩晨　赵相华　李英华

中国政法大学出版社

2018·北京

声 明	1. 版权所有，侵权必究。	
	2. 如有缺页、倒装问题，由出版社负责退换。	

图书在版编目（ＣＩＰ）数据

走向开放的高校后勤:纪念改革开放40年高校后勤社会化改革案例集/张柳华主编.—北京：中国政法大学出版社，2018.10

ISBN 978-7-5620-8632-1

Ⅰ.①走… Ⅱ.①张… Ⅲ.①高等学校－后勤工作－改革－案例－汇编－中国 Ⅳ.①G647.4

中国版本图书馆CIP数据核字(2018)第238832号

出 版 者	中国政法大学出版社
地　　址	北京市海淀区西土城路 25 号
邮寄地址	北京 100088 信箱 8034 分箱　邮编 100088
网　　址	http://www.cuplpress.com（网络实名：中国政法大学出版社）
电　　话	010-58908285(总编室)　58908334(邮购部)
承　　印	北京朝阳印刷厂有限责任公司
开　　本	720mm×960mm　1/16
印　　张	21.75
字　　数	333 千字
版　　次	2018 年 10 月第 1 版
印　　次	2018 年 10 月第 1 次印刷
定　　价	65.00 元

高校后勤社会化改革的回顾与展望

——在纪念改革开放 40 年高校后勤社会化改革高峰论坛上的讲话

（代序）

今年是改革开放 40 年，也是中国高校后勤系统锐意改革、大胆创新、勇于担当、不懈奋斗的 40 年。40 年前，以党的十一届三中全会为标志，中国开启了改革开放的历史征程。小岗破冰、深圳弄潮、浦东逐浪、雄安扬波……改革开放从农村开始，逐步向城市推进，从经济领域逐步向其他各个领域扩散。40 年弹指一挥间，中国社会发生了天翻地覆的变化，中国高等教育发展也经历了令全世界瞩目的大跨越。在这个过程中，高校后勤社会化改革的不断探索与实践，促进了校园服务保障能力的大大增强、服务管理水平的快速提升，对高等教育的跨越式发展和办学体制改革的探索，起到了引领、拉动、示范、支撑的重要作用。40 年改革开放，高校后勤面貌发生了翻天覆地的历史性巨变；40 年砥砺前行，高校后勤为我国高等教育大众化做出了不可磨灭的卓越贡献。教育部原副部长鲁昕曾经说过："对高校后勤改革用再高的评价也不为过。"

回顾总结 40 年高校后勤改革的历程和变化，系统梳理改革所积累和创造的宝贵经验，对于我们深刻认识高校后勤事业发展的历史轨迹，在新的历史起点继续深化高校后勤社会化改革，为实现教育现代化目标，具有十分重要的理论价值和现实意义。

一、40 年高校后勤社会化改革的发展历程

中国高校后勤社会化改革的探索与实践伴随中国改革开放的步伐，大致经历了四个阶段。

(一) 对高校后勤改革社会化方向的探索阶段 (1979~1998年)

1979年，在农村改革、国企改革和集体经济个体经济逐步恢复的大背景下，上海同济大学等高校率先尝试高校食堂半企业化管理，在福利性办伙前提下实行经费任务承包。这项改革探索，很快由上海、北京等地的高校向其他地区高校逐步扩散；由食堂单项承包、多项承包发展到以总务处为单位的"大承包""全面承包"。通过引进企业化管理的定额生产、绩效挂钩、自主用工、奖金分配、经费包干机制，克服管理体制上吃"大锅饭"的弊端，打破"铁饭碗"平均分配方式，有效激励了后勤职工的积极性，提高了劳动效率和服务水平。在这一改革探索中，南京大学校长匡亚明首次提出"高校后勤服务工作实现社会化"，成为对高校后勤改革社会化方向探索的起点。1985年5月，《中共中央关于教育体制改革的决定》正式提出："高等学校后勤服务工作的改革，对于保证教育改革的顺利进行，极为重要，改革的方向是实行社会化。"高校后勤社会化改革方向由此以官方文件正式确立。随着国家经济领域改革取得的巨大成功和高校后勤探索准企业化运营成效的逐步显现，对高校后勤改革社会化方向的共识初步形成，同时也开启了高等教育领域和高校后勤系统对高校后勤社会化改革目标模式与实现路径的艰难探索。

(二) 政府大力推动高校后勤社会化改革阶段 (1999~2003年)

从世纪之交的1999年年底开始，为了解决高等教育跨越式发展的瓶颈问题，国务院连续四次召开推进高校后勤社会化改革的工作会议，在全国范围开始了波澜壮阔的高校后勤社会化改革。改革的阶段性目标就是：减轻高等学校办学负担，为我国高等教育事业的跨越式快速发展提供有力支撑。改革的主要举措是对高校后勤服务实体进行规范剥离，全面实行高校后勤甲乙方的管理体制和后勤服务的独立核算与企业化管理，有效整合和充分利用社会各方资源支持高校后勤基础设施建设，吸收社会企业参与高校后勤服务。这一阶段的改革实践，对高等教育的跨越式发展和办学体制改革的探索，起到了拉动、示范、支撑的重要作用，同时为这一时期校园服务产业的发展提供了新的市场空间，催生出一批源于高校的后勤服务企业快速成长和进入高校的社会服务企业做大做强，为后续的改革奠定了良好基础。

(三) 新型高校后勤保障体系探索与构建阶段 (2003~2012年)

早在进入新世纪之前，党的十五大报告就提出了把什么样的中国带入21

世纪的蓝图和设想。2003年9月25日，在教育部发展规划司课题《21世纪新型高校后勤保障体系构想》开题时课题组提出了构建新型高校后勤保障体系的五句话："市场提供服务，学校自主选择，政府宏观调控，行业自律管理，部门依法监督。"2005年5月该书由盛裕良主编正式出版，对21世纪新型高校后勤保障体系的"五句话"进行了系统论述。2005年12月教育部副部长袁贵仁在"中国高教学会后勤管理分会成立二十周年纪念大会"上指出：高校后勤社会化改革的一个目标是要建立"市场提供服务，学校自主选择，政府宏观调控，行业自律管理，职能部门监管"的新型高校后勤保障体系。2011年5月时任教育部副部长鲁昕在教育部召开的"高校后勤改革座谈会"上进一步肯定"五句话"，并且强调政府履行后勤服务公益性责任是当前高校后勤改革发展的一个重点，明确提出要按照"公益性投入与市场化运营相结合"的原则建立新型高校后勤保障体系，从理论上理清了公益性与市场化的关系。2012年，教育部等五部委联合下发了《教育部等五部门关于进一步加强高等学校学生食堂工作的意见》，通过政策文件对"公益性投入与市场化运行相结合"的原则进行了固化。对深化高校后勤改革，保障学生食堂平稳运行，建立可持续发展的长效运行机制，具有重大而深远的意义。这一阶段，高校后勤社会化改革围绕构建新型高校后勤保障体系进行理论研究和实践探索取得明显成效，开始逐步摆脱矛盾与困惑。主要表现为对社会化目标模式的共识逐步增强，校内后勤服务市场开放逐步扩大，服务项目外包逐步增多，校内服务竞争机制逐步形成，高校后勤服务社会化模式呈现多样化。

（四）全面建设高校后勤现代化阶段（2013～）

2010年国务院发布的《教育中长期发展纲要》提出到2020年实现教育现代化的目标；2015年国务院印发《统筹推进世界一流大学和一流学科建设总体方案》，双一流大学建设开始启动。从党的十八大到十九大提出了全面建设小康社会和中国整体成为教育强国的战略目标，许多高校开始研究探讨实现高校后勤现代化建设的规划，以支撑高等教育现代化目标的实现。中国教育后勤协会一届五次理事会学习贯彻党的十九大精神，向全国高校后勤系统明确提出"把实现教育后勤现代化，建设世界一流校园服务管理体系，办好广大师生满意的现代学校后勤"作为奋斗目标，在全国高校后勤系统产生很大反响。当前，推进高校后勤现代化建设还在路上，其主要任务是在构建新型高校后勤保障体系的基础上，适应新时代要求，贯彻五大发展理念，着力内涵发展，以质量为核心，注重新科技、新模式、新业态运用，更加开放、规范、多元办后勤，形成政府投入保障充分、全国校园后勤发展水平均衡、校园服务市场开放有序、学校监管科学严密、服务主体多元公平竞争、服务产品绿色安全丰富、充分满足多样化个性化服务需求、体现优质高效便捷的现代学校后勤服务体系。校园环境和后勤设施建设水平、服务管理队伍专业化水平、服务标准体系建设水平、高科技应用水平、服务的人性化和精细化水平等都稳稳处于世界大学校园服务管理的领先地位，成为实现中国教育现代化、建设教育强国的重要支撑和助推器。

二、高校后勤社会化改革的历史成就

40年高校后勤社会化改革取得的成就，主要体现在其推动高校后勤事业已经实现或正在实现的六个方面的重大转变。

（一）高校后勤由国家计划性单一配置资源向多元化配置资源转变

高等教育开放办学和高校开放办后勤的推进，促使高校改变了过去计划经济时代形成的长期完全依赖政府按计划投入方式配置后勤资源模式。特别是在基础设施建设投资和设备更新改造投资方面，由国家计划性单一性投资体制转变为国家计划拨款、学校通过金融机构融资、后勤实体经营性投入、多渠道吸收社会资本投入等多元化的资源配置方式，发挥了市场机制配置资源的作用。从而不仅在短时期内有效解决了高等教育外延式快速发展瓶颈问题，而且为高校后勤队伍建设、后勤管理和生产方式的改变，新技术的应用提供了重要保证。

（二）高校后勤财务管理由计划性拨款向购买服务的付款方式转变

高校后勤社会化改革对高校传统的财务管理体制产生了重大的影响，实现了高校后勤服务"拨款改付款"的改革，推行了高校后勤服务收费制。随着后勤社会化改革的推进，校内服务单位转为实体，后勤服务职能主要由学校的服务实体（企业）按企业化运营和引进社会企业承担。学校与后勤实体（企业）经营者之间的财务关系必然产生重大改变，由过去按计划的事业型拨款方式，转变为按成本核算标准向经营单位付款"购买服务"方式。学校、后勤行政管理机关、后勤经济实体之间的责权利进一步明确，一定程度解决了"大锅饭"问题，后勤经济实体的内部治理结构和运行机制也得到进一步完善。

（三）高校后勤服务体系由封闭型、福利型向开放型、竞争型转变

高校后勤社会化改革的推进，使开放办后勤的理念越来越深入人心，在高校后勤系统形成普遍共识，开放校园后勤服务市场，引入竞争机制，通过竞争优化资源配置、提升服务质量和管理效率，校园服务领域与社会相关服务领域的融合贯通大大加强，特别是在校园伙食、物业、商贸、能源服务等领域，高校后勤与社会相关行业之间在管理方法借鉴、标准规范使用、先进技术应用、服务产品引入等方面，相互交流学习、相互融通、相互影响。

（四）高校由办后勤为主向引进与监管为主转变

高校后勤社会化改革的推进，虽然逐步走向开放，但过去一些年来一直没有走出自办后勤为主的体制。近年来，高校服务项目外包明显增多，引进社会企业进校服务的增速大大加快。

主要呈现两种现象：一是引进社会企业进校服务的领域由伙食、物业向公寓、能源、商贸、接待、信息化服务新业态等多个领域快速扩展；二是引进社会服务资源的形式和办后勤的模式呈现多样化。其中主要分为：服务项目全面外包学校实施质量监管的大部制管理模式；学校自办与优化、整合、引进相结合的互补互促式模式；学校后勤实体与社会企业合资合作混合经营模式等。项目外包形式又分为：项目整体外包、分块零散外包统一管理等。但是这些各自不同的管理模式之间的共性都不同程度体现了社会化、吸收社会力量、发挥市场机制配置资源的作用。从全国的情况看高校由自办后勤为主向引进与监管为主转变已成大趋势。

（五）高校后勤队伍非专业化向专业化转变

高校后勤社会化改革的核心任务之一就是解决人的问题。高校后勤社会化改革使越来越多的高校后勤实体实行全员聘任制和劳动合同制，引进现代人力资源管理，构建现代薪酬分配体系，建立绩效考核机制。随着计划体制过度过来的后勤人员逐步减少，过去文化水平低，专业知识少的状况明显改

善，专业化水平大大加强。同时，通过引进社会专业公司进校服务的增加，促使高校后勤队伍人才优化，通过多种形式吸引优秀人才加入高校后勤队伍，促进了高校后勤队伍的专业化水平提升。另一方面，随着高校后勤的开放，选拔优秀人才组建高水平、专业化监管队伍成为高校后勤队伍建设的重点和趋势。越来越多的高校根据自身情况逐步缩小后勤服务队伍、扩大后勤监管队伍，学校在编制和人员配置、经费投入等方面给予了后勤监管队伍建设以充分保障。

（六）高校后勤社会化改革使校园生活图景发生巨变

随着我国经济社会的发展和人民收入水平的大幅度增长，广大师生校园消费结构从满足于吃饱穿暖转变到更加注重个性和享受的多层次消费。高校后勤社会化改革给校园服务领域带来了无穷的活力，对解放后勤生产力，提高服务管理水平，改善校园环境和后勤服务基础设施条件，促进信息化、智能化技术应用，大大丰富服务产品，增强后勤服务的人性化，不断满足多样化、差异化的生活需求等，起到了巨大的推动作用。今天，如美食街一般的学生食堂已成为全社会认同的亮点，学生公寓住宿条件的改善、后勤文化建设和软实力的提升、校园环境的营造和精细化管理也受到广大师生的认可。

三、高校后勤社会化改革的基本经验

（一）坚持紧跟改革开放的时代步伐

高校后勤社会化改革在各个阶段的重大举措和成果，都与40年改革开放的历史进程息息相关，受改革开放实践成果和政策措施的影响并从中吸取经验。高校后勤系统积极响应党和国家的重大政策指引，积极适应改革开放的大趋势，从高校后勤实际出发，大胆探索自身的改革方向和路径。农村家庭联产承包责任制改革，国有企业扩大自主权改革，集体经济和个体经济逐步恢复和发展等重大改革的成功，促进了高校后勤系统的观念转变，催生出高校后勤的承包制、模拟企业化经营等改革探索，促进了对高校后勤社会化改革方向共识的逐步形成；国有企业分离办社会职能的改革推进，对高校剥离办后勤职能、实施甲乙方模式改革提供了启发和经验；社会主义市场经济的确立、发挥市场机制在资源配置中的作用等政策、理论与实践的重大突破，催生出对高校后勤新型保障体系的探索与实践；为适应十八大以来党和国家统筹推进"五位一体""四个全面"战略布局，贯彻"五大新发展理念"，建设社会主义现代化强国目标的提出，高校后勤系统规划和探索以实现后勤现代化为目标的新一轮改革，以促进开放、规范、创新、绿色、多元办后勤模式，充分满足广大师生日益增长的对美好校园生活的追求。

(二) 坚持与高等教育发展需求相适应

高校后勤系统作为高等教育领域的重要组成部分，各个历史阶段的重要改革目标任务，都是围绕充分适应高等教育事业发展需求而确立和展开的。改革开放早期为适应高校连年扩招、提升后勤服务能力和改善服务水平，高校后勤自发实行承包制和半企业化探索；进入新世纪为解决高等教育跨越式发展瓶颈问题，政府大规模推动高校后勤社会改革。特别是近些年来，党和国家持续推进高等教育领域改革，谋篇布局高等教育发展，提出"发展公平而有质量的教育"，推进高校外延发展转向内涵发展、高校开放办学、双一流大学建设等。高校后勤系统以滴水穿石的韧性，不断与时俱进，深入开展对新型高校后勤保障体系建设的探索和实践，在进一步扩大校园服务市场开放的基础上，高校后勤把发展改革任务重点转向重质量、重创新的内涵发展，通过优化校园后勤服务和管理的体制机制和业务、队伍结构，积极吸收现代新理念、新科技、新模式、新业态，加强行业标准制定，强化后勤质量监管体系建设等，从规模、结构、质量多方面都有了明显提高，对高等教育现代化建设的发展提供了重要支撑。

(三) 坚持满足师生需求与服务育人并举

中国的高校对学生实行全过程管理和全方位管理。这一特色决定了校园后勤服务管理责任和功能具有双重性，不仅要满足学生的生活需求，还要承担服务育人、管理育人、环境育人的责任，校园后勤承担的责任无限大。在高校后勤社会化改革的过程中，高校后勤系统始终牢记"三服务、两育人"的使命，兼顾满足服务需求和发挥育人功能，妥善处理好改革发展稳定的关系，正确规划高校后勤改革发展目标和工作重点。一方面抓住学生最关心、最直接、最现实的生活需求，即尽力而为、又量力而行，积极稳妥推进高校后勤社会化改革的实施；另一方面后勤对学生服务的改善，要把握好边界，所有的改革举措和工作重点都要有利于合格人才培养，有利于立德树人。不仅要提供学生满意、物美价廉的多样化服务供给，还要有利于培养学生的社会责任感、勤俭节约的生活理念、养成良好生活方式和生活习惯，培养平等尊重意识，倡导参与和自我服务意识，使改革得以渐进式稳步推进，不断取得切实成效，得到广大师生和后勤职工的支持与认可。

（四）坚持正确处理"公益性"与"市场化"的关系

高校后勤的服务功能和责任决定其具有一定的公益属性，高校后勤社会化改革的目标又决定其开放性和市场化取向。然而高校学生管理模式和后勤姓"教"的属性决定高校后勤服务在现阶段不可能实行完全的市场化或者只限于准市场化。"公益性"与"市场化"之间的矛盾长期困扰高校后勤社会化改革实践。从2011年教育部有关领导提出"公益性投入与市场化运营相结合"的论断开始，基本理清了理论上的误区，进一步明确了政府、学校、服务实体（企业）在后勤社会化改革和校园服务管理中各自扮演的角色和承担的责任，使深化改革得以继续推进。在开放办教育、办后勤的改革背景下，有关各方兼顾后勤的公益性与市场化。一方面，兼顾学生承受能力、财政支付能力、学校负担能力、后勤劳动用工和服务管理成本，政府不断强化应尽责任，逐年加大对学校学生公寓、学生食堂等基本保障性服务的投入和税收优惠政策，支持和建立公益性服务成本分担与补偿机制，提供基本保障性服务；另一方面，遵循市场经济规律，通过开放市场，引进竞争，加强监管，发挥市场机制的作用，理顺价格形成机制，逐步扩大后勤服务价格市场化的范围，满足学生日益增长的多样化服务需求，使广大师生的获得感、幸福感、安全感更加充实、更有保障、更可持续。

（五）坚持政府把握方向和学校多样化探索

回顾高校后勤改革的历程，政府始终坚持社会化导向不动摇，政府把握正确方向，积极有所作为，成为改革的关键。在各个历史时期，国家适时出台支持高校后勤社会化改革文件，四次由国务院召开推进高校社会化改革会议，重要时期教育部领导讲话、主管部门不断发声，坚定了高校推进后勤社会化改革的信念。同时，在坚持社会化大方向不变的前提下，不搞一刀切，倡导学校因时制宜、因地制宜、因校制宜，允许高校自主选择与社会化方向相一致的后勤改革时机、模式、路径，使高校后勤社会化改革多点突破、纵深推进，呈现殊途同归的趋势。广大高校对后勤社会化改革的认识和实践不断深化，对高校后勤社会化改革模式探索呈现多样化格局，开放、规范、多元办后勤的理念和模式被越来越多高校所采纳，高校从自办后勤为主向选后勤、监管后勤为主的转变渐成趋势。

（六）坚持充分发挥高校后勤社会组织作用

中国高校后勤及各主要业务领域的社团组织乘着改革开放的春风，从1985年开始陆续成立，随同经济社会和高等教育的发展一起成长，在各个主要历史时期对高校后勤社会化改革和高校后勤事业的发展发挥了重要作用。无论是在改革初期实施多项综合承包，还是探索"小机关、多实体、大服务"的管理体制和运行机制；无论是在新世纪之交协助政府推进高校后勤社会化改革，还是后来面对物价上涨、组织调研统计、研究控制校内后勤服务价格方略、反映行业诉求、助推政府出台文件、争取相关优惠政策等，都做出了重要贡献。特别是近年来，为适应社会治理体系创新和政府职能转移成立了中国教育后勤协会，协会充分发挥连接政府、学校、社会的桥梁纽带作用，在履行咨政辅政职能、开展行业标准研制、推广新技术、新理念、新模式，引领行业创新发展、反映行业诉求、提供行业服务、促进行业规范自律等方面，做了大量的探索性、创新性工作，对继续深化高校后勤社会化改革发挥不可替代的作用。

四、新时代高校后勤发展趋势展望

我国社会经济发展已进入新时代。面对新时代建设社会主义现代化教育强国的目标和任务，高校后勤事业面临诸多新情况、新问题、新挑战，其中也蕴含着新的发展机遇。需要我们准确研判和把握，在实践中大胆探索、在理论上不断突破。我们要以更加宽阔的眼界，审视新时期高校后勤事业的新变化、新趋势和深化改革的实践需要，坚持问题导向，聆听时代声音，不断开辟高校后勤改革发展的新境界。

（一）校园服务对象和生活需求发生新变化

随着社会经济发展和生活水平的提高，校园消费群体日趋多元化，需求呈现多样化，师生对生活健康、品质、环境、氛围的要求愈来愈苛刻。高校后勤服务体制、模式、理念、形式必须越来越向包容多样化、满足差异化转型，服务产品趋势必然是基于个人自主选择基础上的多样化策略，这是大学校园服务必须走的产品策略。大学校园多样化服务形式和业态协调并存、保障性服务与经营性服务并存、一般消费服务与特色服务并存、学校自办服务实体与社会专业公司提供服务并存等多形式、多样化发展、相互补充、彼此竞争的格局将会形成。

（二）校园服务水平紧随服务业发展而提升

为了应对国际经济环境的复杂变化，跨越"中等收入陷阱"，在国家扩大内需的政策推动下，社会服务业仍将保持快速发展的态势。品牌化、连锁化经营成为服务业发展趋势，他们以其成本优势、价格优势、品牌优势、资本优势代表着社会服务业经营模式的主要发展方向，品牌化成为市场激烈竞争的制胜法宝。未来将有越来越多的名气大、品牌响的连锁企业进入高校后勤服务市场；随着国家进一步对外开放政策的推出，国际服务品牌索迪斯、金巴斯、爱玛客等巨无霸企业，必将对校园后勤服务市场产生前所未有的冲击。高校后勤社会化改革必须以更加开放、包容的态度，促进行业的相互学习、借鉴、合作、融合、协调发展，确保校园服务同步或超越社会服务业的整体发展水平。

（三）校园服务市场进一步扩大开放

随着高校开放办学的推进和高校后勤社会化改革的深入，高校开放校内服务市场的步伐将日益加快，校园物业项目外包、学生食堂档口外包已成为普遍，校园后勤服务项目整体外包不断扩大，高校由自办后勤为主，向引入社会企业服务并实施监管为主的改革步伐会不断加快。校园服务激烈竞争、优胜劣汰的机制将逐步建立和走向成熟，开放、多元办后勤的格局逐步形成。深化高校后勤社会化改革就是要顺应大势，遵循教育规律和市场规律，支持开放，鼓励竞争，消除阻碍开放的有形和隐形壁垒，对校内后勤服务业态进行研判和规划，重点引导社会优质资源进入满足师生服务新需求、新技术和新业态领域，以适应多样化需求；鼓励有条件的高校后勤服务实体做大做强，为更多学校提供服务；支持校园服务主体多元化和管理模式的多样化；促进不同所有制服务企业之间的公平有序竞争与合作发展共赢。

（四）校园服务管理走向规范化、标准化

随着校园服务的开放和服务主体、服务模式、服务业态的多元化、多样化格局的出现，从校园服务市场准入、退出、招投标，到后勤原材料采购、产品加工生产、服务管理流程、质量监控等，都需要行业的规范约束，目前校园服务行业标准规范不完善的问题亟待解决。必须充分发挥高校后勤行业组织的作用，组织力量，调研收集信息，积极推广校园服务标准规范建设实施的典型经验和样板，加快研制并适时出台对全国高校后勤工作有指导意义的相关标准规范，为指导行业健康发展做出贡献。

（五）校园服务运营实现产业化、集约化

随着校园服务需求的扩大和连锁化、品牌化、规模化经营的持续发展，校园服务业对其他相关产业必然产生重大影响，产业连的打造和产业联盟形成，成为校园服务产业可持续良性发展的重要支撑，包括种植养殖、加工、中央厨房、原材料供应、物流配送等产业，以降低成本价格和保障质量为纽带，促进上下游、供需方之间的产业联盟的逐步形成，同时也为推进行业标准化、保证服务安全奠定基础。必须在政府的支持和指导下，发挥行业组织的凝聚力和影响力，大力推进学校之间、学校与相关企业之间，在采购、配送、加工生产等方面，以产业链为基础，通过市场机制驱动，促进人才、技术、管理、经营协同创新、资源共享、合作共赢，扭转自成体系、利益固化、管理各自为政、资源分散重复、资源配置方式落后的局面。

（六）校园服务追求绿色化、精细化

高等教育现代化建设对高校后勤安全绿色和精细化服务管理的要求越来越高。当前校园安全形势依然严峻，国家相关部门对于校园食品安全、公寓防火安全的管理监控会更加严格，提供符合大众口味的安全、绿色、营养配餐是校园餐饮发展的必然趋势，也是衡量校园餐饮服务水平的重要标准；校园环境和学生住宿条件的进一步改善是学生越来越强烈的要求。要满足学生日益增长的校园生活服务需求，后勤必须通过提升精细化管理水平，加强绿色健康服务产品的选择和严格的监控，努力为学生提供更加安全、健康、绿色的美好环境和精细化服务。

（七）信息化和人工智能无处不在

信息化、智能化技术发展和应用，将使高校后勤服务的精细化、标准化与信息化、智能化有机结合，成为助推校园服务模式转型升级的重要手段。大学校园后勤服务手机 APP 平台、微信服务已经广泛应用，无人超市、机器人保洁、智能餐厅、智能公寓已经在校园出现。实现高校后勤现代化的必由之路，就是在服务管理中大力推进和应用新技术，向技术要质量、要效率、要满意度。积极推广信息网络技术、高端智能（机器人）技术、机械化自动化技术，供应链管理技术，助推大学校园服务模式的转型升级。

（八）校园后勤人才竞争日益激烈

近年来，随着经济形势、人口结构变化和劳动用工制度改革等多种因素的影响，作为劳动力密集型的高校后勤服务领域，用工难、用工荒的问题日益凸显。学校后勤服务实体在劳动用工和职业化管理人才、高水平技术人才的竞争上，与社会优质服务企业相比明显处于劣势，制约了后勤保障能力提升。而一些进入校园服务市场的连锁化、规模化经营的优质社会企业，能否快速培养和复制校园服务管理人才、技术人才也直接影响其服务管理水平；一些原本优质的社会企业，由于承接校园服务项目过多，规模拓展太快，人力资源的补充和管理人才经验不足，也容易导致服务质量下降。因此，人才竞争、人才培育、快速复制后勤服务管理人才、技术人才将成为影响校园服务管理水平的关键因素。必须加强行业培训，重点培育适应校园服务发展需要的职业经理人和技术骨干，采取多种举措，为行业广开人才流动与交流渠道。

改革开放 40 年高校后勤社会化改革发展的历程，承载了几代高校后勤人的梦想，凝聚了政府、学校、后勤实体和社会各方面的智慧，为我们留下了宝贵的精神财富。进入新时代，站在新的历史起点上，面临新形势、新挑战、新机遇，让我们不忘初心，团结一心，更加坚定地持续推进高校后勤社会化改革，为促进高校后勤事业繁荣发展，为实现教育现代化续写更加精彩的新篇章！

张柳华

2018 年 10 日

目 录

综合改革篇

1. 天津大学后勤社会化改革实践与思考 …………… 张凤宝　尚宇光／3
2. 深化后勤社会化改革　建立新型后勤服务体系
　　——山西大学九十年代深化后勤改革的实践与体会 ………… 孔剑平／11
3. 现代大学后勤服务保障体系探索与实践
　　——沈阳农业大学后勤社会化改革纪实 …………… 张政利　张　辉／17
4. 聚焦主业　提质增效　协同发展　打造教育后勤综合服务优质提供商
　　——上海高校后勤服务股份有限公司发展纪实 ……………… 沙德银／24
5. 坚定不移全面深化复旦大学后勤社会化改革 ……… 周　虎　王朦琦／30
6. 深化改革　规范转型　提升服务
　　——上海师范大学从"办"后勤向"管"后勤转变的
　　　凤凰涅槃 ………………………………………………………… 顾中忙／36
7. 坚持改革　立足创新　实现转型
　　——从苏大教服集团发展看苏州大学后勤
　　　社会化改革 …………………………… 韦曙和　郭　伟　孙民海／42
8. 改革后勤保障机制　创新后勤服务模式
　　——江南大学改革后勤保障机制、
　　　创新后勤服务模式纪实 …… 王剑星　潘庆伟　王　强　胡继红／51

9. 更新发展观念　增强改革意识　大力推进学校后勤社会化改革
　　——中国矿业大学后勤社会化
　　　　改革实践…………赵建岭　刘建光　张向东　张　洪　杨爱东 / 58
10. 风雨兼程　砥砺前行
　　——东南大学后勤社会化改革纪实………………………朱国锋 / 62
11. 勇于追梦　勤于圆梦　全面建设服务保障优质工程
　　——南通大学深化后勤服务与管理改革纪实………吴慧鎣　张建安 / 70
12. 从新宇集团发展看浙大后勤社会化改革实践………郝蕴超　周　超 / 78
13. 高校后勤社会化改革历程与展望
　　——以杭州电子科技大学为例……………………………王术海 / 83
14. 构建全员全过程监督管理体系　扎实推进后勤服务社会化
　　——浙江大学宁波理工学院后勤管理改革创新
　　　　与实践…………………………………………金朝晖　乔文琦 / 91
15. 持续深化后勤改革　助推学校科学发展
　　——安徽大学后勤社会化改革实践………………………郭子峭 / 99
16. 锐意改革促发展　砥砺前行创未来
　　——安徽机电职业技术学院后勤
　　　　改革探索与实践………姜　绳　邬孝春　宋舒天　宋　文 / 104
17. 奋力续写新时代高校后勤改革新篇章
　　——中国海洋大学后勤社会化改革纪实…………………王哲强 / 111
18. 临沂大学后勤社会化改革探索与实践………………………临沂大学 / 120
19. 改革风劲好扬帆
　　——聊城大学后勤社会化改革的探索与实践……………聊城大学 / 127
20. 深化后勤改革　提升服务质量　全力打造一流后勤保障体系
　　——郑州大学后勤改革纪实…………杨国战　闫　冰　焦海浩 / 133
21. 改革创新　不断探索　积极构建与一流大学建设相适应的后勤保障体系
　　——西安交通大学后勤社会化改革实践…程建设　张西亚　王曦苑 / 140

22. 陕西师范大学后勤社会化改革的探索与实践 ………… 张文超 / 147
23. 面向服务专业化转型的后勤社会化改革创新
    ——西安欧亚学院后勤改革纪实 ………… 任龙刚 王 伟 / 154

单项改革篇

1. 校外公寓师生参与式管理探索与实践
    ——北京大学万柳学区公寓管理纪实 ………… 王太芹 肖 波 / 163
2. 努力构建一流大学的伙食保障体系
    ——清华大学伙食改革40年的实践与
    发展 ……………………………… 清华大学饮食服务中心 / 169
3. 后勤勤工助学基地建设的思考与实践
    ——北京化工大学的实践与探索 ……… 刘 兵 宋家博 赵恩平 / 176
4. 改善公寓社区环境 智能快递实现"六赢"
    ——北京化工大学校园快递解决方案
    实践 … 赵恩平 陶贞旭 张丽娟 祁文悦 焦 佳 易 丹 / 183
5. 师生协奏和谐金曲 科学发展胜景璀璨
    河北大学学生公寓社会化改革 ………… 高东伟 梁 涛 / 190
6. 后勤梦与多维度后勤文化建设
    ——吉林大学后勤文化建设侧记 ……………………… 张朝晖 / 197
7. 在改革中诞生 在竞争中奋进
    ——上海教育超市连锁有限公司发展之路 ……………… 王晓捷 / 203
8. 公务车改革背景下的车辆服务新模式
    ——复旦大学后勤车队的战略角色
    转型探索 …………………… 张 珣 韩 佳 郭浩敏 / 210
9. 以校为主 内外结合 牢牢把握后勤安全主动权
    ——沙洲职业工学院后勤安全管理实践 ………… 张 圣 周晓炜 / 219

10. 主动适应高校教育改革　构建特色学生住宿体制
　　——浙江大学学生住宿体制改革与实践 … 王桂华　董　宏　蒙晓辉 / 225
11. 高校餐饮的"中快模式" ………………………………… 李平金　李五星 / 232
12. 乘社会化改革之东风　开拓企业发展新天地
　　——以山东明德物业管理集团发展为例 ………………………… 马　敏 / 237
13. 新媒体在高校后勤工作中的应用
　　——中国海洋大学后勤信息化
　　　　建设之路 ………………… 吴　丽　吴　琼　隋美丽　聂帅帅 / 241
14. 加强智慧后勤建设　开拓后勤服务新局面 … 中国石油大学（华东）/ 246
15. 绿色校园建设的实践与探索 …………………………………… 临沂大学 / 249
16. 提升高校能源维修服务效能的探索
　　——山东理工大学能源中心水电维修改革实践 … 张永宝　王成业 / 256
17. 点滴入手　立德树人　构建教育、管理、服务三位一体育人模式
　　——青岛滨海学院学生公寓育人模式探索
　　　　与实践 ……………………………… 乔海祥　黄　敏　贾中华 / 262
18. 并驾齐驱　精心办好师生满意食堂
　　——潍坊学院食堂改革实践 …………………………………… 温学洪 / 269
19. 坚持"三服务四育人"理念　努力提高学生公寓文化建设水平
　　——西安外国语大学公寓文化创新
　　　　与实践 ……………………………… 刘鹏博　雷　蕾　王一翔 / 273

高校后勤改革发展大事记（1979~2018年） …………………………… / 278

后　记 ……………………………………………………………………… / 328

综合改革篇

天津大学后勤社会化改革实践与思考

张凤宝　尚宇光

天津大学后勤机构的诞生最早可追溯到 1958 年学校成立的行政处，期间经历多次机构改革，于 2012 年 5 月，成立后勤保障部，目前下设 18 个科室，共有职工 300 多人，其基本职责是为教学、科研和师生日常工作、学习、生活等提供基础性服务保障，同时还负责全校师生计划生育、红十字会、爱国卫生委员会等管理服务工作。

一、后勤改革

自 1999 年国务院办公厅召开第一次全国高校后勤社会化改革工作会议以来，天大后勤经过 10 多年的摸索和实践，走出了一条适合国情社情具有天大风格的"服务外包、学校监管"的后勤社会化管理模式。通过改革，充分发挥高校后勤"三服务、两育人"的作用，构建了新型的高校后勤保障体系，有力支撑了学校事业的发展。

（一）改革背景

改革开放 40 周年，在中国共产党的正确领导下，成果丰硕，震惊全球，民族的伟大复兴，"中国梦"的实现正一步步向前迈进。改革开放的成功符合唯物史观关于社会基本矛盾的学说，也是对生产关系和上层建筑进行调整和改变的哲学依据，进一步说明了任何领域的改革，不是无条件、无准备的，必须具备"天时、地利、人和"的要素。天津大学后勤改革正是在这样的规律下进行的，外部因素下，政府适时出台关于高校后勤社会化改革的制度规定和政策支持、高校成熟市场与社会配套的优质服务企业；内部因素自身需求与经济平衡、梯队建设与标准型、管理型人才队伍的建设，这些环境使得天大后勤具备了改革需要的土壤。

（二）改革理念

结合天津大学"双一流"建设目标，始终坚持"三服务三育人"的宗旨。以"师生为本、用心服务"为指导思想，坚持立德树人，成为全员育人全方位育人的重要环节，构建"管理科学高效、服务标准规范、保障安全可靠、资源合理配置、环境文明温馨"的后勤服务保障体系，切实做好校园环境、校园能源、膳食管理、物业管理、修缮管理、服务经营保障，实现风清气正、师生满意、和谐进取的工作目标，为"双一流"大学建设提供可靠的物理保障与人文滋养。

通过强化主动服务意识，积极主动地去了了解师生真正的需求，重视师生的服务体验，探索服务新形式，丰富新内容，延展支撑性服务，创建优良的服务环境。全面提升管理效能，建设节约型校园，做好设备的保值增值，减少学校在基础设施建设、校园改造、设施维护上的投入，减轻学校经济负担。通过引进优秀的社会企业获得优质服务，提供专业化的后勤服务，提升后勤服务品味，提升师生幸福指数。

（三）改革思路

1. 稳步推进后勤"放管服"改革。"放"就是学校扩大后勤改革的领域与内容，减少阻碍性的管理权限，理清多个后勤管理部门重复管理的界面。"管"就是学校后勤部门要创新和加强监管职能，通过创新体制机制加强监管。"服"就是降低学校主体的运行成本，促进学校后勤管理的活力和创新能力，全心全意服务师生需求。天津大学后勤"放管服"改革是否到位，一个重要标准是看它能否满足师生的合理诉求。

当然"放管服"不是无目的、无限制的，要在平稳区间内进行。天津大学在改革之初，根据当时主客观条件，2009年首次将老校区第三食堂实行社会化改革，引进了中快餐饮集团，效果超出预期；2013年，将老校区第26教学楼整体外包给银典物业然后逐步扩展到新建家属区社会化服务，是一种循序渐进的过程。在此基础上，新校区将物业、能源、膳食等更大范围的工作进行社会化改革，产生集群效应，不但使新校区校园运行有条不紊，还最大限度满足了师生的需求。

2. 加快实施"精准改革"模式。所谓高校后勤的"精准改革"，就是指针对不同高校特点、不同的后勤领域，运用科学有效的实施规划、制定合理的后勤运行体制与标准，对其实施精确管理的改革方式，具有靶向治疗的特点。

天津大学在改革过程中深知后勤社会化的根本就是实现减员增效，提升专业化水平。于是瞄准自身实际，合理调整庞大的机构设置、疏解繁杂的人员构成，用10年的时间通过退休及转岗的方式消化工勤人员和老旧事业编制，调整组织结构与人员体系，促使管理扁平化，增强传达效率；多渠道提升后勤人员的管理意识和监管能力，统一认识，努力转变现有人员的陈旧运行观念；适时调整机构设置及功能，使其更加符合后勤社会化改革的需要。新校区充分利用双校区空间分隔的特点，创新设计，精简机构，启用招聘后勤观念空白的年轻干部，形成鼓励创新开拓的内部管理运行体系，彻底有效地推动社会化管理，取得一定成效，仅三科室保障校区运转。

3. 强化落实后勤管理创新意识。优化思维范式，增加创新意识属于高校后勤改革社会意识层面的一个重要问题，也是比较长远的事情，很难一蹴而就。天津大学后勤改革过程中，推行"老人老传统，新人新机制"的模式，将员工分类分流，形成相对完整的类型管理团队，不断梳理新的监管制度、运行体系、管理方式和考核模型，以实现改革各要素更加合理的组合运行为目的，将改革的创新优势充分发挥。同时，推动管理模式及科技成果转化工作，进一步为后勤改革提供数据支撑和决策依据，彰显"研究后勤"的创新型思维。

（四）改革的内容

1. 改革管理体制，整合行政资源。2000年，由学校关起门来办后勤变革为"小机关—大实体"的后勤服务模式。成立后勤服务集团作为乙方，负责学校膳食、物业、水电、维修、环境等基础后勤服务。由总务处作为为甲方，代表学校对后勤集团进行监督和管理，同时负责学校大型修缮工程的管理和服务等。2012年5月，以"整合学校资源，理清管理程序，调整机构设置，形成责、权、利清晰的新的后勤管理体系"为指导思想，以"积极整合、平稳过渡、适时调整"为原则，学校撤并原总务处和后勤服务集团，成立后勤保障部。

2. 改革运行机制，逐步转换职能。以转变职能为抓手，逐步由"管办结合"向"管办分离、只管不办"的方向发展，将"管理"职能与"事务性"工作分开，将"决策"与"执行"分开，将"监督"与"执行"分开。通过探索与实践，2015年，以北洋园校区启用为契机全面推进社会化改革，逐步建立和完善了"服务外包、学校监管"的体制机制，摸索出一套适合双校区运行的"属地管理+延伸管理"相结合的保障模式，两校区之间实行"管理互通、技术共享、制度统一、人员流动"的运行方式。

3. 深化预算管理制度，促进健康发展。后勤经费由原来的"经费大包制"改为"年度经费预算制"。每年后保部制作、上报下年度的经费预算，再经学校审核下拨，当下年度遇到突发情况时，如最低工资标准上调等不可预测因素，还可追加相关经费。多年来，后勤依靠历年积累和经营单位补充艰难度日、只能低成本运行的状况得到了极大改善。同时，后勤保障部对物业、环境、能源、修缮等服务部门也实行年预算制，在学校划拨后勤保障部总体经费后，各科室根据实际运行情况，提出预算，经后勤保障部审核后下拨经费。每年各部门经费使用情况是绩效考核体系的重要依据；对膳食实行"自主经营、独立核算"的管理方式，为稳定食堂物价，提高膳食服务质量，对于食堂大型维修、水电等，学校给予适当补贴；对服务经营则实行"独立核算、自负盈亏、利润上交"的管理模式。要求服务经营根据年初经营计划，上交部分利润，以作为后勤保障部整体运营经费的补充。

4. 改革人力资源管理，促进可持续发展。不断规范用工方式，对于后勤非在编员工，改变过去后勤直接进行人员招聘和管理的机制，由劳务代理公司派遣用工、统一管理，由劳务代理公司依据学校需求向学校派遣用工、签订合同、发放薪酬、缴纳保险和解决劳务纠纷。这种方式一定程度地规避了学校用工风险，建立起了人力资源管理的"防火墙"。同时通过社会化服务，减少对后勤用工人数的需求，原后勤职工随年龄自然减员，大量的后勤服务工作逐渐由学校依据需求外聘非在编人员承担，改革前学校沉重的后勤用人负担逐步减轻并由以前需要技术型的人才转为更多地需要监管型的人才，后勤实体在聘用非在编职工时注重职工的服务态度和服务意识培养，同时通过学校招聘了本科以上毕业生担任重要管理岗位，经过多年改革，学校后勤服务人员的整体素质日益提高。

（五）改革成果

1. 随着后勤社会化改革的不断推进，引进社会优质企业为学校服务、"服务外包、学校监管"、"管办分离、只管不办"等改革思路和做法，已经得到全校师生的认可，新的后勤管理体制和机制已经初步确立。通过公开招标，引进社会优秀企业，进一步提高了后勤服务专业化水准，规避了风险，降低了成本，提高了工作效率；同时缓解后勤长期存在的人员老化、管理人员和专业技术人员缺乏的局面；与自管行业形成良性竞争，激励自营行业求变求新、不断完善自我管理。

2. 加强了对人力资源的整合。每年争取到校编名额，并且在向学校争取用人政策的同时，后勤保障积极在内部挖潜，制订了适合自身特色的绩效考核标准。如后勤党委在干部聘任过程中，打破职工身份壁垒，实行"重岗位轻身份"的竞争上岗机制，非校编职工也能担任后勤重要岗位。适当增加了一定科级干部职数，加大了干部调整、流动的力度。2014年起，学校突破了十几年对后勤的用人政策，妥善解决了新型员工问题，允许引进校编管理人员，这就为后勤的改革发展创造了良好的条件。

3. 打破了发展瓶颈，服务质量得到显著提升。通过年度经费预算制，校拨经费大幅度增加，打破了制约物业、环境等纯服务性部门发展的瓶颈。非编员工工资上调、社保问题提上议程、工作环境得到改善、环卫机械化水平的提高等举措，极大地激发了员工工作积极性，增强了集体归属感，进一步提高了后勤整体服务质量。

4. 制订服务内容与标准，完善质量监督体系。后勤所涉及物业、能源、膳食等都制订详细服务内容与标准，遵循公开化、多元化的原则进行质量监督考核，始终注重考核依据与过程控制，实施规范化、制度化的监管体系和效益评价体系。

5. 提升了品牌效应，共享实践成果。从2016年4月至今共接待复旦大学、同济大学、山东大学、哈尔滨工业大学、大连理工大学等近百所高校与企业参观或调研新校区后勤项目，增强沟通交流，进一步提升了学校的影响力,加强了与各高校之间的交流,相互学习,取长补短,有利于进一步完善后勤管理模式。2017年,天津大学获评首届全国文明校园;天津大学新校区物业项目荣获2016全国高校后勤物业服务优秀示范项目,此项荣誉全国仅15例。天津大学超市获得全国优秀示范超市荣誉称号。天津大学新校区实施合同能源管理,规划了管理详细方案,由粗放式转变为智能化、集约化的科学管理方式,2016、2017年为学校节约能源费九百余万元,效果显著,有力地节约资源,学校由此也获得了2017年度教育节能示范单位奖。

6. 建立研究机构,拓展思维空间。建立天津大学高校物业管理研究所,搭建起集理论研究、成果应用、人才培养紧密结合的高校物业管理发展新模式,探索理论构建,创新高校物业管理模式,为高校行业发展建立一个有效智库,解决高校物业管理工作中的重点、难点问题,为高校事业发展提供物质保障。重视后勤相关的理论研究,参与完成了由中国物业管理协会组织的《高校物业管理指南》的撰写工作以及中国教育后勤协会、中国物业管理协会、天津市的有关课题,有效形成理论研究与实践运行的良性互动。以天津大学为第一完成单位的《高校物业管理理论与实践研究》即将付梓。

二、未来思路

(一) 继续推进后勤社会化,适应学校改革发展

从运行机制、服务需求、队伍建设等诸多因素考量天津大学一流大学的建设必须明确后勤社会化改革的基本思路,继续认真总结学校后勤社会化改革以来取得的成绩和经验,切实巩固改革成果,继续完善"服务外包、学校监管"的管理模式,2018年起老校区全面推行新校区管理模式。通过科学的论证,从程序上规范竞争机制,对学校后勤市场的开放范围、竞争标准、行业区别、成本预测依据、合理利润标准等问题加以明确、详细的规定,建立一套公平、公正、公开的竞争程序与制度。如市场准入与退出机制、考核评价标准、招标细则等。继续稳步开放校内后勤市场,吸引更多的优质社会企业服务天大,引入竞争,增强活力,在新老校区实现相同的服务标准,不断提高后勤服务水平,实现改革目标。

(二) 逐步完善监管机制,保障校园安全稳定

解决好"谁来管、管什么、怎样管"的问题。制定统一的校内后勤服务

管理标准规范，对监管的主体、客体、范围及手段等作出明确的规定。完善咨询与监督机制，建立校内后勤、审计、纪检、财务、资产、学工等部门和师生共同参与的监督评价体系，设立专门的后勤监管部门，充分发挥服务对象在监管体系中的作用，建立起一支由教师、学生、行业专家与社会人士代表组成后勤工作督导委员会，定期或不定期地对后勤的重大事务进行讨论，提出意见和建议，对后勤管理服务活动实行全面监督，定期提供反馈信息。加强制度建设，完善制度体系，严格依规办事，逐步形成"制度管人、制度管事、法治后勤"的良好的后勤制度文化；加强后勤廉政风险防控体系的建设，制订较为系统的管理制度和工作程序，将预防腐败融入各项管理工作，完善招标采购、工程维修、质量监管、校办企业、财务管理、干部选拔、人事招聘等重点领域、关键环节的廉政风险防控机制，推进信息公开，从源头上预防和治理腐败，防止资产流失，遏制职务犯罪，形成学校后勤安全稳定运行、清廉高效管理和服务质量不断提升的长效机制。

（三）不断强化主动服务，提升师生幸福指数

服务质量的提升关键在于提高员工素质和打造主动服务的后勤文化。将队伍建设问题作为后勤管理的持续性日常事务来抓，预防后勤管理工作因人才队伍问题阻碍其进一步发展，或止步不前并影响学校整体的改革发展。应做好：一是做好强后备干部队伍的培养和储备，有针对性地加强干部培训培养，切实提高干部素质和能力，加大干部交流力度，增强后勤队伍的活力，制订后勤科级管理干部的任用办法。有计划有步骤地对人员队伍结构进行调整和优化；二是充实管理团队，通过校编招聘和完备培训体系，建立一支相对稳定、年轻化、专业化、高素质、能持续发展的精干的后勤管理团队。三是通过劳务派遣方式选拔年轻职工，缓解人员紧缺压力。解决人员老龄化问题，建立完善对非编员工的聘用管理制度，严格按照制度保障非编聘用工的切身利益，完善激励制度，要让好的人才待得住，留得下。打造主动服务的后勤文化，强调以人为本，积极主动地去了了解师生真正的需求，重视师生的服务体验，探索服务新形式，丰富新内容，延展支撑性服务，创建优良的服务环境，提升后勤服务品质。提供快速便捷的后勤服务，以能够把主要精力投入自己的教学与研究活动中。遵循"突出公益性，兼顾经济性"的原则，

实现社会效益和经济效益的协调统一。提高教育资源的利用率，增加服务选择的多样化，提高后勤保障的水平，为学校良性运转提供物质条件和物质保障。

（四）全面提升管理效率，减轻学校经济负担

坚持"向管理要效益"，努力在建设节约型校园，节能减排、食堂价格、维修管理、服务经营方面都取得了突出成效。推进双校区能源监测平台建设，逐步实现能源指标化管理，为学校节约能源支出。建立食堂价格调控机制，承担起稳定学生食堂饭菜价格的责任，坚持饭菜"价格不变、质量不变、数量不变"的"三不变"原则，运用多种方式应对物价上涨，保证学生食堂饭菜价格特别是学生大伙价格的基本稳定，从而确保了学校的安全稳定，并取得了良好的社会效益。加强有效管理，做好设备的保值增值，减少学校在基础设施建设、校园改造、设施维护上的投入。开展经营服务，支持后勤实体把对外开拓作为持续发展的支撑平台，实现后勤资源的优化配置，提高了后勤管理效率，降低了成本，使学校轻装上阵，可以更加集中精力地搞好教学科研工作。

（五）注重意识形态引导，强化后勤文化育人

天津大学后勤改革校企双方既要认识经济效益，更要明确社会效益，监管与服务要在中国共产党的领导下，不能偏离社会主义办学方向，不断强化"四个意识"，主动思考、主动发现，以点带面强力示范，加强服务育人建设，使师生在服务过程中感受高品质。也为企业营造软环境，引导企业更好地适应学校客观实际，发挥主观能动性，从创新中要利润，从管理中获效益。同时，加强校、企基层党组织之间的联合，在意识形态、道德文明、生活行为等方面发挥优势，以意识形态引导为核心，彰显"四个自信"的实际效果，以优秀文化建设为依托，营造积极向上的情感氛围，以对外交流为路径，扩展多元化的沟通渠道，形成"党政军民学，东西南北中"的合力，构筑坚定的政治堡垒、思想堡垒和服务堡垒。

深化后勤社会化改革　建立新型后勤服务体系

——山西大学九十年代深化后勤改革的实践与体会

孔剑平

高校后勤工作是高校教学工作、科研工作的基础和保障，是一项基础性、先行性的工作，其服务的质量高低将直接影响教学、科研工作的发展，起着促进和制约的作用。长期以来，在封闭式办学和计划经济体制下形成的学校办社会和教育办大后勤，小而全、大而全，福利型、公益型和事业型的高校后勤服务体系，与日益发展的社会主义市场经济体制的要求显得越来越不相适应，成为制约高校发展的瓶颈。因此，高校后勤改革势在必行，1997年开始，山西大学针对实际情况进行了一些尝试。

一、山西大学后勤改革的实践

山西大学是山西省唯一的一所综合性大学。学校20世纪90年代初确定了分步骤实施推进的总体改革思路，把后勤管理体制改革作为三项主要改革内容之一，总务处确定了"以管理为职能，以服务为宗旨，争办一流后勤"的后勤工作指导思想和总体目标。按照学校要求，总务处制订了总体改革方案，于1997年初实施。经过运行收到了很好的效益。1998年初，在总结一年改革成果的基础上，制订了今后的工作思路："创建总务精神，树立总务形象，形成总务机制"。

（一）改革的基本思路

后勤改革的主要目的是更好地为教学科研和培养人才服务，后勤改革的方向是社会化，逐步由现在福利型、公益型和事业型的后勤服务体系向经营型过渡，实行企业化管理。形成"小机关、多实体、大实体"的后勤管理模式。根据要求和具体情况，确定以水电管理改革为突破口，全面进行后勤管理体制改革，改革用工制度，转换运行机制，逐步实行全面彻底的改革和整顿。改革思路是：

1. 变拨款制为收费制。改变学校直接对总务处投资为学校向各用户单位投资，将水电费、维修费、卫生管理费科学核拨各用户单位，由各单位自行管理、合理开支、超支不补、节余留用。总务处各服务单位按照规定为各用户提供有偿服务。学校计财处对总务处拨款方式由过去的借款改为以拨代销，同时加强对总务处财务的监督与审计，提高资金使用效率，杜绝资金浪费。

2. 管理与服务分开。学校对总务处现有各科室进行精简、转型和变体，使管理和服务分开，在转换运行机制中成立了五个小科室，即总务处办公室、计划财务科、质量与技术监督科、校园管理科、房产管理科，作为小机关代表学校行使监督、管理职能，仍实行事业管理；成立了八个中心，即饮食服务中心、公寓服务中心、水电服务中心、供热服务中心、环境服务中心、维修服务中心、交通服务中心、幼儿园，作为实体行使服务职能，实行企业化管理，要求各中心不仅要体现企业属性和经济属性，而且要体现其事业属性和教育属性。

3. 改革用工制度。对总务处内各单位按照职责科学定编，合理设岗。各单位正职由总务处领导聘任；正副职之间双向选择，领导批准；单位与职工实行优化组合，以岗择人，竞争上岗；干部和技术人员实行岗位责任聘任制，工人实行岗位目标合同制。

4. 改革收入与分配制度。总务处各服务实体按照"按劳分配、效益优先、兼顾公平"的原则实行效益工资制。在运行一年的基础上，从1998年6月份起逐步对总务处饮食服务中心、公寓服务中心、水电服务中心、供热服务中心、环境服务中心、维修服务中心的职工工资，采取有的停发，有的按照行业、性质把工资转化为管理费、取暖费、卫生费等形式，其职工奖金由各单位通过有偿服务自己负担。各实体模拟企业化管理，努力开拓市场、自主经营、增加收入，逐步减少学校的投入，努力提高职工生活待遇，条件成熟时要上交收入并逐步增加收入上交比例，作为学校固定资产补偿。

5. 强化管理、完善服务。总务处代表学校对总务工作履行管理、监督、检查职能。明确各科室职责，合理设岗，竞争上岗，实行岗位责任制，做到减人增效。各服务中心作为服务实体其经济属性为全民所有制，资产属国家所有。遵照自己职责范围，在总务处监督指导和宏观调控下，实行独立核算、自主经营、自负盈亏，逐步实现服务工作程序化，服务关系商品化，服务方向社会化，服务单位企业化。

（二）经费指标的核算办法

1. 水电费指标核算办法。

（1）水指标的核算。对于教学、科研和行政办公单位的用水，其指标包括三部分：第一部分按照建筑面积核算，每平方米每月 0.06 吨；第二部分按教试费额核算，每万元教试费每年 300 吨；第三部分按科研费核算，每万元科研费每年 100 吨。三项之和即为该单位水指标。学生公寓按每生每日 70 升（公斤）核算；学生食堂按每生每月 0.6 吨核算；动力等部门按技术指标核算。

（2）电指标的核算。教学、科研和行政办公单位电指标核算包括四部分：第一部分按照建筑面积每平方米 3 瓦，每天以 4 小时核算；第二部分按学生人数每生 5.76 瓦，每天以 4 小时核算；第三部分按教试费核算，每万元教试费每年 4000 度；第四部分按科研费核算，每万元科研费每年 400 度。四项之和即为该单位的电指标。学生公寓每 6 人间每月 9 度，每 8 人间每月 11 度，研究生每月每间按 12 度核算。对于学生食堂按每位就餐人员每月 2 度核算。对动力等部门按实有设备功率与运行时间核算。为了加强用电管理，对事业性和企业性用电适当增加管理费，对各单位的电费指标学校应按规定的价格核拨。承包期间，由于政策性因素涨价，增加部分由学校承担。总务处水电服务中心负责水电费的收缴，收缴差额作为水电中心的收益，盈亏自负。

2. 维修管理费指标核算办法及维修范围。依照各单位建筑面积按每平方米每年 1 元核算。维修范围为"两表一井"以内。此外，水表、电表属管理计量设施，初装由学校负担，维修更新时费用由各单位负担。电网、热网等大型维修及改造需经学校主管部门批准。

同时，增加饮食服务中心、水电服务中心和供热服务中心维修费指标，凡除房屋新建、改扩建、大型设备更新改造、大型管网、线路更新改造等由学校投资外，维持正常运营的维修费由各中心自己承担。随着各中心经济实力的不断壮大，逐步过渡到维修改造全部由中心负担。在总务处总体改革过渡时期，各服务中心根据自己的能力可承担力所能及的校内新建、改造和维修工程，其取费标准参照山西省丙类取费标准。

3. 卫生管理费指标核算办法。卫生管理费指标中除卫生费之外，还包括管理费、卫生工具费等。卫生管理费的核算标准：教室每平方米每月0.25元；楼道每平方米每月0.2元；厕所每平方米每月0.4元。

（三）财务管理与各中心的运行

1. 机关与财务运行及管理。总务处作为学校行政部门主管学校总务工作，对校内各单位总务工作实施管理、监督和检查，对处代管各中心实体，进行宏观指导和调控。运行中明确机关各科室的职责，加强监督、检查力度，不断提高管理水平，逐步使管理实现科学化、制度化、规范化。在改革中，财务管理是后勤改革成败与否的关键之一，山西大学校党委对此非常重视并给予很大支持。总务处设立计划财务科，接受总务处和计财处双重领导，实行相对独立的二级财务，总务处对部分中心财务进行集中管理，统一核算。

2. 各中心的运行与管理。实施总体改革之后，各实体模拟企业化管理运行，其职能发生了变化，运行机制也得到转换，在实际操作中，要求各中心按照服务范围独立运行，不断扩大服务内涵，增加服务内容，拓宽服务市场；下大力气增强服务意识、改善服务态度、提高服务质量，下大力气发展生产力，提高经济效益，扩大经济实力，确保国有资产的增值，逐步成为自我经营、自我发展、自负盈亏、自我约束的新型后勤企业。

二、改革带来的变化和取得的成绩

1. 后勤管理体制改革进展顺利。经过学校各部门的配合和全处职工的共同努力，总务处总体改革顺利推开，出现了可喜局面。一是改变了学校对后勤投资方向，水费、电费、维修费和卫生费等四项经费承包到了各用户单位，充分调动了用户单位的节约的积极性，仅电一项1997年比1996年同期增长4%，而1996年比1995年同期增长24%，下降20个百分点，更重要的是减少了水电浪费。二是改革了总务处内部运行机制，使管理与服务相对分开，明确了各单位职责范围，干部责、权、利挂钩，堵塞了原体制下的管理漏洞，强化了管理，大大减少了浪费现象。三是加强了管理，完善了服务，制定实施了与改革相配套的一列规章制度，管理科室的工作效率和管理水平大大提高。服务单位的服务质量逐步提高。

2. 财务与劳资管理全面推开。在学校领导的支持与校计财处的配合下，总务处实行了二级财务管理，堵塞漏洞，将各单位创收纳入预算内管理，对各中心实行经费包干。制订了总务处收入分配办法，打破了原来工资体制，严格遵守按劳分配、效益优先、兼顾公平的原则。

3. 人事用工制度改革逐步推进。总务处率先实行了岗位目标合同制和岗位目标责任制，总务处与全体干部、上岗职工签订了责任目标合同书，科级干部正职实行竞争上岗，正副职之间实行双向选择，职工实行优化组合，按照工作量重新设岗定编，以岗择人，竞争上岗，改革当年辞退临时工70余名，清理了总务处的无岗人员，充分调动了职工的工作积极性。

4. 锻炼了干部，节约了经费。通过改革总务处一批懂管理、会经营、素质高的年轻干部走上了重要岗位。他们有较高的技术水平和管理能力，从而促进了总务处管理水平的提高，增强了总务处的活力，使总务处出现了生机勃勃的局面。通过一年的改革，大约节约经费近百万元，其中：裁减临时工70余名，节约20多万元；总务处各中心职工奖金自负，节约20多万元；全校用电量增长幅度比去年下降10.34个百分点，节约电费近40万元；各种锅炉用煤节约2000吨，节约煤费近15万元。

5. 师生理解改革，普遍反映有了压力感。试行改革一年后，山西大学进行了调研，各单位普遍反映总务处自试行改革以来，总的印象是比以前好，主要表现在管理加强了、服务态度好了、服务速度快了。由于将水电费划分到了各单位，使全校师生的节水、节电意识增强了许多，长明灯、长流水现象基本消失。水费、电费、维修费由各单位自己管，这样使各单位的行政干部都有了压力，感到总务后勤工作的确不容易，自己真正管上才对总务后勤工作有了更进一步理解。各院系处领导说："总务后勤改革最成功之处，就是使大家都有了节约意识，总务处和我们都有了压力感""以前总务处管水电时我们自己不用操心，现在自己管上了，感到有了压力，肩上的担子也不轻"。他们理解改革，支持改革，希望总务处能进一步深化改革，细化管理，完善服务。

三、对于改革的几点认识与体会

后勤改革就是要改革体制、转换机制、减少冗员、节约经费、提高待遇，为教学科研和师生员工生活提供优质服务。高校后勤的改革牵动学校全局，因此既要加大改革力度，加快改革速度，又要保持稳定，保障教学、科研顺利进行。为确保后勤改革的顺利进行，需要以下保证和措施。

1. 理论指导，班子建设。高校后勤管理作为一门科学，已逐步被社会各界和高校后勤工作者所认识，没有科学的理论，就没有科学的管理。因此，要紧紧抓住高校后勤管理理论这个根本，充分利用各种行之有效的方式，广泛而深入地开展学习理论和理论研究，特别是在市场经济条件下，高校后勤改革深入发展的今天，注重理论，注重实践就显得更为紧迫和尤为重要，为此必须认真学习理论，必须有先进的理论为指导。加强后勤的思想教育和党建工作，加快后勤干部的培养，学校要给总务处补充素质高、事业心强、有开拓精神的干部，同时，要加强后勤领导班子的力量，建立一个团结、创新、廉洁、高效的领导班子，培养一支务实、奉献、进取、精干的干部队伍。

2. 设施改造，资产管理。学校基础设施老化，跑、冒、滴、漏现象严重，潜在隐患存在，增加了后勤工作的难度。所以在不断增加基建规模的同时，要适当增加维持费、修建费，加速设施的更新改造。在高校后勤改革过程中，一方面要体现"下海给条船"的思想，给予实行独立核算的后勤产业扶持政策。同时，也要强化学校资产管理工作，应当十分清醒地看到，随着后勤一些部门企业化程度的增强，学校资产在企业经济成分中的比重将直接反映企业与学校的关系，如果学校和企业都搞不清企业拥有学校资产的多少，其后果将对学校和企业都不利。正确的做法应该是一边搞清楚，一边大胆地扶持，分步骤搞好清产核资工作。

3. 规范发展。要坚决防止在"大胆地想、大胆地闯，错了再重新来"的口号下，只顾眼前小的利益，不考虑长远发展的短期行为。要清醒地看到，我国企业规范化建设已经达到新的水平，没有一定规范的企业在走向市场后只能被淘汰。高校后勤转化为企业的部门，在兴起阶段就应该注重规范化建设，迅速与社会企业的规范相一致。

现代大学后勤服务保障体系探索与实践

——沈阳农业大学后勤社会化改革纪实

张政利　张　辉

高校后勤担负着为学校教学、科研和师生学习、工作与生活提供可靠保障与优质服务的重任，关系到学校的和谐与稳定。1999 年，以上海会议为标志，高校后勤社会化改革在全国正式全面实施，2010 年，国家颁布《国家中长期教育改革和发展规划纲要（2010－2020 年)》，第一次明确提出建设现代大学制度的工作目标，再次强调要推进高校后勤社会化改革。可以说，改革开放的 40 年是我国经济社会发展取得巨大成就的 40 年，是中国高等教育得到快速发展的 40 年，也是高校后勤适应发展需要推进社会化改革全面提升服务质量和保障能力的 40 年。

一、当前高校后勤存在的主要问题

1999 年以来，各高校在后勤社会化改革的推动下，进行了不断探索和持续改进，取得了丰硕的成果，改善了师生生活条件，降低了学校办学成本，尤其是为高等教育大众化提供了强有力的后勤保障和服务。然而随着后勤改革进入深水区，高校后勤改革中深层次的矛盾和问题也逐步显现出来，甚至影响到学校的进一步发展，其存在的问题主要表现如下：

（一）高校后勤市场化和公益化不易区分

在后勤社会改革的过程中很难平衡市场化和公益化的关系。高校后勤改革最大的特点就是走市场化道路，充分发挥市场在资源配置中的基础作用。高校后勤服务市场对外开放程度越高，越有利于自由竞争，提高服务水平。后勤改革开放了校内服务市场，引进社会优质服务资源服务高校师生员工，在很大程度上满足了师生多样化的需求，但同时也产生了高校后勤社会效益和经济效益二元化的矛盾。高校后勤作为高校发展的重要保障体系，又具有公益性的性质，需要保障其的教育属性。后勤企业在追逐经济利益最大化的同时，就有可能损坏高校师生这一特殊消费群体的利益。

（二）高校后勤员工素质普遍不高

高等教育大众化和高校后勤社会化改革，使得高校从事后勤工作的正式职工比例越来越少，加之部分学校对后勤工作的不够重视，部分高校后勤系统甚至十余年未进人或与校内其他单位进行人员交流，后勤干部队伍出现严重的断层，缺乏具有一定专业水平的技术骨干。同时，大批招聘的后勤职工存在文化程度不高，整体服务思想和意识不强等问题，已成为制约后勤事业发展的瓶颈。

（三）高校后勤管理观念落后、管理机制不健全

长期以来，很多高校后勤管理忽视了市场的法则及其运行的规律，致使后勤部门无法实现"自主经营、自负盈亏、自我约束、自我发展"的要求；部分高校后勤组织机构及其员工还存在一定的"等、靠、要"思想，长期的"铁饭碗"和"铁交椅"使他们养成了极大的惰性；很多高校后勤管理部门缺乏明确管理对象观念，扩大了后勤管理对象的范围，把属于后勤部门服务对象的师生员工纳入了管理对象。

后勤管理机制不健全。首先，导向机制不健全。长期以来，后勤管理的导向目标是"平均主义"，缺乏竞争意识，以致出现了"干多干少一样，干好干坏一样，干与不干一样"，不能有效地调动人的积极性、创造性。导向机制不健全还表现在服务工作忽视价值规律和经济杠杆的作用，忽视成本核算和经济效益，组织和个人的工作成效与实际利益脱节，形成后勤部门吃学校"大锅饭"的局面。其次，激励机制不健全。激励机制过于强调思想政治工作，忽视了对人的多种需要的研究，忽视了其他激励手段的运用，造成了部门之间和个人之间缺乏积极主动的竞争意识。最后，制约机制不健全。长期以来，后勤管理更多依靠的是制度制约与道德制约，缺乏必要的监督机构和有效的评估机制。

二、构建新老校区一体化后勤管理服务保障体系所采取的具体举措

为破解后勤发展瓶颈，沈阳农业大学结合学校实际进行了大胆探索和尝

试，形成了符合学校实际的新老校区一体化的后勤管理服务保障体系。沈阳农业大学后勤社会化改革起始于2002年，尤其是"十二五"以来，沈阳农业大学后勤工作紧紧围绕学校"十二五"补欠账，打基础，实现跨越式发展和"十三五"上台阶，大发展，进入全国农业院校第一集团的发展规划的目标，通过树立大后勤、大服务的发展理念，突出"规范化管理、标准化服务、市场化运行、全员化监督"的工作要求，创新探索后勤管理与服务的运行模式，后勤管理服务水平得到较大提高。2013年学校党委根据发展需要，着力加强后勤建设，启动了新一轮后勤改革，目前形成了以"大后勤、小机关、全覆盖"为主要特征的"小机关、多实体"模式。

在推进后勤服务保障体系建设过程中主要采取了九项举措：

（一）推进机构改革 激发后勤发展活力

2013年11月，学校顺应后勤改革的发展方向，进一步整合资源、优化配置，将后勤处与校办产业总公司、劳动服务公司合并，成立新的后勤处，后勤工作职能进一步扩大，管理架构和人员组成更加合理。同时，积极推进精细化管理，对科室设置进行调整，将原来后勤处8个科室、部门调整为"五科、一园、六中心"，实现目标到岗、目标到人，责任到岗、责任到人，提高后勤工作效率，激发了后勤发展活力。

（二）创新"沈农餐饮"，让师生切身体会到餐饮服务的显著变化

充分体现餐饮服务内容的全面性与多样化，供餐方式的灵活性与人性化，彻底告别在食堂就餐重复排队，花样品种单一，饭菜温度难以保证，就餐时间集中，售卖菜量不科学等问题。2013年11月以来，通过延长营业时间、推行"一站式"服务、增设特色风味档口、创新计量自选餐、推出旋转小火锅、豆腐坊、烧烤风味、自选超市等方式吸引广大师生来食堂就餐；根据季节变化适时调整主副食花样品种，使学生不出校门便可吃到各地美食，日常需求均能在食堂得到满足；制订基本伙指导价，保证食堂中晚餐1元至3元菜品不低于30种，提高免费汤质量，增加免费汤品种，调整食堂高中低价位菜品摆放方式，使学生在副食窗口的任何位置都能买到不同价位的菜品，既引导学生合理消费，又保护经济困难学生尊严。

重视与师生互动，实时了解师生需求。通过设立"舌尖上的沈农"微信

平台、召开学生座谈会、发放调查问卷、举办"后厨开放周"、开展"明厨亮灶"工程，赠送"上车饺子""下车面"等，强化与师生的沟通，让师生们了解了食堂，让后勤管理者了解师生们的实际需求；成功举办了"辽宁高校首届饮食文化节暨沈阳农业大学中华美食进校园活动"。参展高校12所，参展作品达500道，参与师生达3万余人次，央视、辽宁卫视、新浪网等10余家媒体对活动进行了报道和转载，通过活动，扩大了学校的影响力，丰富了师生的校园文化生活。

强化政治意识、大局意识，引导员工树立做好教工餐就是为学校内涵发展做贡献的思想，保质保量完成教工餐，改变了教职工与学生挤食堂，到外面找饭吃的尴尬状况，教职工已将家中厨房搬到学校食堂，一日三餐均在学校食堂解决，节约了大量时间。为实现学校食堂的可持续发展，打破身份资历限制，大胆选聘优秀年青劳务派遣人员担任食堂主任和保管员，确保食堂管理跟上学校大发展的步伐。

2013年以来，学校累计投入资金600余万元，用于对老旧食堂的改造和设备的更新。通过增加光源、绿植、安装空调、热风幕、更换桌椅等对食堂进行亮化、美化、暖化，提升师生就餐舒适度。2017年，在学校各食堂全面推行"7S"管理体系，食堂环境进一步改善，生产效率、管理水平明显提高，食堂标准化管理进入新阶段。

强化管理服务，坚持创新发展的最真实体现就是全校餐饮营业额由2013年的1600万元提高到2017年的5000万元，学生就餐率从不足40%提升到90%以上，学校被评为辽宁省食品安全示范学校；学校食堂全部被评定为"A级"食堂，并荣获"沈阳工人先锋号"殊荣。

（三）维修保障全天候、全覆盖，服务效率和保障能力大幅提升

开设了集"24小时维修服务电话、网络报修平台、后勤服务QQ群、微信平台、调查问卷、意见箱"六位一体的24小时维修服务热线，24小时维修服务热线改变了原有电力维修、供暖维修、上下水维修等都设有报修电话，但没有专人接听、没有专人登记调配维修任务、没有专人了解维修服务情况的混乱状况，24小时维修服务热线全方位、全覆盖，白班有专门的工作人员开展相关工作，夜班值班均为素质较高的后勤处机关干部，有效地提升了维

修服务效率和保障能力。

（四）成立采购中心，集中采购降成本

成立了后勤处采购中心，严格执行《招投标法》和《政府采购法》，后勤工程、物资、服务实现统一招标、采购。组建了专兼职采购员队伍，实现了统一管理，制定了《后勤处物资采购管理暂行办法》及《学生食堂物资采购管理暂行办法》，尤其是食堂大宗物资集中采购，从源头上降低食堂经营成本，保证学生食堂办伙质量。集中采购从根本上解决了后勤各科室在采购中各自为站，分散采购，采购程序不够规范，采购成本高，产品积压严重等问题，提高了资金使用效率。

（五）发挥市场在资源配置中的作用，推进后勤社会化改革

引入社会化企业，推进后勤社会化改革，充分发挥市场在资源配置中的作用。一是积极推进社会化供暖，2012年、2016年分两个阶段启动了供暖社会化联网建设，引入两家供暖公司，实现校区供暖社会化联网；二是通过公开招标的方式，将上海中快餐饮管理有限公司引入学生食堂，学校自营食堂与社会承包食堂相互补充、相互促进、共同提高；引进龙源、明德、黎明三家物业公司，承担学校室内外保洁、更值门卫工作，之后整合为龙源、黎明两家物业公司，学校物业服务品质得到有效提升，学校大集体职工的问题得到了妥善解决；三是学生服务区、超市、浴池也相继引入社会企业承包经营，弥补了学校的服务空白。社会化企业的引入丰富了学校后勤服务形式与方式，较好地满足了师生的需求，也为进一步推进后勤综合改革积累了经验。

（六）打造森林校园，让沈农校园四季如画

2014年以来，将"挖掘内部潜力，创造精品工程，抓好养护管理，确保绿化成果"作为绿化工作目标，校园绿化工程全部自主完成，按工程审计定额测算，三年来可节约资金650余万元。仅2017年一年，学校就重点对新校门、工科楼等十个区域进行了绿化改造，新建苗木种植基地9000余平方米，绿化施工土方工程237立方米，引进树木新品种2个，累计栽植树木品种22个，10 712棵，自繁育草花3万余株。目前，我校已有绿地面积65万平方米，绿地率达46.8%，位居全省乃至全国高校前列。我校天柱山路的银杏大道已成为沈城秋季最美景观之一，据不完全统计，今年来校参观的省内外游

客超过16万人，进校参观车辆超过2.5万台次。

（七）启动卫生校园、节约校园建设，提升校园品味

严格按照指标体系标准，推进辽宁省卫生监督量化A级单位、第三批节约型公共机构示范单位、节水型示范单位的创建工作。学校2015年被评为辽宁省卫生监督量化管理A级单位，全省仅18家高校获此殊荣；2017年成功获评辽宁省节约型校园、节水型校园称号。

（八）做好后勤服务保障，服务学校内涵建设

加强了对供电、供水、照明、空调、楼宇等设施设备的日常检修、维护工作，认真做好专项维修工程，努力提升服务保障能力；打造精品幼儿园，为青年教工解除后顾之忧，幼儿园被辽宁省评为省级示范幼儿园和五星级幼儿园；进一步强化了房产管理和校园商贸管理，充分发挥学校固定资产效能，确保国有资产保值增值，年收入近600万元。学校硬件条件的改善，为内涵建设提供了强有力的保障。在维修保障工作中，积累的宝贵经验是：每开展一项维修工程、一个项目都要充分论证，按需施工，按需推进，按需花钱，坚决杜绝"按钱施工，不考虑实际，年终财务预算必须花光"的思想。

（九）探索理论实践创新　丰富后勤文化建设

开展理论研究，探索后勤发展方向。承担中国教育后勤协会2016年重点课题"现代大学后勤'小机关'建设研究"，并顺利结题。促进校企文化融合，将管理与育人相结合，提供勤工助学和创新创业岗位93个，年资助金额60多万元；鼓励合作企业回馈师生，于2014年设立中快餐饮助学金和金兴助学金，目前已有135名贫困生受到资助。

三、取得的成绩

各项举措的实施有效地提升了沈阳农业大学后勤管理服务水平，为学校内涵建设提供了有力的后勤保障。在这个过程中，也逐渐形成了适合新老校区一体化的"管后勤+选后勤"的服务保障体系。近年来，学校后勤工作先后荣获全国高校伙食工作先进集体、全国高校后勤物业服务优秀示范项目、辽宁省卫生量化监督管理A级单位、沈阳市卫生文明单位、辽宁省食品安全示范单位等荣誉，多次在全国、全省高校相关会议上介绍经验。

沈阳农业大学后勤工作将深入贯彻落实习近平新时代中国特色社会主义思想和党的十九大精神，树立"大后勤""大服务"的理念，通过进一步深化后勤管理体制和运行机制改革，完善和构建适应市场经济规律、符合现代大学办学规律的新型后勤保障体系，逐步实现后勤保障的市场化、专业化、规范化、科学化。同时，还将不断健全保障服务体系架构，明确机构、人员及相应的岗位职责，建立具有沈阳农业大学特色的管理标准、规章制度和业务流程，打造规范有序健康的校内市场，提高后勤管理水平、保障能力和服务质量，实现后勤保障工作高效率、可持续，提升师生的获得感，进而满足师生日益增长的对美好生活的需要。

聚焦主业　提质增效　协同发展
打造教育后勤综合服务优质提供商

——上海高校后勤服务股份有限公司发展纪实

沙德银

1998年4月8日，在上海市委、市政府的关心和支持下，在上海市教委的直接领导下，上海高校打破学校后勤封闭式"小而全"的旧格局，拆"围墙"，实行校际联办后勤，优化资源配置，由全市42所高校等法人单位共同出资人民币3000万元，以发起方式组建了上海高校后勤服务股份有限公司（以下简称高后公司），形成学校后勤的"联合舰队"，加速推进高校后勤社会化进程。这是全国范围内最早成立的集约化、专业化和社会化，主要以高校师生为服务对象的高校后勤服务企业。高后公司既具有市场经济和社会化的基本特征，也具有教育部门主管和学校联办的基本特点，是上海高校后勤以此为载体和龙头走向社会化的重要途径，成为上海推进高校后勤社会化改革的标志。公司按照"引领、平衡、托底"的总要求，为全市高校师生提供"教育超市、学校餐饮、物业管理和配货管理"等专业化的基本生活服务，发挥了市场调控和后勤保障的作用，成为上海高校"1+3"新型后勤保障体系中的重要组成部分。

"十二五"期间，公司合并实现主营业务总收入37.5亿元，年均净利润超千万元。2016年，合并实现主营业务总收入11.66亿元，净利润为3567万元，依法纳税3900万元；年末公司合并资产总额4.46亿元，负债总额2.78亿元，所有者权益1.68亿元，主业从业员工达到4900余人，员工收入稳步增长；公司成立以来，累计回报股东红利达股东初始投资的156%。2016年公司荣获"上海市食品安全示范企业"称号，被认定为"农业产业化上海市重点龙头企业"；公司控股企业上海教育超市连锁有限公司荣获"劳动关系和谐企业示范单位"，上海学校餐饮服务有限公司荣获"中国团餐品牌30强"，上海生乐物业管理有限公司被评定为"上海市名牌企业"并荣获"国家级服务标准化试点项目、上海市物业管理优秀示范项目"。

公司发展取得的成绩，得益于：一是科学有效的治企思想。公司成立于1998年4月，由全市42所公办高校共同参股，按照"股份合作、市场连锁、优势互补、资源共享、风险共担、利益共得"的原则，打破了高校封闭、分散的后勤经营模式，培育了一批专业化、集约化的后勤服务公司，有效保障了全市高校学生的基本生活需求，在确保高校稳定中发挥了特殊的作用。二是服务教育的根本理念。公司坚持姓"教"特点，坚持服务师生，深耕校园，始终贯彻管理育人、服务育人的宗旨，运用社会化、集约化的方式，突破了高校扩大招生过程中的后勤资源瓶颈，打破了内部封闭的后勤管理和运行模式，激活了内部运行机制，提高了后勤运行效率，有效发挥了"引领、平衡、托底"作用和后勤改革载体的平台作用，赢得了政府、学校的支持和广大师生的好评。三是完善的法人治理结构。按照现代企业制度，由公司股东会选举产生董事会和监事会，建立健全了权责对等、运转协调、有效制衡的决策执行监督机制，充分发挥了董事会的决策作用、监事会的监督作用、经理层的经营管理作用和党组织的政治核心作用。

根据中共上海市教育卫生工作委员会、上海市教育委员会、中共上海市国有资产监督管理委员会、上海市国有资产管理委员会《关于调整市教委所属部分企业党组织管理关系和做好国有资产监管工作的通知》（沪教委国资〔2017〕44号文件），自2017年9月15日起，上海高校后勤服务股份有限公司等市教委企业党组织管理关系调整至锦江国际（集团）有限公司党委、由锦江国际（集团）有限公司对上海高校后勤服务股份有限公司等企业的资产进行监管并负责公司的经营管理和安全稳定等工作。这是依法理顺国资监管关系的需要，是经营性国资管理的归口；是深化教育管理体制机制改革的需要，符合"管、办、评"分离的改革方向；是高后公司管理体制优化的需要，形成"政府主导、锦江集团监管、市教委业务指导、高校联办、社会参与"新体制。锦江国际（集团）公司党委高度重视这次市教委企业划转工作，要求市教委划转企业姓"教"的本质不变,"立足教育、服务教育、发展教育"的宗旨也不变,并将进一步促进划转企业继续为上海教育改革事业提供更有力的服务保障。我们一定要依托锦江国际(集团)的资本、专业和品牌优势,聚焦主业,提质增效,协同发展,努力打造教育后勤综合服务优质提供商。

一、稳基业,强物业,补短板,进一步聚焦主业

在公司创业和发展十多年中,公司围绕教育服务的各个领域先后创办了十余家子公司,并逐步形成了"配货管理中心和教育超市、学校餐饮、生乐物业"的"1+3"主业。我们要通过稳基业、强物业、补短板,优化传统后勤服务,进一步聚焦主业,巩固公司发展成果。

稳基业,坚持"1+3"主业,聚焦配货和冷链,把主业做稳。稳基业,就是要坚持"1+3"主业发展不动摇,保持发展定力。这不仅是坚持公司创办的初衷,更是坚守公司服务教育的根本。"十三五"期间,要进一步聚焦配货和冷链物流的深度融合发展,要强化冷链物流基地配套服务,整合社会资源,规划好中央厨房建设,为构建高后公司从源头采购到校园餐桌完整餐饮服务产业链奠定良好的基础。

强物业,突出"物业为面"的发展战略,把生乐物业做强。继续深化公司"物业为面,超市为点,配货和餐饮构成线,其他服务形成链"的市场发展战略,提升生乐物业综合服务能力,进一步扩大市场占有率,细化并提高校园内外各类功能楼宇、场馆等专业服务的比例和内涵。积极探索互联网背景下科技物业发展之路。加强和大学生"双创"工作的结合,为大学提供创业创新空间。把生乐物业做强,使其成为自主创新能力强、资源配置能力强、市场开拓能力强和风险管控能力强的校园物业管理市场竞争的领跑者。

补短板,实施队伍强企、文化兴企、质量荣企,把公司做优。补短板就是强根基,清障碍,攻克制约公司综合协调发展的难点。要加强队伍建设,为企业可持续发展不断注入新的力量。要以"服务教育、安全运行"为主线,以"打造教育后勤综合服务优质提供商"为目标,以"1+3"公司主业为核心,不断提炼文化精髓,凝聚发展共识。要以班组建设为抓手,以追求"管

理无缺陷、服务零投诉"为目标，开展"优质服务型、效益领先型、学习创新型、安全管理型、团结和谐型"班组活动，进一步夯实服务基础，补齐服务质量的短板。把公司做优，使其成为公司治理优、内部控制优、品牌形象优和经营业绩优的教育后勤综合服务优质提供商。

二、创新提升，推进智慧后勤建设，进一步提质增效

随着现代信息技术的发展和广泛应用，包括高校后勤在内的传统服务业正面临一轮颠覆性变革，后勤服务方式、管理内容和目标追求正发生着变化。各类无线终端设备和智能管理平台将逐渐成为必不可少的工作武器和管理服务工具。以智慧后勤为特征的新型高校后勤保障体系的建立，将推动高校后勤管理模式和服务生产方式的变革，成为新时代高校后勤深化改革和转型发展的驱动力。

推进智慧后勤建设既是公司创新驱动、转型发展的必然选择，也是事业可持续发展的必然要求。新时代的高校后勤已呈现新的特征，面临新的挑战。主要体现在：一是需求的多样化，从政府、学校和师生的角度，对后勤的需求都发生了很大变化，要求后勤保障以人为本，实现后勤保障的人性化；二是对资源利用更多的是强调效益，要求广泛运用现代技术手段，加强后勤管理，实现后勤管理的现代化；三是对后勤运行过程要记录，要可控，还要能回溯分析以及对校园安全的更高要求，这就要实现校园安全管理的信息化；四是对服务质量标准的要求，不仅要把无形的服务质量变成师生的有形感知，而且还要使服务质量可以测量，可以评价，可以控制，实现后勤服务质量的标准化。公司要应对新挑战，就需要从理念上、机制上、方法上、技能上不断创新，伴随着新一代互联网等新兴技术的发展使得智慧后勤在技术上成为可能。

智慧后勤建设是全面提高管理与服务水平的一个全方位变革和发展的过程。其本质是后勤主要业务流程及服务方式与现有软硬件资源的融合、优化、提升，其核心内容是利用技术手段，创新高效、智能的管理服务应用，其终极目标是追求后勤管理服务的最高效率、最好质量和最佳境界，为师生提供全时空、全事务、全服务的学习生活校园环境。从技术手段看，智慧后勤通

过物联网、智能传感、地理信息、移动互联、大数据、云计算等现代信息技术的全面应用，实现智慧后勤服务及信息交互，建设实时、动态及可视化后勤保障体系。从驱动机制看，智慧后勤是以提升后勤服务质量，提高内部运行效率、提升安全机制为目的，是一次后勤运行模式和管理方式转变，是后勤服务质量全面提升的变革、优化和完善。从作用对象看，智慧后勤以服务师生、服务学校、服务政府为方向，通过智能应用，对后勤信息资源的全面组织、开发、利用和整合，为广大师生拥有更优质、更高效、更安全的校园生活提供后勤保障，为学校和政府提供动态监管和科学决策依据。

通过实现智慧后勤服务推动公司创新发展，全面提升质量、效率和安全水平。通过将信息技术的最新成果应用于后勤服务的全过程，以全程感知和可控实现精细动态管理，以信息实时交互，实现智慧后勤服务。发挥上海现代高校智慧后勤研究院的智库作用，开展高校后勤运行物联网智慧服务平台建设规划的研究，推进公司主业相关的智慧后勤服务应用项目开发。重点包括：基于物联网的后勤智慧应用，建设基于物联网的后勤综合管理服务平台，实现业务与服务的整合贯通；面向师生生活服务的智慧应用，通过智能化手段，应用到涉及教职员工和学生食、住、行等方方面面，诸如餐饮住宿、校园环境、能源使用、车辆服务、会务接待、信息查询等人性化服务；面向学校和政府决策支持的智慧应用，通过各类信息的交互，数据的挖掘，收集和分析行业信息，可形成各类数据统计分析报告，为学校和政府相关职能部门决策提供有针对性、系统性的科学决策依据。

三、融入锦江，依托优势资源，寻求协同发展

公司已经加入了锦江国际（集团），我们具备了两种优势资源：一是公司成立20年来，有效发挥了"引领、平衡、托底"作用和高校后勤保障体系市级载体的平台作用，赢得了政府和学校的支持，可以充分发挥公司既具有市场经济和社会化的基本特征，也具有学校联办的基本特点的企业资源优势。二是锦江国际（集团）作为上海市国资委全资控股的国有企业集团，是中国规模最大的综合性酒店旅游服务企业集团，为中国服务企业集团走向世界做出了表率，是传统服务业向现代服务业转型升级的典范。集团坚持市场化、

专业化和国际化发展方向,具有丰富的资本经营和卓越运营管理优势。我们要抓住机遇,积极融入锦江,依托两种优势资源,寻求协同发展。

依托优势资源,协同支撑公司主业发展,继续发挥公司市级平台作用,构建教育服务大平台,实现公司发展新跨越。经过近二十年的发展,公司在学生食堂管理、校园物业管理和校园商贸服务等方面已经形成了一定的专业规模,发挥了高校后勤保障体系市级载体和平台的作用。"十三五"期间,公司要和锦江发展战略和卓越运营对标,提高运营管理的精细化、标准化科学化和智能化,紧密结合公司主营业务,积极争取市教委的支持,主动承接建设"一平台、三中心"——上海高校食堂食品安全动态溯源智慧服务系统平台、上海高校食堂运行监测中心、上海学校节能与环保监管中心和上海高校后勤服务质量测评中心,将信息技术的最新成果应用于后勤服务的全过程,以全程感知和可控实现精细动态管理,以信息实时交互,实现智慧后勤服务,进一步提升专业化管理水平,构建教育服务大平台,实现公司发展新跨越。

依托优势资源,满足新需求,做大新市场,实现新发展。深刻理解新时代中国特色教育后勤工作的总要求,把实现中国特色教育后勤现代化,建设世界一流校园服务管理体系,办好广大师生满意的现代学校后勤作为我们的奋斗目标。实现教育后勤现代化的过程,就是对校园学生生活服务从简单提供吃住温饱的基本保障,到校园生活基本条件改善,再到提供美好校园生活环境和满足多样化、个性化需求的过程。这里有庞大的需求市场,我们要转变思想观念、把握方向和重点。针对教育后勤发展中的突出矛盾,以广大师生为中心,以提高质量为核心,充分运用锦江资本经营和卓越运营管理优势,提升后勤基本要素质量和资源配置水平,把校园服务供给体系的优化和质量的提升作为主攻方向和工作着力点,立足服务教育,主动适应需求,努力提升内涵,积极创新发展,发挥引领作用,实现"传统后勤"向"智慧后勤"的服务转变,巩固和深化高校后勤改革的载体功能,构建教育服务大平台,全面提升企业文化和品牌建设,争当深化高校后勤改革的助推器、稳定学校市场的定盘星、校园优质服务保障的压舱石,使公司成为具有全国影响力的"教育后勤综合服务优质提供商",为引领和提升高校后勤保障能力和服务上海教育综合改革做出更大的贡献。

坚定不移全面深化复旦大学后勤社会化改革

周 虎 王朦琦

历史,总是在一些特殊年份给人们以汲取智慧、继续前行的力量。2018年是中国改革开放40周年,也是上海高校后勤社会化改革20年。

"其作始也简,其将毕也必巨。"1985年发布的《中共中央关于教育体制改革决定》首次提出了"高校后勤社会化改革",上海高校总务后勤部门积极响应,从1985年至1991年推行全面承包,以同济大学为代表的二十多所高校实行了所有权和经营权相对分离的全面经济承包责任制;上海体育学院、复旦大学、华东理工大学等高校用建立劳动服务总公司或者生活服务总公司的形式,形成了"一体二制"的改革模式。

1992年邓小平同志南巡讲话发表以后,高校后勤改革工作进入了以社会化方向、创建具有中国特色的社会主义大学后勤服务体系为目标的新阶段。它的基本途径和方法是对传统的单纯事业管理体制和福利性供给制的运行机制实行改革,使它逐步变体转型,创造适应社会主义市场经济体制的自主经营、自负盈亏、自我发展、自我约束的管理体制和运行机制,同时抓住机遇,分步与社会接轨。

1997年,时任上海市副市长龚学平在上海学校后勤工作会议上指出,各行各业后勤社会化是大势所趋,后勤社会化实质上也是对政府职能、企事业单位职能及社会的功能进行大改革、大调整,学校后勤只有深化改革,才有出路,才有生路。在上海市委、市政府的高度重视下,上海高校后勤社会化的经验和成效尤为突出,在全国范围产生很大的影响。

1999年,国务院办公厅在上海召开了第一次全国高校后勤社会化改革工作会议,时任国务院副总理李岚清指出,各级政府和各高等院校不能再犹豫不决，更不能再争论不休，而应该抓住时机，借鉴上海等地后勤改革的成功经验，争取用3年左右的时间，在全国大部分地区基本实现高校后勤社会化改革，建立起符合中国国情、适应高等教育特点与发展需要的新型高校后勤服务体系。2000年，国务院转发教育部等部门《关于进一步加快高等学校后勤社会化改革的意见》。以上海会议和《意见》为标志，高校后勤社会化政策进入了实质性实施阶段。

一、重温历史，不忘初心

"天行有常"，"应之以治则吉"。回顾20年不平凡历程，复旦大学顺时而进，顺势而为，顺应后勤改革的历史要求和时代潮流，始终坚持"三服务、三育人"宗旨不放松，坚持"公益性、稳定性"底线不懈怠，坚持"社会化、市场化"方向不动摇，不走弯路，不走回头路，抓好顶层设计，加强统筹协调，坚持循序渐进原则，实行后勤社会化改革的整体推进和重点突破相结合，坚定不移地走出一条复旦特色后勤改革之路。

"九五"期间，复旦大学后勤社会化改革选准四大"突破口"：其一，以大楼物业社会化管理为突破口，将当时学校最大的三幢大楼，文科办公大楼、第五教学楼和第六教学楼，承包给上海市阳厦物业管理公司，委托保安、保修、保洁等管理业务；其二，以餐饮社会化管理为突破口，将学生一、二食堂，托管给上海市高校后勤发展中心新世纪快餐饮食公司；其三，以学生公寓建设为突破口，采取"政府政策支持，银行给予融资，企业投资建造，学生交费还贷"方式，增加学生公寓2.9万平方米，通过向社会公开招投标的方式，委托"不夜城"物业管理公司提供高标准、高质量的物业管理和服务，同时与上海高校后勤服务股份有限公司合作，开展彩电、自行车等租赁业务；其四，模仿学生公寓的投资建设模式，依靠社会力量，新增教师公寓3.45万平方米。复旦大学打破"小而全"、一校一户关起门来自办后勤的格局，引入社会力量参与校园基本建设，率先开放市场成熟度高、学校监管能力强的物业、餐饮领域，后勤社会化改革取得了阶段性成果，稳步推进后勤保障体系的综合改革，办学活力得到增强。2000年，上海医科大学和复旦大学合并办学，组建成为新的复旦大学后，复旦大学枫林校区（即原上海医科大学）的后勤服务委托给上海高校后勤服务股份有限公司。

"十五"期间，为贯彻中央关于开展高校后勤社会化改革的精神，复旦大学成立了后勤社会化改革工作小组，并确立了以"三个转变"为特征的后勤社会化改革目标以及"三步走"实施方案，此方案在党委扩大会议上获得通过并纳入学校"十五"发展规划。在落实方案的过程中，复旦大学立足自身发展实际，遵循市场经济规律，转变"小机关、多实体"的机构设置，将原总务处所属的各经营服务实体（中心）逐步分离整合，于2002年元月注册成立具备独立法人资格的上海复旦后勤服务发展有限公司。复旦大学通过立项招标、委托服务等形式，在公开、公平、公正的原则下，引入社会力量参与，形成由多家企业参与校内服务项目，学校甲方与中标单位实行签约服务，以竞争为核心的后勤服务社会化改革整体模式。

"十一五"期间，复旦大学后勤社会化改革"三步走"方案全部落实，有效解决了当时的人力资源问题，取得了引进社会资源，破除办学瓶颈；引进竞争机制，提高服务水平以及减轻学校负担，保障中心工作的改革效果。为确保规范统一、平等有序竞争，复旦大学提出"四透明"和"五统一"原则，建立随市场价格波动而适当调整为主、学校补贴为辅的调节机制。此外，学校不断加强过程监督，"内部自查，企业互查，总务巡查，处长督查"的"四查"机制逐步成型，校内后勤市场开放领域延伸至校园道路保洁及绿化。

"十二五"期间，复旦大学进一步深化后勤改革，使市场在后勤资源配置中起决定性作用，同时充分发挥学校监管、引导、弥补作用，明确后勤保障"一甲多乙"体系格局，校内后勤市场开放领域扩展至班车运营、变电站管理、设施设备管理、教职工体检等领域。2013年，按照《关于校区管理体制改革的若干意见》中"条块结合、以块为主，纵向到底、横向到边"的基本方针，总务后勤职能从原有的邯郸、枫林校区延伸到张江、江湾校区，实现四个校区的业务全覆盖，逐步统一四校区所有后勤服务保障业务模式。2014年10月22日，《复旦大学关于深化后勤体制改革的若干意见》正式出台，以扩大开放校内后勤服务保障市场和加快完善后勤监管体制机制为着力点，狠抓改革攻坚，突出创新驱动，强化风险防控，确保安全稳定，稳妥解决后勤"老职工"问题。

思考 20 年不平凡的历程，开放是发展进步的必然选择，变革是推动复旦大学向前发展的根本动力，复旦大学后勤开放的大门不会关闭，只会越开越大。目前，大型国企、驰名民企、高校办后勤服务企业、校友企业……不同企业之间有序竞争、多元共存，校内市场扩大开放、优胜劣汰，师生满意度不断提高。

二、牢记使命，砥砺前行

实现后勤社会化既有马克思主义的服务价值论的理论依据，又有党中央、国务院多次形成的文件中确立的政策依据，我国高校在 20 年中又创造了许多实践依据。

一直以来，复旦大学牢牢把握高校后勤服务保障的功能定位和职责要求，完善两大体系建设，搭建两大平台，推动创新发展"大"与"小"齐头并进，大力提升后勤服务保障质量和效益，不断推进后勤服务保障监管体系和监管能力现代化，更好地推动师生的全面发展、学校事业发展的全面进步。

完善政府职能部门依法监管、行业协会专业监管、学校甲方合同监管＋专业律师二次复核监管、企业自我监管、平台基层监管、师生民主监督的"六位一体"综合协同监管体系。严把"准入关"，全面推进实施后勤服务保障项目招投标制度，做好服务类、货物类、工程类分类监管，2017 年学校专门成立采购与招标管理中心，进一步规范学校采购与招标工作。严把"质量关"，接轨行业规范、上海市学校后勤协会制订的学校后勤服务质量标准和职业道德标准，出台意见办法促进具有复旦特色的服务规范和技术标准体系由"软性要求"向"硬性规范"转变，推进精细化、标准化、专业化管理。严把"退出关"，坚持风险严控，实行安全事故"一票否决制"，开展师生满意度测评，引入第三方考核、评估、检测、审计等，建立、健全复旦大学后勤服务保障能力和质量效益的评价标准体系和评价机制，逐步全面推行"末位淘汰制"。

完善安全体系建设。健全安全生产和安全管理三级安全网络体系，一级抓一级，层层抓落实，每年签订安全责任书，立足于预防，安全责任到位。全过程全方位食品安全监管体系有效运行，积极推行"六T"标准化食堂实务管理，充分发挥学校食品安全监管工作小组和上海市高校首家食品安全监测实验室作用。营造安全舆论环境，利用好新媒体阵地，把好后勤宣传舆论导向。健全后勤领域各方面风险防控机制，善于处理各种复杂矛盾，牢牢把握工作主动权。

搭建后勤育人平台。强调一个"德"，把立德树人作为中心工作，贯穿后勤服务保障工作，坚持不懈抓好作风建设，引导后勤工作者在"没有讲台的课堂"上以德立身、以德施教，通过日常工作中主动、热情、耐心、周到的服务，塑造金牌后勤形象，潜移默化地熏陶和影响学生；主动树立和积极宣传"看得见、摸得着、在身边"的后勤榜样人物和先进典型，发挥示范引领带动作用。抓好一个"建"，以建设美丽校园为契机，星点布局校园咖啡馆（吧），增加校内休读点，让师生在咖啡飘香中品读校园的诗和远方；以队伍建设为抓手，分批次、分层次、分级分类对所有后勤工作者开展校情校史教育和素质培训，让后勤工作者成为复旦特色思想理念的坚定支持者和文化传播者。实现一个"融"，搭建学生后勤体验平台，广泛开展各类后勤实践，鼓励学生"在体验中感受后勤""在岗位上服务后勤""在参与中优化后勤"，营造劳动最光荣、劳动最崇高、劳动最伟大的校园风尚，积极推动后勤体验进课堂、进课程，主动发布并引导学生参与各类后勤研究课题，实现教学与后勤的互融、共融。

搭建集约综合的多功能一站式服务平台，适应复旦大学"一甲多乙"和"多校区管理"模式的客观需求。每个校区建设一个后勤运维保障平台（即校园生活服务平台），集中统一受理和处理校园各类后勤保障服务业务，形成"前台综合受理、后台分类审批、综合窗口出件"全新工作模式和"统一收件、按责转办、统一督办、统一出件、评价反馈"的业务闭环，并逐步建立"24小时服务，第一时间反应"的快速反应机制。以平台为基础，创设校区应急指挥和处理中心，加强基本后勤业务的常态化、专业化基层监管，构建后勤大数据监测和分析中心。

抓"大"而不放"小"，复旦大学通过模式创新、机制创新、吸纳学校创新成果、功能创新等多种形式和多个方面，提升管理效益。这个"大"包括探索物业管理新模式，推进物业管理的区域化、专业化、信息化整合，完成四个校区所有楼宇基本物业全覆盖，对全校所有公共物业和基本物业服务进行归口管理，统一服务标准，优化校内物业服务格局；探索教职工体检服务社会化新模式，形成"公立、民办共存，体检时间自由选择"的体检模式；创新"学校整体租赁、教师申请租住、政府学校补贴"的青年教师住房保障机制，妥善解除青年教师的后顾之忧。这个"小"包括充分发挥学校科研优势，加强节能节约资源新技术的运用和研究开发，促进相关技术和科技成果在学校后勤领域的转化应用，例如复旦大学节能监管平台软件由计算机科学技术学院自主研发。

三、追求卓越，开启新程

正所谓"知者行之始，行者知之成"。复旦大学要加快建设和不断完善"大后勤、大保障、大服务"运行格局，打造一支知识型、技能型、创新型的高素质专业化后勤队伍，使师生获得感、幸福感、安全感更加充实、更有保障、更可持续。要以更高的历史站位、更宽的世界眼光提升后勤定位，瞄准国际标准，同步行业前沿，从大突破大整合到规模化集约化，引入更多优质企业进校服务，发展更高层次的开放型校内后勤市场，推动校内后勤市场朝着更加开放包容、公平有序、繁荣稳定的方向发展。

一流的大学必须有一流的后勤保障。这个伟大的新时代，赋予了我们每一个后勤人更光荣的使命和更艰巨的任务。复旦大学只有一如既往地锐意探索、勇于实践，不忘初心，坚定不移地全面深化后勤社会化改革，才可能更好地丰富高等教育发展内涵，支撑、保障、助力一流大学和一流学科建设，将复旦大学早日建成为扎根中国大地上的世界顶尖一流大学，不负伟大时代！

深化改革　规范转型　提升服务

——上海师范大学从"办"后勤向"管"后勤转变的凤凰涅槃

顾中忙

1999年，上海师范大学后勤作为高校后勤社会化改革试点院校之一，率先进行了后勤社会化改革，组建后勤实业中心，遵循"自主经营，独立核算，自负盈亏"的原则，通过大承包方式为学校提供后勤服务，形成了事业单位企业化管理的"一体两翼"体制。后勤社会化改革实践，调动了后勤职工的积极性，为学校的跨越式发展提供了有力地服务保障。但是，面临新形势、新任务、新要求，后勤实业中心非事非企的特殊地位，逐步暴露出人员队伍建设、财务运行规范、管理制度执行等诸方面问题。学校不得不重新审视后勤的管理模式，寻求后勤发展的新路子。

一、学校后勤基本情况

上海师范大学是一所上海市属重点大学。改革前，后勤实业中心在编员工：学校事业编制192人，后勤企业编制138人，劳务派遣等用工678人，合计1008人。承担了学生公寓、餐饮、交通、物业、水电、维修、绿化、保洁、校内商铺监管、幼儿园等服务项目。

二、学校后勤改革势在必行

学校后勤的发展必须与学校综合改革、"双一流"建设的需求相适应，与现行国家法律法规相适应。后勤"一体两翼"的管理体制困难重重，改革迫在眉睫。

（一）人事制度问题

我校"后勤实业中心"人事关系中主要分三类：事业编制、企业编制、劳务派遣及其他人员。

在管理过程中都遇到的问题有：

1. 事业编制人员问题：由于后勤实业中心为非独立法人实体，不具备交金和纳税主体资格，而"自主经营、独立核算、自负盈亏"的体制，让后勤职工收入长期没有进入学校绩效工资的额度，学校也未替事编职工足额缴金。

2. 企业编制人员问题：所谓企业，是我校后勤实业中心下设的一家贸易公司，是一家无主营业务的空壳公司，没有经济收入，只是后勤招收员工的一个招牌，公司所有开支均由后勤直接承担。后勤作为学校事业单位的二级部门，为一家有独立法人资质的企业每年承担数千万开支，显然有违法规。

3. 劳务派遣人员问题。后勤实业中心实际用工中，大多数为劳务派遣人员，按照2014年3月施行的《劳务派遣暂行规定》，已无法操作。而其他人员，连基本规范的劳动关系协议都不全，用工安全隐患存在极大风险。

（二）财务制度执行问题

《高等学校财务制度》《高等学校会计制度》，对高等学校财务有了明确的制度规范。后勤作为学校的二级财务，必须严格执行收支两条线，经费实行预算制。

过去采用的大承包形式，承包费由实业中心（乙方）与代表学校的资产处（甲方）根据学校资金情况，通过双方谈判确定。没有招投标，没有价格标准作依据，对于承包经费的不足，后勤通过出租、经营校内房产资源，以及额外工程的"管理费"收入予以弥补。

由于劳动成本的不断攀升，学校预算经费的下降，实业中心的经济效益每况愈下，呈现入不敷出的局面。这种看菜吃饭，拾遗补阙的运行方式在预算制的财务制度下已寸步难行。

（三）管理体制问题

"后勤实业中心"作为一个非法人治理实体，在实际运行中的责权利界定模糊。后勤一方面实行事业预算拨款和分配制度，另一方面又要按照市场化实体运行，后勤又不具备参与投标的资质，没有承接学校工程和服务项目的可能性。

在学校后勤管理上，代表学校甲方的资产处与所谓乙方的后勤实业中心关系特异，职能交叉，裁判员和运动员身份不明，监管和运营职能交叉，管理上问题突出，审计与巡视中揭示了一系列问题，其根子都是由后勤管理体制问题造成的。后勤管理体制改革刻不容缓。

三、明确方向，规范转型，构建后勤保障新体系

后勤改革的唯一出路就是理顺关系，实现"事企分开，管办分离"。我校后勤实业中心的两条出路：一是做大做强，真正成立具有独立法人的公司，完全与学校脱钩，但依我校后勤实业中心目前运行的状况和外部环境，已经丧失了独立发展的机遇。二是梳理后勤实业中心的职能，将服务职能引入社会专业企业，将管理职能回归学校，实现社会办后勤，学校管后勤的新体制。

2015年底，学校党委审时度势，作出了对后勤管理体制和运行模式进行改革的决定：按照"政府履行职责、市场提供服务、学校自主选择、行业自律管理、部门依法监管"的战略规划，解散后勤实业中心，成立后勤服务中心；开放校园服务市场，全面公开招标引入服务企业；加强后勤管理队伍建设，建立统一、开放、竞争的后勤保障新体系。

（一）实现职工劳动关系的平稳转移

构建后勤保障新体制的难点是原后勤实业中心1千余名职工的分流问题。

学校通过公开招标引进十家社会专业企业，取代原后勤实业中心的服务职能。按照"引进一家消化一批"的思路，把原学校后勤实业中心的员工分流到各社会企业，从2015年12月到2017年1月，用一年多时间完成了835名职工的劳动关系转移，其中54名原后勤企业编制在关键性、公益性的服务岗位上工作的职工转变为学校劳务派遣工，继续留在原岗位；678名职工进入了新引进的社会企业；12名职工由学校推荐分流到校外工作；91名职工自行离开学校，自谋职业。

2016年4月学校成立后勤服务中心，其职能就是承担学校后勤保障的管理监督和少部分关键性、公益性的服务项目。

学校对后勤管理的部门功能划分、岗位职责等进行了重新梳理并核算编制，从2017年1月到2017年6月，进行新岗位竞聘和岗位培训，完成从"办"后勤向"管"后勤的顺利过渡。对少部分关键性、公益性的服务部门，

采取保留措施，如：车队（负责公务车的管理与运行），饮食中心（两校区师生餐饮的日常管理）；幼儿园等。

（二）实现学校后勤优质服务和文化传承的转移

构建后勤保障新体制的关键点是社会企业的服务能否传承好学校服务的优良传统。

我校后勤服务保障历来有其自身特有的文化内涵，是食堂"六T"管理和学生公寓"六T"管理的发源地，后勤服务工作一直保持着比较规范和严格的要求。在新型后勤服务保障体系下，在完成招标引进了社会企业后勤后，能否传承好学校服务的优良传统？关键在于"部门依法监管"，部门的核心就是后勤服务中心，学校通过对后勤管理员工的培训，彻底转变观念、明确定位，使他们成为学校后勤保障的引领者、组织者、管理者、监督者；引导好社会企业尽早适应学校发展和满足师生对服务保障的需求，适应教育规律，体现育人功能，组织管理好各项公益服务；监管好各服务岗位上的工作，协调处置好服务过程中遇到的各类问题。确保原后勤实业中心的优质服务和文化传承得到平稳转移。

（三）实现资源共享注入后勤服务新的活力

构建后勤保障新体制的落脚点是服务质量和保障能力的提高。

社会引进企业专业化的服务，发挥出专业化的管理优势和技术优势，给学校后勤服务保障注入了新的活力。各引进企业实行"行业自律管理"，开展有序竞争，改变了自办后勤下垄断性的服务形象。专业的服务企业在学校服务平台上展现各自品牌的优势：物业公司的信息化管理、标准化会务接待、规范化设备维护、专业化"蜘蛛人"清洗高空外墙；保洁公司引进的清扫设备和高效能新型保洁概念；绿化公司对土质、水质气候专业分析，针对性地绿化维护，系统性地绿化测绘，完整性地绿化档案建立；高压配电服务公司定期对设备与电力系统进行测试保养；各企业对员工进行知识和技能培训，提高员工业务能力；等等。这在以往后勤服务中是无法比拟的，新体制给学校后勤服务带来了新的活力。

（四）实现了功能分离，降低了后勤运行成本

实行事企分开、管办分离，"后勤服务中心"成为学校专业的后勤监管机

构。他们以学校教育科研和师生生活需求为导向,落实企业智慧后勤、绿色校园建设,推进服务育人。

新型体制下的后勤大大减轻了学校的人员负担和经济负担。对照改革前后,后勤职工总人数下降83.534%;按同样工作岗位的在岗实际数对比,职工实际在岗人数下降7.2%。各类后勤经费对照,按项目同口径比较(含新体制企业缴税等费用)学校经费总支出下降4.6%。

四、全员育人、提升服务,赋予后勤管理新效能

新型后勤服务保障体系下的后勤人从"全员育人"的视角推进服务工作,整合社会资源,创造让学生广泛参与后勤服务管理的大舞台,赋予后勤服务育人的新效能。

在全国高校思想政治工作会议上,习近平总书记强调,高校思想政治工作关系高校培养什么样的人、如何培养人以及为谁培养人这个根本问题。要坚持把立德树人作为中心环节,把思想政治工作贯穿教育教学全过程,实现全程育人、全方位育人。后勤服务不仅对学校的教书育人起着物质和人力条件支撑的作用,而且其自身也发挥着服务育人的作用。

(一)每一位后勤职工都承担起了育人职责

从"办"后勤到"管"后勤,后勤人转变了身份,从站在学校和师生的角度审视后勤服务,转变服务理念,主动承担起育人职责,以满足师生日益增长的对美好校园生活的需求,通过供给侧改革,实现多元化、个性化的服务保障。

以我们食堂为例:师生到底对我们的食堂有什么需求?难道仅仅是价廉物美?难道仅仅有公益保障型食堂?当外卖如潮水般涌进高校大门,每天大量来路不明的外来餐食冲击校园的时候,后勤人想到了什么?"管"后勤就应该从培育学生、关心学生健康成长的角度思考我们食堂饮食的改革。

新的后勤管理体系的建立,使后勤人管理重点转向:集中精力把好食品安全质量关,建立高校食品安全的追溯管理体系,建设师生向往的新食堂。后勤管理摆脱了资金和技术的压力,充分应用社会资源力量,变"食堂做什么,师生就吃什么"为"师生想吃什么,食堂就提供什么";变"吃饭只能

来食堂排队"为"可以到校园任何适合的地方取餐吃饭";变"只能在规定的时间来食堂订餐用餐"为"师生可以在任何时候、任何地方订制自己需要的餐食";变"学校食堂只是师生用餐的场所"为"餐厅是集餐饮休闲、师生交流、学习看书、文化活动于一体的多功能文化空间,是师生学习辅导、教书育人的第二课堂"。于是,我们学校首先推出了校园"云餐厅"服务理念。

（二）每一项后勤服务都体现出育人功能

从"办"后勤到"管"后勤,后勤人可以在更多的服务项目上思考并实施其育人功能。

以我们高校快递服务为例：当前快递行业方兴未艾,后勤转型后携手上海生乐科技公司,从快递中心规划起,就把解决师生快递服务与育人结合起来,开辟学生自主创新、管理、经营的文创中心。让师生在快递中心享受校园生活的快乐,成为大学生实现勤工助学、自我教育场所,开展社会实践、创意活力的场所。把快递中心建成集快递与师生综合服务于一体的快乐中心,学生在这些服务平台上可以受到锻炼、学到技能、攒钱助学、展示才华、沟通交流。

（三）每一个校园元素都赋予其育人价值

从"办"后勤到"管"后勤,后勤人不断思考着每个元素的育人价值,应用物联网技术,在实现校园后勤服务管理转型升级中赋予其育人思想。

《国家教育事业发展"十三五"规划》中加强了对绿色校园、智慧校园建设的部署。通过物联网技术、智能装备、信息化知识应用,倡导绿色校园、节能环保、智慧后勤。携手中国电信,打造物联网智能路灯管理,让师生感受更明亮、更节能的校园,体现绿色环保、节能减排的育人因素；携手中国银行探索打造智慧金融服务实验基地,服务管理转型升级,在既解决师生金融业务问题,又为学生提供金融实践锻炼的机会中,赋予实践育人的价值。

从"办"后勤向"管"后勤的转变,上海师范大学后勤经过两年多的努力如凤凰涅槃般浴火重生,终于摆脱了原有体制的束缚,重新站在了新时代学校发展的前列,树立起"师生至上、服务第一、育人为本、需求导向"的新理念,让师生有了更大的获得感、幸福感和安全感。

坚持改革　立足创新　实现转型
——从苏大教服集团发展看苏州大学后勤社会化改革

韦曙和　郭　伟　孙民海

苏州苏大教育服务投资发展（集团）有限公司（简称苏大教服集团）是苏州大学贯彻国务院关于高校后勤社会化改革的精神，通过明晰产权，在原苏州大学后勤集团的基础上组建起来符合社会主义市场经济要求，适应高校办学规律，满足学校教学、科研等各项事业高速发展的具有教育属性的法人企业。集团自成立以来，不断完善法人治理结构，举现代企业建设之纲，张学习型组织建设之目，走"两高一总"发展之路，凭着执着的信念和优质的服务，树立了高校后勤服务业的品牌，取得了一定的成绩，为全国深化高校后勤社会化改革探索出一条路径，被教育部发展规划司确认为"全国高校后勤社会化改革五大模式"之一。

一、背景

苏州大学的后勤社会化改革起步较早，20世纪90年代以来，学校就开始积极探索后勤社会化改革。

1."小机关、多实体阶段"。1992年，为了适应当时改革和发展的需要，学校根据管理职责、服务对象和服务项目，将基建处和总务处的职能进行合并，共组建了6个小机关科室（办公室、计划科、财务科、校产科、施工管理科、维修管理科），10多个不同性质、不同类型的服务性、经营服务性、经营性实体。小机关管理职能的强化，优化了机构设置，大大提升了工作效率，优化了学校的建设和管理服务工作，从根本上维护了学校利益，保证了后勤工作、后勤服务、后勤实体能够稳步、健康的发展，但也存在着甲乙方利益难以分清的弊端。

2. "小机关、大实体阶段"。在历经十多年"小机关、多实体"实践的基础上，学校于2002年初建立了"小机关、大实体"的甲乙方的后勤管理模式，成立了后勤管理处，并组建了后勤集团。

后勤集团自成立起坚持教育和市场经济的双重属性，牢牢把握高校后勤服务的公益性和有偿性的统一，坚持走"管理出效益、提高生产力、全心全意服务于教学、科研、学生生活"之路。几年时间里，学校后勤保障能力明显增强，后勤职工的思想观念有了深刻的变化，综合素质有了较大提高；后勤实体的管理水平和服务质量明显改善，师生满意率明显提高；后勤产业发展迅速，但也伴随学校办后勤实体带来的种种风险。

苏州大学后勤集团自2002年3月18日开始启动，发展迅速，引发各种议论接踵而来，"高校后勤要不要搞大""高校后勤集团在为社会服务中产生的风险谁来承担"成为讨论的焦点。经过一年多的讨论、反复、比较，2004年6月，苏州大学《关于进一步深化后勤社会化改革的实施意见》（苏大委〔2004〕28号）正式发文，学校的后勤社会化改革进入新的阶段。

二、教服集团改革历程

（一）公司成立

根据学校文件精神，以"学校零产权，员工均股份"为原则，苏州苏大教育服务投资发展有限公司于2004年7月正式注册成立。

1. 文件出台。根据文件精神，此次深化改革的指导思想是："两划清一防止"，即通过深化改革，划清后勤企业与学校之间的经济连带关系，划清原后勤集团中非学校事业编制人员与学校之间的劳动人事等关系；通过深化改革，明晰资产产权，防止国有资产流失，确保国有资产的保值、增值。同时，对原学校事编制人员，学校制订了"借用、内退、待岗、托管"等多种政策，对500多名后勤事业编制职工采用了多种形式进行分流，以人为本，充分尊重员工的选择，达到了平稳过渡的目的。

2. 资产评估。在公司成立之前，学校首先明晰了产权，经专业评估公司对后勤集团的资产评估后，后勤资产全部上交学校，苏大教服集团采取租赁方式租用学校的资产进行运作。新成立的公司学校不入股，完全由后勤职工入股，体现了"民营"的特征。

3. 股权构成。以自愿入股为原则，后勤350多名员工作为出资人按6：5：4：3：2：1的比例共出资1080万元，作为公司原始注册资金。

4. "三会"运作。公司以原集团领导班子成员为基础产生11名出资代表人作为公司股东，同时设立董事会、监事会，形成了完整的法人治理结构。

（二）公司运行

"要么转型，要么被淘汰"成为当时集团领导层的共识。从事业型的高校后勤实体转型成为现代服务型企业，是集团自身生存的需要，也是发展的需要。在向现代企业制度转型方面，集团做了大量工作。

1. 强化法人治理结构的构建。现代企业制度的核心问题是如何构建企业的法人治理结构。苏大教服集团自成立以来，不断加强股东会、董事会、监事会、党委会、总经理班子的建设，建立了各项规章制度，明确了责、权、利，逐步形成了科学合理的法人治理结构。为苏大教服集团实现可持续发展打下了坚实的基础。另外，针对高校后勤原有吃"大锅饭"的弊端，公司出台了划小核算单位的具体措施，激发了员工劳动的积极性。公司内部管理扁平，机构精简，效率较高。通过员工持股的形式，在构建事业共同体的同时构建利益共同体、命运共同体。公司创立时股权分配比较均衡，较好地处理了效率与公平的关系，在当今贫富二级分化矛盾比较突出的背景下，有着重要的现实意义和理论意义。

2. 完善现代企业的运行机制。苏大教服集团自成立起高度重视管理的科学性，在组织结构设置上坚持扁平化；在管理上坚持规范化；在服务上坚持标准化；在队伍建设上坚持专业化；全面推行了ISO、HACCP质量管理体系，导入《卓越绩效评价准则》，坚持"质量第一、效益优先"；注重运行机制的创新、服务和产品的创新、坚持商业模式的探索与创新，取得了一定的成效。

（1）用人机制。实行了干部能上能下、员工能进能出的用人机制。实行了定期竞争上岗的制度，引进了"平衡计分卡"等先进的绩效考核评价体系，将员工的发展方向引入现代企业管理的轨道，吸引了大批有志于高校后勤服务事业的人才。

（2）分配机制。推行"上不封顶，下设底线"的分配原则，实行了根据工作量（营业收入）确定岗位工资，根据绩效（利润）确定奖励额，将经济指标与社会效益结合起来进行考核的办法，积极探索和实践企业年金制度，践行管理骨干持股制度，较好地调动了各个层次员工的积极性。

（3）激励机制。注重精神文明方面的建设，将非经济激励作为常用手段，在单位层面设立了"窗口示范项目""先进集体""管理进步奖"等评选活动，在管理人员层面设立"开拓创业""管理之星""服务之星"等评选奖项，在一线员工层面开展"操作能手"竞赛，设立"员工功德录"，并从中评选出"助人为乐奖""爱岗敬业奖""见义勇为奖""拾金不昧奖"等"平凡好人"奖项，营造员工敬业爱岗的风气，使个人利益与团队（核算单位）及公司的利益结合在一起，培养员工的团队精神。

（4）约束机制。公司成立后，首先提出的是可持续发展问题，涉及企业发展中的各种风险问题，我们建立了风险约束机制，在管理流程建设上下了功夫，取得了较好的效果。

A. 资金风险防范。防止由于投资造成资金链的断裂，引发企业生存的危机。

B. 安全风险防范。防止由于火灾、用工、交通等各项生产、工作事故造成大的经济损失，引发企业生存困难。

C. 市场风险防范：防止由于缺乏竞争力，丧失校内外市场，引发企业生存危机。

D. 内耗风险防范：防止由于目标缺乏，信心缺乏，遭遇困难挫折，以及事业单位大锅饭的影响，造成公司内部缺乏凝聚力，形不成团队精神，内耗风险不可小视。

E. 决策风险防范：防止由于决策的自主性，可能出现判断和决策失误的现象。

为此，不断强化财务集中，完善股东会、董事会、监事会、职工代表大会等机构的职责，加强了岗位责任制、安全防范机制，加强了民主决策的程序，强化了企业运行的主要流程。

（5）合作机制。通过与外资、内资企业的合作，提升自身开拓市场的竞争力。

3. 构建企业战略管理体系。为了在竞争激烈的市场环境中实现企业的生存和持续发展，集团加强了企业战略的管理，明确了"两高一总"（高校、高端、总包）的战略目标，为实现这一战略目标，确立了"品质立企、效益稳企、人才兴企、文化强企"的发展战略，坚持"标准化、机械化、信息化、专业化"建设；坚持项目从中低端项目单一业态向中高端项目综合业态转型；坚持员工从普通劳动密集型团队向知识技术文化含量较高的团队转型；坚持服务产品质量从一般符合型向卓越型高质量转型；坚持企业从一般高校后勤企业向现代大型单位后勤集成供应商和高水平著名品牌企业转型。坚持观念创新、管理创新、服务创新、产品创新。在发展过程中根据新时代新形势新要求，及时调整，主动适应，为实现集团的基业长青奠定基础。

4. 构建具有"教服"特色的企业文化体系。历经十余年积淀，苏大教服集团形成了具有自身特色的企业文化，主要包括：

使命：积极探索后勤社会化改革之路，做后勤社会化改革的探索者、推动者、领跑者；成为大型单位后勤服务的最佳提供商和新型管家。

愿景：把苏大教服集团建设成具有教育属性、学习型组织特征、创新能力和可持续发展的国际化现代服务型企业。

核心价值观：诚信、务实、和谐、致远。

企业宗旨：客户至上、员工为本。

服务理念：主动、热情、优质、高效。

发展方针：追求卓越、崇尚诚信，提供优质服务，满足顾客的要求，符合法律法规的规定。

三、集团后勤改革的成果及借鉴意义

苏大后勤人探索出了一条新型的、具有教育属性、有教服特色的、适应社会主义市场经济体制与高校办学规律的后勤发展之路，树立了一种模式，建立了一个品牌，为高校后勤社会化改革提供了样本，具有一定的借鉴意义。

（一）从学校层面看

1. 坚持解放思想为先导的改革策略。事业单位的后勤实体要不要转型为

现代企业？怎么样转型？争论很大、阻力更大。苏州大学党委高度重视重大改革决策前的各相关方思想疏导、沟通和认识提高，用了一年左右的时间先后召开专家论证会、专题研讨会、群众干部座谈会、后勤干部员工民意调研会、教代会、校务会、党委会、常委会等数十余次，组织学习中央、国务院和省委省政府等相关文件，称得上苏州大学历史上时间最长、征求意见最广泛、最民主的一次决策。这使得后勤体制的转型改革建立在群众、干部、专家、领导有较为广泛的共识基础之上，为后勤实体改革转型的具体操作打下了良好的基础。

2. 坚持循序渐进的改革方式。在后勤实体改革转型中，苏州大学始终坚持"走小步、不停步、抓住机遇跨大步"循序渐进的策略方针，具有较强的可操作性。

苏州大学后勤社会化改革自1999年全面启动以来一直按照党中央提出的高校后勤改革的方向是社会化的要求，创造性地执行"国办发〔2000〕1号、省府办〔2000〕145号、省府办〔2001〕118号、省委苏发〔2005〕16号、17号、国办发〔2008〕11号、国办发〔2013〕96号"等一系列文件精神，坚持高校后勤社会化改革方向不动摇、坚持大胆实践探索、始终走在全省乃至全国高校后勤社会化改革的前列，多次受到中央领导的肯定，在全国高校中产生了较大的影响。

3. 坚持以人为本的改革理念。

（1）尊重"老人"自主选择的人员分流原则。后勤体制转型必然要涉及事编职工的去向问题，是"借用"到新的企业当中？还是"内退"？还是临时"待岗"由学校另行安排？2004年上半年是苏州大学原后勤集团每个员工都必须做出选择的时候。由于员工分流方案的设计比较人性化，完全尊重员工自主选择，体制转型进展得非常顺利。

（2）理性善待"老人"。事业单位中的"老人"借用到企业成为企业的"新人"，这种转型是一种创新。"老人"对转型的不适应是长期的，转型的困难是客观存在的。苏州大学党委一方面坚持改革，另一方面坚持以人为本，实行了"老人老办法"的政策。主要内容为：原事业编制员工身份保留，借用到企业后经济待遇（工资、奖金、部分福利）按企业标准执行，其余待遇保留不变，退休时回学校，鼓励"借用"员工创业成功。同时，对按政策内退的员工给了了多方面的关心。

（3）公平对待新人。新建立的后勤企业坚持规范用工，公平待人的原则，认真执行《劳动合同法》，注重构建企业的新型的劳动人事关系，着眼于将新的员工培育成为企业的中坚力量。

4. 实现了促进后勤发展的改革目标。苏州大学后勤社会化改革从体制机制创新入手，立足于员工劳动积极性的提高、立足于生产力的解放、立足于社会效益和经济效益的提升，这是苏州大学推进后勤改革的根本指导思想，由于指导思想正确、改革取得了显著的成效。

（1）学校开支逐年减少，2003年改制前与2008年改制后相比学校每年减少开支1000余万元。

（2）通过社会化改革，学校能够从冗繁的后勤事务中脱离出来，专心于教学、科研，使用劳动合同工人数大幅锐减，学校行政管理成本大幅降低，人浮于事的现象大幅减少，工作效率大幅提升，学校的综合实力不断提升。

（3）师生享受到的后勤服务质量有了较大提高；学校始终要求服务企业面向学生提供后勤生活服务时坚持"保本微利"的原则——苏大教服集团坚持姓"教"、为学生服务不追求利润最大化、通过主渠道方式坚持了面向学生生活服务的某些公益性。

（4）后勤改革打破了"大锅饭"，提高了员工劳动积极性和创造性，使得人力资源的"存量"转化成为劳动生产率的"增量"，后勤职工通过劳动生产率的提升，提高了工资、福利待遇，保证了事编职工与校内类似岗位员工工资同比上涨。

（二）企业层面

1. 创新了一种模式。苏州大学2004年的"零产权"后勤体制改革是事业单位后勤改革的一项大胆创新，也是防止国有资产流失的根本保证。350多名后勤员工普遍入股、自愿入股，员工"均股份"的公司股权结构，充分体现了尊重每一个员工的平等性和自主权，实现了一次分配起点公平、主要经营者和一线员工差距不太大的原则。在深化改革与构建和谐社会的背景下是一种创新，这是构建和谐社会的应有之义，也是企业增强凝聚力，实现可持续发展的源动力。

2. 坚守着一份情怀。作为出身高校的后勤服务企业，集团熟悉高校教育教学特点，了解师生教学生活的服务需求，在服务过程中始终坚持"三服务、三育人"的宗旨不动摇，始终坚持诚信为本、保本微利经营，不追求利润最大化，积极开展服务育人活动。如：在苏州大学、扬州大学设立大学生创就业实训基地；在苏州工业园区服务外包职业学院开设"东吴班"，对学生进行定向培养；通过设立勤工助学岗位和奖助金等方式，为贫困学生提供物质资助和实习岗位；每年开展"坚持姓教、服务育人"系列活动，引导大学生深入后勤一线，进行岗位体验等活动，融入学校"三全育人"体系，取得显著成效。

3. 探索出一条路径。自成立以来，集团始终坚持"品质立企、效益稳企、人才兴企、文化强企"的发展战略。"品质"是企业立足的根本。集团自成立伊始就组织学习 ISO9001 质量管理体系，相继贯标 ISO9001 质量管理体系、ISO14001 环境管理体系和 OHSAS18001 职业健康安全管理体系，形成三体系运行，进一步规范和完善了服务管理运行体系。而 GB/T19580《卓越绩效评价准则》的导入，更是增加了集团从优秀走向卓越的可能。"效益"是企业稳定的基石。没有效益，企业就谈不上生存和发展，因此集团始终以拓展市场为抓手，严格控制机构人员、把好原材料关、树立员工的主人翁意识和节约意识，共同提升集团的效益。2017 年集团营业额突破 10 亿元大关。人才是企业兴盛的法宝。集团通过建立扁平化组织机构，完善用人机制、激励机制。目前，集团各种层次、各种类型专业人才齐备，用工达 18 000 余人，其中本科以上管理人员 500 余人，各类中级以上职称 100 余人。"文化"是企业强大的源泉。十余载积淀，苏大教服集团培育出了属于自己的文化特质，建立了优良的企业文化体系，凝聚了员工、增加了核心竞争力，真正使企业文化成为集团发展的动力。

4. 建立了一个品牌。14 年风雨兼程，集团已经发展成为高校等大型单位后勤服务的优质供应商和新型管家（以后勤服务、现代物业管理和食堂餐饮配送为主体，商贸超市、车辆运输、建筑工程、空调维保、教育培训为辅助的多元化产业群），服务市场遍及北京、天津、上海、山东、山西、湖北、河南、河北、贵州、福建、甘肃、新疆、吉林、江西、安徽、广东、江苏等10余个省市、100余所高校。服务范围覆盖高校及科研院所、金融机构、医疗机构、商业写字楼、城市场馆、政府行政中心、城市公共设施、科技产业园、中外合作大学等业态。集团先后被评为全国高校后勤服务优秀企业，并成为中国教育后勤协会常务理事单位。旗下东吴物业公司为全国高校后勤系统首家一级资质物业管理公司，中国物业协会常务理事单位，全国物业服务五十强企业，连续两届被评为中国校园物业服务百强企业第一名，连续6年被评为江苏省物业服务业综合实力五十强企业第一名，同时被评为国家级"守合同、重信用"企业，江苏省质量管理优秀奖（由政府颁布）、江苏省名牌企业、苏州市"市长质量奖"（全市服务型企业唯一获得者，由政府颁布）、苏州市总部经济企业。

苏大教服集团经过14年的探索，在高校后勤实体的转型、现代教育服务企业的建立方面取得了一定成绩，同时也面临许多困难。中国特色社会主义进入新时代，高校后勤社会化改革也进入新的阶段，坚持"质量第一、效益优先"成为改革的新要求，我们坚信在政府、社会以及高校同仁的关心支持下，苏大后勤人与时俱进、开拓创新、不断进取，定能将改革推到更深、更稳、更好的层面！

改革后勤保障机制　创新后勤服务模式

——江南大学改革后勤保障机制、创新后勤服务模式纪实

王剑星　潘庆伟　王　强　胡继红

在不断深化的高校后勤改革中，江南大学始终以科学发展观为指导，牢牢把握"四个全面"的主基调，坚持立足长远、科学谋划、分步实施的原则，践行"师生为重、服务为先"的宗旨，扎实稳步地推进后勤事业的改革发展。组建后勤保障系统、调整后勤甲乙方管理模式，后勤体制机制改革创新、节能减排、后勤信息化建设等方面工作特色鲜明，成效显著。并以学生食堂为主阵地，积极营造"服务育人、环境育人、文化育人"氛围，努力提高后勤服务质量和服务效益。

一、下好"一盘棋"，合力创建文化后勤

为积极弘扬社会主义核心价值观，紧紧围绕学校与后勤的工作目标，后勤保障系统党委认真履行"核心、智库、协调、推进"的工作职责，坚持"党委会""系统工作例会"等工作制度，实施顶层设计，科学谋划，综合协调，切实加强党建和干部队伍建设，抓好员工队伍的思想教育，立足本职，服务师生，在服务中彰显职业道德，在教育中凝练后勤文化，通过开展一系列的职工教育活动，提高后勤服务质量，提升后勤队伍素质，提增后勤服务效益。

（一）注重工作研讨，促进后勤文化建设

后勤保障系统自成立以来，结合后勤实际工作重点，每年确定后勤保障系统工作主题，提出工作目标及任务分解。坚持利用寒暑假，召开一年两次后勤保障系统工作研讨会或工作专题会，联系各部门工作，进行积极研讨，

理清思路、明确目标，共谋发展。积极倡导"厚德、和谐、敬业、自律"的后勤文化，精心制作"江南大学后勤保障系统"宣传册以及文化墙的布置，全方位地介绍后勤工作与特色，充分展示后勤各部门的服务工作亮点。

充分发挥文化的引导、教育和推动功能，开展后勤职工职业道德教育，组织"后勤服务与保障"论文征集，"后勤工作改革与实践"论文编写活动，全方位分析、探索后勤工作的理论与实践、现状与问题、思路与策略，具有较强的思想性、理论性、实践性、创新性，为进一步做好后勤保障和服务工作、推进后勤的发展提出了很好的建设性建议和意见。通过后勤职工"职业道德格言"征集活动、医务人员"职业精神格言"征集活动、劳模报告会、"新后勤人培训"等形式，达到职工自我教育、相互学习，共同提高的目的。

（二）强化服务理念，实施后勤"十大实事"

后勤保障系统不断强化"师生为重，服务为先"的工作理念，以"大后勤、大系统、大服务、大保障"为运行模式，各部门通力合作，努力做好后勤保障工作。积极探索具有江南大学特色的"条指导、块管理、条块结合"（大后勤—小后勤、大保卫—小保卫、大物业—小物业）"一盘棋谋划、一体化运作、一站式服务、一条龙保障"的后勤运行新模式。强调部门基层管理——全面负责，各条线——业务指导，管理服务实行融合协同。

根据年度工作重点及师生需求，在充分调研、征求意见的基础上，推出为师生服务的"十大"实事并向全校公布。工作中始终坚持实事做实，好事做好，推进落实，受到师生的欢迎。2015年开设"江南大学微后勤"，为师生提供更方便、快捷的服务，信息宣传工作取得了一定成效。每年4月，确定为"优质服务月"，全员共同参与，活动丰富多彩，并评选、表彰"活动组织奖、最佳创意奖和后勤服务十大明星"，以此促进后勤管理服务水平的提高。

（三）营造服务品牌，建设后勤服务大厅

后勤服务大厅随着后勤保障系统的组建应运而生，将后勤工作协调办公室、房产管理处、基建处、后勤管理处、保卫处、信息化建设与管理中心等多个职能部门面向师生服务的50多个工作项目，进行跨部门的业务整合，实行"窗口"服务，前后台无缝对接，以做好对师生的服务为己任，办出师生满意、学校满意、社会满意的后勤。通过大厅"一站式"的建设，真正做到思想上融合，管理上统筹。同时，建立数字后勤服务大厅，与实体后勤服务大厅互补，努力打造后勤服务品牌。

二、走好"两条路"，努力探索智慧后勤

后勤信息化建设是教育信息化的重要组成部分，是提高高校后勤管理水平和服务质量的推动力。2006年，江南大学就启动了"后勤数字化"建设，在数字化节约型校园建设工作、数字化平安校园建设、数字化后勤服务建设等方面开展了实践，并取得良好效果。近年来，我们在此基础上又开辟了全面建设"后勤信息化"之路，"数字化""信息化"两路并举，从深层次推动传统后勤向现代后勤模式的转型。

（一）感知能效，展现低碳校园建设新成效

2009年底，江南大学首创的"高等校园数字化能源监管系统"通过了教育部科技成果鉴定，被认定为研究与建设成果达到国际先进水平。学校在后勤管理中运用信息化思想和手段，高起点建设数字化节约型校园的成功经验为全国高校开展节约型校园和绿色大学建设提供了有益的参考。在此基础上，学校全面建成的基于物联网技术的数字化能源监管系统平台，广泛地提升了师生们节约用能的意识，为学校挖掘节能潜力、进行节能改造提供决策支持。

（二）平安校园，开创安全管理工作新局面

学校在2009年就提出，运用信息化思想、数字化手段推进平安校园建设，并使之成为信息化后勤保障的一个重要组成部分。全新的数字化平安校园系统建设模式将对新时期大学校园的安全管理带来深远影响。江南大学的数字化平安校园建设是基于数字化校园网络，以5C安防综合管理平台为基础，集消防监控、视频监控、交通管理、巡防报警、信息发布和指挥中心六位一体的数字化校园安防系统。学校被江苏省教育厅、公安厅首批授予了"江苏省平安校园""江苏省平安校园建设示范高校"称号，相关高校的保卫部门也多次就数字化安防议题来我校进行专题研讨，借鉴这种创新模式的成功经验。

（三）创新平台，构建智慧后勤服务新体系

后勤数字化、信息化建设是学校信息化工作的重要组成部分。后勤数字

化建设一方面是统筹、协调后勤人、财、物、信息资源，实现后勤保障服务从经验管理阶段向现代科学管理阶段转变的重要手段。另一方面，也是创新平台，实现更高层面上对全校师生提供人本化服务、构建后勤服务新体系的重要载体。近年来，学校在数字化校园网络平台上，相继建成网上后勤服务大厅、迎新报到系统、学生公寓用电预付费管理及自助服务系统等，凸显人本化服务的特质。后勤管理、服务的需求已经从与"人流""物流"相结合的阶段，逐渐过渡到了与"信息流"相结合的阶段，数字化后勤的创新服务平台正在逐步形成。

（四）融合互通，支撑学校改革发展新需求

《国家中长期教育改革和发展规划纲要（2010－2020年）》提出，信息技术对教育发展具有革命性影响，必须予以高度重视。把教育信息化纳入国家信息化发展整体战略。江南大学紧扣提高"人才培养质量"中心工作，打造以"数字化、信息化、智能化、人性化"为特征，以"共享、互通"为手段，完成从"感知校园"到"信息化校园"的升级。以校园智能卡为核心的各类应用服务正在按计划有序展开。按照"软硬分离、机卡分离、开放互通、资源共享"的新理念，将原有校园"一卡通"系统进行升级，建成了全新的校园智能卡系统模式。以平台为抓手，以服务为导向，实现管理与服务的"流程再造"，在"大后勤""大保障"模式的运行过程中，实现后勤保障管理与服务的横向扩展、纵向延续、互联互通、资源共享。

三、做好"三顿饭"，全力打造服务后勤

随着社会进步与高校内涵发展的现实需求，新型后勤保障体系的建设已进入新常态，作为该体系中的重要组成部分，学生食堂建设创新尤具政治意义和社会价值，它是高校稳定的基石，是高校育人责任的担当，也是师生对校园生活满意度的风向标。因此，新时期如何办好食堂成为高校新型后勤建设的一个重要课题。

（一）凝练理念定位

民以食为天，高校食堂尤其要做好"三顿饭"：即安全的饭、公益的饭、可口的饭。目标是要营造"师生满意、员工认同、学校放心"的服务生态。

为此，必须确立起"后而先行，勤务师生"的理念：一是要突出后勤名"后"实先，实际各项工作和内在要求都在前移向上，积极进取；二是结合食堂工作特点，"兵马未动，粮草先行"的古训和工作要求就是体现主动保障的态度；三是要始终保持服务的情怀，做好师生的勤务员，在服务中赢得尊重，实现自身价值。服务理念催生食堂定位，总体立足三个维度：一是"以食品安全取信师生"，二是"做品质美食服务师生"，三是"建文化食堂留住师生"。

（二）重构运行思想

在高校后勤社会化改革的进程中，食堂要安全、平稳、可持续运行，既得到师生的认可又不给学校增加过多负担，同时员工自身服务状态又激情飞扬，这就需要重构运行思想，四轮驱动。

1. 融入大学文化。大学内办食堂，服务主体是高素质人群，这一切要求食堂必须融入大学的文化，依托校园文化创建品牌，食堂和校园共生共荣。一是坚持"公益主导、服务为本"。公益是大学食堂的魂，失去公益就失去食堂存在的价值。食堂的"三白"（白馒头、白煮蛋、白稀饭）、"三红"（红烧面筋、红烧大排、红烧块肉）、"大锅饭、小锅菜、免费汤"服务等举措深得师生的认可和赞许。二是坚持"服务育人、品牌创造"。食堂一手抓员工素质能力提升，一手抓餐厅布局环境改造，以此营造全员育人、全方位育人、全过程育人的氛围。"忆江南"西点开发、优质服务月、饮服微电影、"食话时说"微信公众服务平台等逐渐形成品牌力量。三是坚持"至善情怀、饭里有爱"。至善是工作的最高境界追求，爱是服务不朽的行动指南。上心做安全的饭、用心做公益的饭、细心做可口的饭，用心服务，让食堂充满温情与爱。

2. 激发经营活力。一是成本概念。首先，在经营模式上树立"做活窗口、做强中心"思想，以合作窗口经营补贴公益大伙服务，促进中心良性运转。其次，科学开展劳动分层、定岗定编，低层次重复劳动采取服务外包，减员增效，优员增收。最后，全面实施能源指标化管理，倡导节约，杜绝浪费。二是绩效管理。首先，窗口运行过程中，在原材料统一采供、品种宏观调控、成品价格监管的前提下，鼓励自主创新，多售多得。其次，实行"同岗异级"分配制度，以此提升员工服务能力，多劳多得。最后，设立安全生产专项奖励基金，树立安全就是绩效的价值观。三是经营能力。首先，产品的价格区间，任何产品均要有高中低档的配置。其次，根据季节不断变化产品供应，每周制订不同的菜谱，不断创新菜品。最后，切实改善服务，建立优秀服务表彰奖励制度。

3. 树立行业标准。一是标准化。菜品制作形成标准，保证营养健康；食品售卖形成标准，保证公平合理；服务管理形成标准，保证得体和谐。二是现代化。一方面通过现代化设施改善员工劳动负荷，提升工作效能；另一方面，通过设施到位，为提供师生便捷的服务。三是智能化。食堂建设智能化平台加强了与师生的互动沟通，倾听声音；采用智能化手段分析消费习惯，决策运行；开发智能化软件控制运行成本，保持公益。

4. 提升职业素养。一是学习能力。食堂围绕"制度管人、流程管事、文化兴业"三大抓手，在做好安全、菜品、服务等工作过程中，频出好招，招招有效。二是执行能力。饮食中心要谋发展、做保障、抓标准；食堂要会经营、听声音、抓安全；班组要乐服务、创特色、抓纪律。由此形成强大的执行力。三是担当精神。根据食堂工作的特点，担当精神在情绪层面要克服畏难思想、静心理清头绪；在意志层面要认准坚持不动摇、攻坚克难图发展；在魅力层面要成为员工的人格示范、团队的精神力量。

（三）创造服务特色

在多元化饮食服务环境下，食堂服务更要以特色环境、特色产品、特色文化、特色经营来彰显食堂个性，以此满足师生对物质文化和精神文化的双重需求。江南大学四个食堂被赋予了不同定位：一食堂以现代、科技、智能为特点，文化布局以青春活力为主题，定位为公益餐饮示范食堂；二食堂定位"美食城"概念食堂，以自选、明档方式，提供丰富小吃，文化布局以地域特色文化为主线，加深学生对母校城市的融入度；三食堂由外包品牌企业经营，引入企业管理文化，形成自主服务与外包服务互动发展的新优势；四食堂以校园文化、国际化气息为主导，将学生引入脚踏实地、仰望星空的成才境界。

改革后勤保障机制，创新后勤服务模式，是江南大学后勤人凝心聚力、团结奋进迈出的坚实步伐，也是全体后勤员工不畏艰辛、攻坚克难经历的成功实践。随着高校后勤社会化改革的不断深入，后勤服务保障能力和水平将不断提高，后勤保障服务体制和机制也将不断完善，同时也将永远激励后勤人奋发进取、不断探索，努力创建协同创新、充满生机、服务高效、师生满意的具有"江南特色"的高校后勤。

更新发展观念 增强改革意识
大力推进学校后勤社会化改革
—— 中国矿业大学后勤社会化改革实践

赵建岭 刘建光 张向东 张 洪 杨爱东

中国矿业大学是教育部直属的全国重点高校、国家"211工程""985优势学科创新平台项目"和国家"双一流"建设高校，同时也是教育部与江苏省人民政府、国家安全生产监督管理总局共建高校。作为一所具有一百多年办学历史、特色鲜明的多科性研究型高水平大学，中国矿业大学对我国煤炭能源行业和地方经济社会发展发挥着不可替代的引领和支撑作用。1960年和1978年，学校先后两次被确定为全国重点高校，为全国首批具有博士和硕士授予权的高校之一，学校设有研究生院。学校坐落于素有"五省通衢"之称的国家历史文化名城——江苏省徐州市，校园占地面积4413亩（文昌校区1555亩，南湖校区2858亩），校舍建筑面积130余万平方米。

高校后勤社会化是深化高等教育体制改革的重要方面，是中国高等教育发展史上的一场深刻变革，是激发高校办学活力的重要举措。2000年1月14日国务院办公厅转发了《教育部 国家计委 财政部 建设部 中国人民银行 国家税务总局关于进一步加快高度学校后勤社会化改革的意见》，我校积极响应后勤社会化改革的号召，并于同年开启了高校后勤社会化改革的新征程，同时随着高校后勤社会化改革的新形势、新发展、新要求，充分认识改革与稳定、社会效益与经济效益、教育规律与市场规律三对关系，坚持高校后勤姓"教"、公益性、以人为本的三个原则，不断推进后勤社会化改革的深度、广度、幅度，创新了后勤管理服务体制机制，提升了后勤管理与服务水平，赢得了广大师生的高度满意。

一、后勤社会化改革的新理念

1999年，中共中央、国务院颁发了《关于深化教育改革全面推进素质教育的决定》，并指出"加大学校后勤改革力度，逐步剥离学校后勤系统，推动后勤工作社会化，鼓励社会力量为学校提供后勤服务，发展教育产业"。自此，全国各高校拉开了后勤社会化改革的序幕。自2000年开始，我校遵循"政府主导、学校参加、社会参与、市场引导"的做法，积极推进后勤社会化改革。2015年10月26～29日在北京召开的党的十八届五中全会上提出了"创新、协调、绿色、开放、共享"的发展理念。这五大发展理念是"十三五"乃至更长时期我国发展思路、发展方向、发展着力点的集中体现，也是改革开放三十多年来我国发展经验的集中体现，反映出我们党对我国发展规律的新认识。同时，"创新、协调、绿色、开放、共享"的发展理念也应当成为我校后勤社会化改革的新理念。

在认真总结后勤社会化改革经验和做法的基础上进一步创新后勤社会化管理和服务体制，突出服务专业性；从解决高校后勤工作的条块分割、界限分明、效率低下问题出发，协调学校内外后勤资源，发展学校后勤生产力；坚持节约资源和保护环境的原则，坚持可持续发展道路，形成资源节约型、环境友好型、低碳循环型的和谐美丽低碳校园；在坚持一定程度的自办后勤前提下，适应市场运行规律，充分发挥市场在资源配置中的决定性作用，树立资源开放理念，通过竞争、合作等多种方式引进一些社会优质服务企业进入学校部分后勤服务领域，根据服务内容和师生需求有选择性地向社会购买服务；充分发挥自办后勤和社会优质服务企业的优势，遵循"发展为了师生员工、发展依靠师生员工、发展成果由师生共享"的理念，共享学校后勤改革与事业发展的"红利"。

二、后勤社会化改革的新模式

纵观我校后勤运行体制的发展历程，我校先后经历了"1961年之前的校务处的总务科——1961年至1988年的总务处——1988年至2000年的后勤处——2000年至2003年的房地产与后勤管理处和后勤服务集团——2003年至2016年的后勤管理处和后勤服务集团——2016年至今的总务部"6个阶段的后勤运行体制演进。2000年，学校印发了《关于组建中国矿业大学科技产业集团和后勤服务集团的通知》（中矿党〔2000〕11号），标志着我校后勤社会化改革的开始。自2000~2016年，我校后勤管理体制一直处于"甲方—乙方"这种契约型管理模式。2016年9月，学校根据全校改革与事业发展的全局，将原后勤管理处、基本建设处、后勤服务集团合并组建成围绕学校中心工作提供集后勤管理和服务保障于一体的综合性部门——"总务部"，形成了"小机关、多实体、大服务"的后勤工作格局。

总务部由管理机关和服务实体两部分构成。学校成立总务部党委和纪委，具体负责总务部党的建设和思想政治工作，同时总务部下设"一室六中心"，具体为综合办公室、质量安全监管中心、房产管理中心、后勤管理中心、建设管理中心、修缮采购中心和服务保障中心。主要职能是围绕学校中心工作统筹配置全校后勤资源，制订学校后勤发展规划和年度工作计划；负责后勤党风廉政建设及质量监管与安全管理；负责后勤人力资源管理工作；负责后勤保障经费的预算、使用、管理、结算与监管；负责房产、物业、公积金、学生公寓的管理与服务及五委办、居委会的管理工作；负责饮食管理与服务及水、电、暖、气保障运行与节能工作；负责基本建设项目的组织、协调与管理工作；负责修缮项目的组织、协调与综合管理工作及基本建设和后勤服务等材料物质的采购供应工作；负责各服务实体的管理与服务工作；代管校医院和幼儿园。

三、后勤社会化改革的新举措

（一）引入竞争机制，创新服务合作项目

1. 引进餐饮服务公司，提升餐饮服务水平。为规范学校饮食物资采购及合作管理窗口引进，建立和完善学校餐饮市场竞争机制，不断提高学校食堂服务质量、管理水平和运行效率，根据江苏省教育厅《关于进一步加强社会餐饮企业承包经营高校食堂管理的意见》（苏教安〔2011〕11号）和《关于印发〈社会餐饮企业承包经营高校食堂管理实施办法（试行）〉的通知》（苏教安〔2011〕12号）的文件精神，结合学校饮食工作实际，成立了由分管后勤工作的校领导为组长，总务部书记、部长为副组长，总务部、财务资产部、监察处相关单位负责人为成员的总务部饮食物资采购及合作管理窗口招标领导小组。目前，总务部饮食物资采购及合作管理窗口招标领导小组通过竞争的方式引进了青岛乡米香米餐饮管理有限公司、江苏安信餐饮有限公司、徐州1818餐饮公司、徐州汉中福禧有限公司等4家餐饮企业进驻学校，优化校园餐饮布局，提高餐饮服务质量，为广大师生提供差异化、多元化、个性化的餐饮服务。

2. 引进物业服务公司，提升物业服务质量。通过学校招投标，引进了中住物业管理有限公司、江苏环宇物业服务有限公司、江苏恒通不动产物业服务有限公司、丹田物业管理有限公司、江苏家天下物业管理有限公司等5家物业公司进驻学校，为学校提供物业服务。

3. 引进信息化公司，提升后勤智慧化手段。随着"互联网+"的快速发展，高校后勤信息化日益成为高校后勤发展的趋势。学校通过与杭州格式科技有限公司合作，开发了具有我校特色的"CUMT微生活"微信公众服务平台，一期已开发并投入使用了校园报修、电费查询等14项服务功能，真正做到了"一个平台办事，一个窗口服务，一部手机解忧"。

（二）强化监督检查，提高后勤服务质量

学校总务部成立了质量与安全管理办公室，具体负责对引进的社会服务企业的监督检查工作，建立健全了"横向到边、纵向到底"的安全与质量监控体系，形成了一定的约束机制，每月开展监督检查工作，根据检查情况，每月编制《总务部安全工作月报》和《总务部质量督查通报》，发现问题，及时下达《整改通知书》，并在总务部网站上予以曝光，督促提高后勤服务质量和水平。

四、后勤社会化改革的新成效

通过学校后勤社会化改革，学校荣获"全国高校后勤文化建设先进单位""全国高校后勤系统信息宣传先进单位""全国教育后勤新科技应用领跑单位""全国高校学生公寓工作创新成果一等奖""江苏省高校后勤信息化建设示范单位"等荣誉称号；桃苑餐厅荣获"江苏好食堂"称号；综合体育馆及室外游泳池建设项目荣获"国家装饰协会幕墙工程金奖""江苏省文明工地"等奖项，附属中学建筑项目荣获了"江苏省文明工地"等奖项。

风雨兼程　砥砺前行

——东南大学后勤社会化改革纪实

朱国锋

为进一步深化后勤社会化改革，改革和创新后勤管理体制机制，2014年1月，东南大学对后勤工作进行重大调整，取消甲乙方分开型管理体制，原后勤管理处与后勤服务集团合二为一，成立总务处，定位为学校机关部门；成立后勤党工委，建立统一协调的后勤服务大平台，就后勤管理和服务工作向学校负责。

总务处由后勤管理机关和后勤服务实体两部分组成。后勤管理机关设计划财务管理办公室、国有资产管理办公室、能源与维修工程管理办公室、绿化与物业管理办公室、膳食与校园服务管理办公室、综合管理科、丁家桥校区后勤办。后勤服务实体包括饮食服务中心、学生公寓服务中心、物业服务中心、水电服务中心、修缮服务中心、商贸服务中心、汽运服务中心、幼儿园8个服务实体。

近年来，在学校党政领导下，总务处各职能办公室及各服务经营实体坚持以学校为主体，以服务学校为大局，全体员工团结一心，同心同德，以智慧后勤、文化后勤为努力方向，以"三服务、三育人"为宗旨，为全校师生创造优美舒适的校园环境，尽心尽力做好后勤服务工作，打造出一流的后勤服务，为学校的教育教学科研提供了强有力的后勤服务保障。

一、强化顶层设计，创建一流后勤保障体系

东南大学创建国际知名高水平研究型大学，需要具有现代化、知识化、专业化、精细化和智能化的服务管理团队，总务处将后勤工作建设成省内乃

至全国高校后勤系统具有较高影响和良好声誉。

——建设一个具有现代化、知识化的后勤管理团队。不断紧跟时代步伐，按照学校建设高水平、研究型大学的总体要求，后勤服务管理团队要具有现代化的视野，高水平的知识化能力，具有创新的管理理念、开拓性的服务观念，成为校内有影响的团队。

——建设一支具有专业化、精细化的后勤服务团队。在为全校服务过程中要具有专业化水准，成为高校引领行业的排头兵；服务中讲求精细化，以细节打造高水平的团队。

——建设一个具有智能化的服务平台。在服务工作要讲求科学，以智能化管理手段提升服务档次。在国有资产管理、水电管理、宿舍管理、食堂管理、采购管理上多层次使用智能化平台，打造一个科学的后勤管理平台。

——建设特色鲜明的校园环境。力争将丁家桥校区打造成园林式校园，将四牌楼校区打造成民国风情的文化园，将九龙湖校区打造成四季分明的生态园。

二、强化制度建设，完善一流后勤管理体系

1. 加强制度建设。制定并完善《东南大学总务处管理制度汇编》和《东南大学总务处技术手册》，包含近百个管理制度和办法。做到依法、依规、按序办事，透明、规范、有序工作。对相应各项规章制度进行梳理；归并服务项目，以制度建设加强各项管理促进服务水平提升，规范服务行为。对现行管理办法、细则、制度、服务流程进行梳理完善，对不合时宜的及时补充制定，依法、依规、按章办事，透明、规范、有序工作。

2. 强化安全意识，紧抓安全工作不放松。总务处党政、各职能办公室、各经营实体等各级领导高度重视安全工作，实行目标责任制、廉政建设、安全工作"三位一体"的考核条例，真正做好安全工作。建立健全安全责任制和突发事件应急预案。牢固树立"安全第一""隐患就是事故"意识。每月召开总务处安全工作会议。以多种形式、全员参与安全教育和培训。

总务处制定《职工在职学习与培训管理规定》《职工技能竞赛实施办法》等，各中心制定了各自的专业知识培训、专业技能培训、安全培训和教育的

管理办法,并在每学期初制定该学期的工作计划,由职能办公室监督执行。历年来坚持安全教育培训,尤其对新入职员工多次培训,效果显著。

三、以师生为本,不断提升服务水平

高校后勤服务的特色是"两服务、三育人",就是坚持全心全意为师生员工做好服务不动摇,东南大学后勤服务在多年经验基础上,特别提出了"管理育人、服务育人、环境育人"的"三育人"宗旨,为学校教学科研提供一流后勤服务保障,为一流大学打造一流的后勤保障体系。让师生充分感受到后勤服务的贴心、用心、专心,为学校的教学、科研提供优良的环境、优质的服务、良好的保障,为学校发展保驾护航。

1. 管理育人。在管理育人过程中,积极加强与师生共建,与服务对象定期沟通交流,促进管理质量提升。在学生社团中设立"伙管会""宿管会"等,与教学及师生切实相关的学生公寓中心、饮食中心、物业中心、运输中心等部门定期组织学生座谈会。

学校每年组织两次全校范围的后勤事务考核,考核办法的考评体系设置由学生设计完成,体现了学生们参与后勤事务管理。学生积极参与考核,由院系部处和学生代表对各服务单位进行综合考评,学生作为评委走到后勤服务第一线进行考评,熟悉和了解后勤服务全过程,促进了后勤服务工作的全面提升。

组织学生参与节能减排、光盘行动等活动策划和宣传。招募校园节能志愿者,让学生参与到学校的管理工作中来,把节能理念转化为自觉行动,牢固树立节能的良好意识,做到"节约有道、节俭有德"。

2. 服务育人。在服务育人过程中,总务处不断增强员工的服务意识,端正服务态度,提高服务质量,主动热情地为学生提供优质服务,使学生处处感受到学校集体的温暖,感受到学校健康、积极、向上的氛围。

学生公寓积极开展黑板报比赛、消防演习、露天舞会、楼道歌手比赛等活动,丰富学生的课余生活。加强学生宿舍的文化共建,细化门厅文化建设,营造和谐温馨家园。食堂每年定期举办东南大学美食文化节活动,受到师生好评。设置清真窗口,改善少数民族学生就餐环境。做好惠利学生工作,在

"端午""中秋"等节日期间向学生免费发放粽子、咸鸭蛋和月饼等几万份。在军训期间免费向新生提供解暑绿豆水等。

3. 环境育人。以"环境育人"作为全新目标,打造校园的美化、绿化,以优良环境教育人。在打造特色校园的同时,还辟出专门的环境体系,形成各个校园特色分明的环境氛围,特别打造适合师生学习的耕读园、玫瑰园、桃花园、梅花园等特色景点,营造良好的学习环境。

在学生中定期开展"美化校园,爱我东大"为主题的绿色环保活动。组织学生共同为四牌楼校园内树木进行挂牌,共计一百多个。在树牌上标识了该植物的学名、科属、习性、分布等内容,普及知识的同时呼吁更多师生参与保护绿植的活动中来。活动增强了学生的校园归属感和责任感。

每年植树节期间邀请师生参与全校的植树造林活动,形成了银杏、梅花等成片林木,美化了校园。在美化校园过程中,还开展"你扔我捡"活动,让学生感受后勤职工的劳动,维护校园环境。广大师生在参与各类绿化活动中,自我教育,自我提高,增强了绿化意识、环保意识,也让大家对"生态环境""绿色环保"有了更深层次的理解。

四、以创新为先导,不断提升服务的能力

1. 饮食服务。采用"7S"体系进行饮食服务,严格遵守和落实各项规则制度、流程和操作规范;两家引进餐饮企业均为规模化集团,企业管理制度完善。推进明橱明柜工程,在前后场加装摄像头,保证食堂前后场无死角,从各个环节保证饮食供应的服务和质量。

2. 物业服务。采用企业化管理模式,在秩序维护、环境保洁、设施设备运行与管理、零星维修和场馆服务等方面为师生提供了全方位的温馨服务。开发了场馆预约系统和手机端APP,方便师生预约,利用信息化手段为师生提供便捷服务,丰富师生业余生活。

3. "互联网+"服务。利用信息化手段,不断打造智慧后勤。近年来,配合东南大学总体的"数字化校园"建设,启动"后勤信息化"建设项目。目前总务处有二十多个信息系统以及多种手机APP,从多方面为全校师生服务提供了更加便捷、优质、高效的后勤服务。

4. 快递服务。为解决校园快递"最后一公里"的问题，本着服务师生的原则，在东南大学九龙湖校区开设近邻宝快递服务中心。全校共设置两处服务中心：西门快递服务中心、东门快递服务中心。两处服务中心共计600平方米，最大程度满足了师生的日常需求。

5. 积极开展绿色校园建设，采用新能源、新科技。先后进行了空气源热泵系统建设、校园智能云洗衣建设、报修与智能班车APP建设、餐厨垃圾处理设备和教室、图书馆、基本道路LED照明改造等项目，开启了基于校企合作的节能设备管家运营模式和智能云洗衣机BOT运营模式。

6. 运输服务。在地铁三号线开通后，为解决师生出行的最后一公里，九龙湖校区采用循环接驳车的方式，努力为师生做好服务。

校园地铁接驳车从2015年5月份投入运营，3年来安全运行近5万趟次，接送师生100多万人次，已经成为九龙湖校区师生出行的重要交通工具。2018年8月17日，5辆全新的新能源大客车新学期投入九龙湖校区接驳专线，以崭新的面貌服务全新师生，让师生的"最后一公里"更加方便、快捷、舒适。

五、以文化为灵魂，不断淬炼职工队伍建设

1. 做好后勤人才队伍建设工作。进一步加强员工岗前培训、岗中培训，以培训、学习、交流等形式，提升职工服务技能，提高为师生的服务质量和服务水平。建立和完善与保障后勤骨干队伍稳定相配套的人事管理政策。建设高素质、专业化的管理与服务队伍。根据机关、服务实体职能定编定岗，科学规划干部队伍。

加大对职工的培训、培养力度，对有能力、肯钻研、有责任心的人员要大胆使用，多听取其意见与建议，多关心其生活，让其早挑重担，做到人才辈出。

2. 开展形式多样的职工活动。由后勤工会牵头开展的全校性工会活动，得到全校职工的称赞。如"东南大学教职工定向越野""东南大学第二届教职工男子篮球比赛""东南大学食尚东南，教职工厨艺沙龙""奔跑吧，东大娃"等大型活动，吸引了众多的教职工参与，得到了教职工的肯定。后勤工

会还组织后勤职工参加学校的智力运动会比赛，取得了全校团体第二名的好成绩。举行了"冬日职工趣味运动会"，同时也完成对职工体能的测试工作。

3. 信息宣传工作。坚持正确的舆论导向，努力传播正能量，在学校网站、总务处网站、《东南大学报》、《总务报》、微信公众平台"印象总务"、中国院校后勤信息网站、江苏省高等学校后勤协会网站、教育部网站等发表各类信息，宣传总务处面貌、好人好事、重大活动等，力求形式多样新颖，内容丰富多彩，取得实效。连续十多年获得全国教育后勤系统信息宣传工作先进单位。

六、加强交流合作，沟通推进后勤发展

东南大学作为江苏省高等学校后勤协会理事单位、中国教育后勤协会信息化建设专业委员会常任理事单位，东南大学副校长黄大卫任江苏省高等学校后勤协会会长，后勤党工委书记何林任全国高校后勤文化建设与人力资源管理专业委员会副秘书长，原总务处处长梁书亭任中国教育后勤协会常务理事、副秘书长，中国教育后勤协会能源管理专业委员会副秘书长。

近年来，和兄弟院校间的校际交流频繁，通过交流，进一步学习其他高校的做法，提升管理水平。接待了清华大学、北京航空航天大学、武汉大学、厦门大学、华南理工大学、兰州理工大学、三峡学院等几十所高校来访。同时，我们还多次组织干部员工前往南京大学、华南理工大学、江南大学等兄弟院校交流学习。

七、加强党建，为学校后勤工作做好政治保障

1. 加强党风廉政建设，打造廉洁后勤。把党风廉政建设作为重点工作，坚持常抓不懈。积极开展"学党章党规、学系列讲话，做合格党员"专题教育活动，结合党的十八大六中全会会议精神，进一步增强政治意识、大局意识。为贯彻落实党中央国务院《关于实行党风廉政建设责任制的规定》的相关要求，切实加强作风建设，提高党的执政能力和廉政能力。总务处还开展廉政责任书、经济目标责任书签订工作及廉政文化作品的征集活动，要求各负责人在工作中自觉遵守各项廉政准则，切实做到廉洁自律、遵纪守法。

2. 以各党支部为抓手，认真推进"两学一做"学习教育活动。扎实推进"两学一做"学习教育，对学习内容、学习形式都有明确规定，在职的党员列出个人学习计划，认真研读必读书目并做好学习记录，每人撰写3篇读书笔记。给每个党员发放了《党章》《习近平总书记系列讲话重要读本2016版》，给后勤党工委委员、各中心支部委员各一本《党支部工作手册》《党章悦读》《之江新语》等学习材料，另外下发《中国共产党廉政自律准则》《中国共产党纪律处分条例》《习近平谈治国理政》，部分党支部发放《党员学习笔记》等学习资料。

3. 推进"双抓双促"大走访、大落实工作。为进一步推进"双抓双促"大走访、大落实活动，不断推进各项服务工作，提升服务质量和服务水平，切实将服务工作落到实处，更好地服务全校师生。下半年开始，处领导一班人对各职能办公室、经营服务实体进行"双抓双促"大走访活动，听取多方意见，希望通过大走访工作，促进管理和服务工作提升。在实际工作中要多审视、梳理工作中的问题和不足；要加强廉政建设，做到风清气正；要高度重视并加强安全管理工作，不能麻痹大意。

4. 认真开展学习十九大会议精神。后勤党工委各党支部深入学习领会十九大精神，营造迎接十九大精神的氛围，积极组织收看十九大直播，开展学习辅导报告，让党员、干部深入学习十九大精髓；组织中心组学习了《党章》《习近平总书记系列讲话精神》等社会主义特色理论。认真研读十九大报告原文和学习《新党章》，及时领会十九大的精神，并结合工作实际，给党支部和党员分别发了《干在实处　走在前列》《党的十九大报告辅导读本》《习近平谈治国理政》等学习资料，要求下属党支部和党员及时进行学习，掀起学习十九大精神的热潮。

5. 多方位推进教育思想大讨论。根据学校"深化教育综合改革，培养一流创新人才"教育思想大讨论的文件精神，为了推动总务处为学校"双一流"建设和一流人才培养的工作，进一步满足师生对美好校园生活的需求，提高为师生服务的能力。各办公室、各中心根据总务处的总体要求、围绕总务处三大主题，积极组织大会、研讨会、座谈会等多层次、多种形式条块结合的讨论。重点围绕新时期师生对美好校园生活的需求、一流后勤保障建设的机制体制和举措、职工服务能力如何与"一流后勤"相匹配、如何创新服务形式和提高服务效率的问题、目前我校后勤事业发展中存在的问题及改革举措这五个方面的问题,主动发现问题,并提出立足本单位实际的改革措施,为学校后勤事业发展贡献智慧。

勇于追梦　勤于圆梦
全面建设服务保障优质工程
——南通大学深化后勤服务与管理改革纪实

吴慧鋆　张建安

一、历史沿革：后勤改革背景

2004年，南通医学院、南通工学院、南通师范学院三校合并，组建南通大学。同年，后勤管理处、后勤集团组建成立，以甲乙方模式运作至2015年底。

双方关系为：后勤管理处主要承担全校后勤保障计划管理、公共服务，以机关行政事务服务模式运行；后勤集团主要承担物业管理、经营服务，以经济实体模式运行。行政关系上是两个部门（单位），业务关系上是甲乙双方。原后勤管理处、后勤集团共同为学校事业的发展和广大师生的教学、科研、生活做出了积极贡献。

随着社会经济的发展及师生需求的增加，我校后勤保障体制机制上的障碍逐步显现，后勤管理体制设计不够科学，运行机制不够健全和规范，后勤保障体系的进一步发展遇到了瓶颈制约，在一定程度上影响了学校事业的整体发展。

1. 不能满足师生日益增长的需求。原有体制下，后勤服务市场化程度偏低，各种垄断依然存在，优质社会服务企业和合作伙伴难以进校，不利于形成开放、竞争、有序的高校后勤服务体系，服务模式、运行效率和服务质量不能满足师生日益增长的服务需求，服务主体与服务对象的供需矛盾比较突出，深化后勤改革的呼声越来越强烈。

2. 不能适应现代化信息管理的发展。现代科学技术，特别是以网络技术为主导的信息化社会为后勤发展改革提供了新的空间，"互联网＋"的信息背景下，要求我们利用信息化技术、网络技术整合后勤信息资源，提高信息化服务质量与管理水平，促进服务管理模式优化。但我校原有的甲乙方管理模式不利于各类信息平台的建设与推广应用，不能适应学校后勤服务管理的现代化需求。

3. 不能顺应教育领域综合改革的大格局。当前，我国"四个全面"的总体战略布局已经确立，教育领域综合改革全面展开，高等教育正处于改革发展的关键阶段，各项重大改革进入攻坚期和深水区，这对进一步深化高校后勤改革与发展提出了新的要求。我们已经认识到，经过十多年的实践与探索，我校后勤改革的工程还远未完成，离改革的最终目标仍有相当的距离。

因此，我们必须转变观念、顺应形势、抓住机遇、深入进行后勤服务与管理改革。

二、扬帆起航：启动后勤改革

针对高校后勤改革的形势和我校后勤运作的瓶颈，南通大学党委在2015年做出了深化综合改革的部署，后勤保障机制改革是其中六大改革之一，深化后勤服务与管理改革成为首先推进的重要任务。

2015年11月16日，我校成立南通大学深化综合改革工作小组，下设后勤保障机制改革工作小组，校党政领导亲自挂帅，为改革指明方向，亲身参与改革方案研究，协调解决改革难点。

为拟定我校后勤保障机制改革方案，2015年7月～12月，在分管校领导的带领下，后勤管理处、后勤集团及学校相关职能部门先后对全省11所与我校办学情况相近的大学进行了调研和数据分析；对苏州大学、南京师范大学、江苏科技大学、江南大学、扬州大学等5所高校多次进行实地调研，充分分析了国内有关高校后勤改革举措的利弊，并结合我校的工作实际，进行深入思考和研究，进一步探索我校的后勤改革思路。

后勤保障机制改革工作小组多次召开座谈会、访谈会，反复论证，几易其稿，最终形成了较为科学、完善的《深化后勤服务与管理改革方案》。

（一）改革任务

改革方案提出两大任务：一是通过1～2年的时间，改革管理体制，完善运行机制，实现后勤管理的规范化、科学化；二是通过3～5年的时间，推进后勤服务社会化,实现后勤服务的专业化、现代化。通过深化后勤服务与管理体系改革,构建"构架合理、管理规范、运行高效、服务优质、效益显著、保障有力"的新型后勤服务保障体系。

(二)改革原则

在深化后勤服务与管理体系改革过程中,我们坚持以提高服务质量,提高运行效率,提高保障能力为核心;坚持处理好社会效益与经济效益的关系;正确处理改革、发展、稳定之间的关系,注重改革步骤的渐进性、改革措施的持续性、改革效果的积聚性;正确处理学校利益、部门利益之间的关系,以服务师生为本,兼顾后勤职工利益。

(三)改革内容

1. 体制改革。撤销原后勤管理处与后勤集团,成立后勤保障部,即取消甲乙方管理模式,形成"小机关大服务"的新型后勤保障体系。按照服务与管理分开的原则,各科室主要履行人财物的宏观管理及内部的协调、服务职能;各中心实行目标责任制管理,通过订立一定的目标管理条款,厘清责、权、利关系。

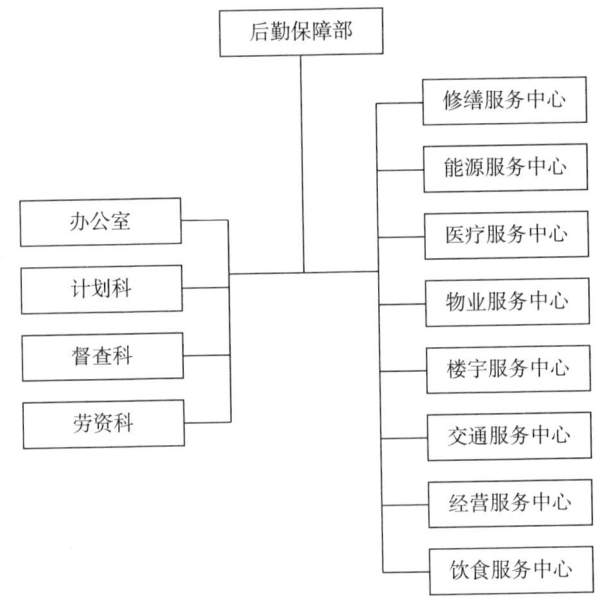

后勤保障部机构设置图

2. 机制改革。在干部队伍建设上，减少管理层级，人员竞聘上岗；在员工管理上，通过定岗定编定薪定员的"四定"措施，优化职工队伍，提高用工效益；在财务管理上，取消了二级财务，所有财务活动纳入学校统一管理，实行统一领导、集中管理、分类核算，其运行及服务管理保障经费纳入学校预算管理；在制度建设上，保障部按照新的管理体制和运行机制，制定了一系列管理制度。

3. 稳步推进后勤服务社会化。积极吸纳社会优质企业，建立健全规范公平的竞争机制和后勤服务监管体系，逐步建立开放有序的校园服务体系，实现由"自办后勤为主"向"监管后勤为主"的转变。

三、破茧而出：改革顺利推进

2016年1月18日，我校召开深化后勤服务与管理改革动员会，宣布后勤保障部成立。2016年2月，我校后勤服务与管理改革正式启动。后勤保障部领导班子根据方案确立的原则、目标、任务，分步骤实施改革：

1. 第一阶段为交接期（2016年2月），交接期安排在寒假，原有的后勤管理处、后勤集团甲乙方模式平稳顺利地过渡到后勤保障部"大服务小机关"模式。

2. 第二阶段为调整期和准备期（2016年3月~6月），分两步有序进行：一是从交接期进入调整期（2~3个月），完成6个调整：调整思路，要求各科室、中心按照改革方案确定的目标和方向调整工作思路；调整心态，要求广大职工适应岗位职能变化，适应新机制、按新要求投入新工作；调整人员，进一步消化调整机关人员充实到一线；调整机构，各科室、中心内部机构随着职能的变化进行进一步重组；调整机制，各科室、中心以目标管理为运行手段，修订完善各项规章制度。二是准备期（1~2个月）建立健全分类管理模式，后勤保障部针对各科室、中心的服务、管理、经营特点，进行分类指导，制订任务目标和任务书。

3. 改革第三阶段，2016年下半年起由过渡期转入深化改革期：一是深化内涵改革，进入改革试运行期，围绕提高服务水平和服务质量，出实招、起实效、出实绩，切实提升社会效益与经济效益。二是深化后勤管理机制改革，将管理重心下移，对劳动用工和经费实行二级管理，激发队伍活力，实现减员增效。从着力减员增效、加强成本核算、大力创收增收、有效节能节支等四个方向和修缮、环境、楼宇、经营、交通、医疗、饮食、能源等八个方面实行绩效管理。建立明确的绩效指标，增收节支，奖优罚懒，以考促管，巩固和扩大改革成果。

目前，改革的第一大任务体制机制转换已基本完成，正在实施改革的第二项任务，即用3~5年的时间深入推进后勤服务的社会化，实现深化后勤改革的整体目标。

四、风雨兼程：改革取得累累硕果

经过两年多的改革实践，后勤保障工作取得累累硕果，管理效益明显提升，后勤服务与保障的精细化、科学化、智能化得到明显提升，服务保障全面提档升级。经济收入同比增长12.7%，运行经费同比下降5.4%，师生对后勤服务保障的满意率由88%上升到92%，初步实现了经济效益、社会效益双赢。

（一）内部体制机制得到优化

1. 机构精简、职能进一步优化。整合后勤管理与服务职能，优化机构。处级建制由2个减少到1个；科级机构由16个精简到12个。建立"小机关大服务"服务保障结构，实现了资源整合与管理效能的提升。

2. 管理层级精简，干部素质进一步提高。通过从后勤系统外引进高学历管理人才，从本部门提拔专业对口管理人才两种方式，精简干部人数，提高干部队伍素质。科级干部人数由41人减少到26人，总数减少了37%；整体素质得到明显提升，干部队伍呈现专业化、年轻化态势，管理队伍中取得硕士学历及以上的占38%，40周岁以下的干部占27.3%。

3. 人员精简、用工效益进一步提升。通过竞聘上岗，职工总数与机关人员得到精简。一是开展了班组长选拔聘用工作，经各中心选拔推荐，后勤保障部综合考核，聘任64位班组长，人数压缩了38.3%。经过改革，后勤职工总数相比2016年初减少了12.9%，实现了年度负增长。

4. 健全制度，内部管理进一步规范。建章立制是规范化管理的基础，改革以来，后勤保障部先后制定了《后勤保障部编制核定及岗位设置与聘用管理办法》《后勤保障部经费开支管理规定》《后勤保障部各科室、中心目标考核管理办法》等三十余项规章制度，规范了人事管理、干部选聘、经费使用、业务督查等工作程序，为提高人员效益和岗位效益打下了坚实的基础。

5. 攻克难点，经营用房管理进一步规范化。限于原先多头管理，后勤服务与管理中存在的一些疑难问题，多年悬而未决。实施改革后，集中扎口管理的优势得到凸显，后勤保障部充分发挥资源整合优势，齐心协力上下同心，对六十余间门店面房进行统一清退；清退了主校区东北角3家企业；欧亚驾校退出校园，市区儒学楼也清理腾出，攻克了校内经营用房整治等数个后勤管理上的难点。

（二）育人环境氛围得到优化

1. 实施"民生工程"，增进师生福祉。组织实施一批新建于改造工程，对钟秀校区宿舍楼整体改造升级，启秀校区、主校区学生公寓安装空调电改造，改造启秀校区留学生宿舍。突击整修一批楼宇附属设施，改造一批实验用房，改进教学科研基础设施。

2. 创新服务手段与内容，优化公共服务环境。升级校园服务中心、快递中心服务，优化水电报修等各种智能化服务平台，新建多功能停车场、饮服中心快检室，成立车辆应急救援队，24小时为师生提供服务，提升生活服务设施的保障能力与功能配置，优化公共服务环境。

3. 校园环境实现"绿化"到"美化"的升级。有计划地建造校园景观，统一规划，艺术设计，提升校园景观建设品位，每年有计划地种植各类树木、花草，先后修建了郁金香园、樱花园、牡丹园……据统计，全校现有观赏花卉近百种，令人赏心悦目的景点达数十个，实现了"抬头见绿，四季有花"的校园环境建设目标，美丽怡人的校园生态环境得到全校师生及省内外兄弟院校的充分肯定。

（三）服务保障全面提档升级

1. 推进智慧校园建设，提升管理效率。新型保障体系的建立进一步促进了资源的整合与利用：通过水电平台管理二期、三期建设，实现水电计量使用、考核管理，并获得南通市政府生态建设专项奖励149万元；建立智能化快递超市、公寓智能管理、开发用车派车手机 APP 平台；优化水电报修等各种智能化服务平台；加强重点防控疾病筛查，建立师生健康电子档案，强化师生医疗健康服务……有力提升了管理效率与服务水平。

2. 推进精细化管理，优化服务供给质量。在饮食服务 7S 取得显著成效的基础上，推进学生公寓 6T 管理，以精细化管理提升服务的专业化水平。

3. 层层落实责任，强化安全稳定工作。以全省高校后勤安全工作检查为契机，成立后勤安全管理检查工作领导小组，制定了《南通大学后勤保障部安全管理工作暂行办法》，通过加强建章立制，切实落实整改措施，层层细化落实安全生产责任，配合保卫、学工等部门，切实加强了校园安全与稳定工作。

4. 资源进一步优化，大型活动保障有力。改革实施以来，管理职能进一步明晰，资源得到进一步优化，承办各类大型活动的保障能力得到明显增强。如在教育部对学校本科教学审核评估以及学校承办的江苏省第十五届"挑战杯"等大型活动中保障有力，得到校内外专家及师生的充分肯定。

改革实施以来，我校后勤保障工作社会影响力显著增强，取得良好美誉，先后获得"全国校园物业服务实体（企业）百强""全国教育超市样板店创建先进单位""百家中国好食堂""江苏省青年文明号""江苏省公共机构节能示范单位""江苏省平安校园建设示范高校"等二十余项国家级、省市级荣誉。《新华日报》、江苏省教育厅官方微信、交汇点 APP、南通电视台、《江海晚报》等省市主流媒体专题报道我校后勤工作，一些省内外兄弟院校纷纷前来交流。

五、澎湃前行：形成可持续发展动力

改革实施以来，后勤保障部以建设高效的运行体系、现代化的管理体系、多元的服务体系为抓手，形成了可持续发展动力。

1. 稳步推进后勤社会化。吸引优质社会资源进校园，在餐饮服务、生活用品经营、大型设备维保、小型基建改造、教学科研用车等方面引进优质企业，引入竞争，增强活力，既体现公益性又适应市场规律，稳步开放校园市场，实现效率和质量的最优化。

2. 全面推进绩效管理。从着力减员增效、加强成本核算、大力创收增收、有效节能节支四个方面，通过目标责任体系和量化的指标评价体系，提高工作效率和经济效益。

3. 建立优质的后勤人才队伍。实施全员聘任，竞争上岗、末位淘汰，构建人才培养与管理的长效机制，注重大专及以上学历骨干队伍的发掘和培养，为更多优秀人才脱颖而出创造条件，逐步打造出一支业务素质强、技能水平高、年龄结构合理的基层业务骨干队伍，积聚发展潜力。

4. 以高水平文化建设促事业发展。构建了涵盖物质文化、行为文化、制度文化、精神文化四个层次的后勤文化体系，价值引导鲜明有力，学习培训系统高效，文化载体丰富多彩，形成了后勤系统职工游艺运动会、校园美食文化节、公寓嘉年华等多个文化品牌，形成了后勤员工的核心价值和内在文化，以高水平文化建设有力维护了后勤保障工作稳定、健康、协调发展。

未来5年，后勤保障部将紧紧围绕学校的中心工作，以服务的标准化、规范化、精细化、科学化、智能化为推手，以后勤服务社会效益与经济效益双赢为目标，坚定不移地推进后勤改革，稳步推进后勤服务的社会化。以服务内容、服务手段、管理理念创新为抓手，巩固已有改革成果，深化改革内涵，形成可持续发展的内在动力。

"改革开放天地宽，砥砺奋进正当时"，后勤保障部全体职工紧紧围绕"四有"大学建设目标，务实求变、务实求新、务实求进，深入实施学校发展战略和服务保障优质工程，为建成"建设有特色高水平教学研究型大学"提供坚实的保障支撑！

从新宇集团发展看浙大后勤社会化改革实践

郁蕴超 周超

自高校后勤社会化改革以来，全国各高校经过多年的锐意进取和开拓创新，后勤社会化取得了令人瞩目的成就。沐浴高校后勤社会化改革的春风，浙江大学围绕"一流大学要创建一流后勤保障体系"的宗旨，建立了既适应市场经济要求又符合浙江大学实际的后勤保障架构，组建了以新宇集团为代表的新型后勤实体，形成了被高校后勤同行广泛认可的"浙大模式"，为学校"双一流"建设提供坚实后勤保障，保证和推动了学校的改革与发展。

一、管办分离，厘清甲乙双方职责

1999年，在国家政策的感召下，浙江大学锐意改革，以"更好为学校教学、科研和师生生活服务"为后勤改革的出发点和落脚点，将整个后勤服务系统与学校行政剥离，先后成立浙江大学后勤管理处和浙江大学新宇集团（在原有学生宿舍管理处基础上组建）、浙江大学后勤集团，形成了"一处行使管理职能，两大集团齐头并进服务"的后勤保障架构。

后勤管理处代表学校行使学校后勤、支撑保障的宏观规划、成本核算、日常监管、定价发包和准入标准制订等职能，工作重心从"办后勤"向"选后勤、管后勤"转移。2001年，浙江大学引入市场竞争机制，梳理了后勤各服务项目及工作量，参照社会行业收费标准和劳动定额，确定了浙江大学后勤各行业服务管理量化工作要求、服务费核算办法、考核办法，进而实施后勤工作甲乙方合同管理，开创付费服务运转模式。此外，进一步完善校内竞争机制，提高向社会开放程度，适时通过公开、公平、公正招标，有序择优引进社会后勤服务企业承担后勤服务工作，提高学校资金的使用效果，补充学校后勤实体服务不足。

同时，浙江大学在理念、机制、政策等方面给予后勤实体支持，协调管理服务中遇到的困难，使得学校各项后勤支撑保障工作也能够高效、顺利落实。在理念上，浙江大学坚持社会化改革要义，支持后勤实体按照企业化运作方式，在市场经济大潮中接受洗礼；在机制上，在浙江大学按照现代企业制度，鼓励后勤实体股份制改革，尝试混合所有制，在高校后勤领域验证了混合所有制经济活力；在政策上，在国家实施宿舍住宿费限价政策后，对学生公寓资产进行置换回购，并给予后勤大修、专修等经费支持，让后勤实体轻装上阵。

从学校行政体系中分离出来的后勤乙方，正式转制成"自主经营、自负盈亏、自我发展"的具有法人资格的后勤服务实体，按照合同约定，提供公寓、餐饮、物业、维修等后勤保障服务。以新宇集团为代表的后勤实体积极推进专业体系和流程建设，不断优化管理，将专业化、便捷化服务融入后勤管理的各项工作中。在日常后勤管理服务、重大活动、攻坚任务及突发事件处理等各个方面，展现了良好的专业素质和专业化的管理能力，以实际行动支撑学校发展。

二、成效显著，形成后勤提升合力

在新型保障架构下，后勤甲乙方优化资源配置，逐步解放后勤生产力，缓解一直以来学生大幅扩招与后勤保障能力严重不足的矛盾，逐渐形成了推进后勤管理服务提升的合力，有效支撑了学校跨越性的发展。

1. 提升服务效率，减轻学校后勤负担。"管办分离"后，新宇集团积极盘活存量资产，加强有效管理，开展经营服务，实现了后勤资源的优化配置，极大提高了后勤管理效率，使学校可以更加集中精力地搞好教学科研工作。作为独立的经济实体，积极帮助学校分担压力，不仅负担了后勤员工的薪金，还自筹资金用于改善后勤基础设施。如，新宇集团自筹资金用于改善后勤基础设施，帮助学校分担压力。在不要学校投资、不要学校担保情况下，通过企业化运作，为浙江大学建设新型学生公寓55幢，新建学生公寓及设施45.6

万平方米，改造装修旧学生宿舍 13 万平方米，使浙大学生人均居住面积从 5.4 平方米增加到 11.3 平方米，显著改善学生住宿园区的居住环境和精神风貌。每年还投入经费用于学生公寓管理和学生活动，积极参与学校和社会公益活动。

2. 优化人员结构，激发创新创业热情。在人力资源上，新宇集团改变了原先学校事业化管理"铁饭碗、大锅饭"的局面，对老员工与新聘员工全部实行合同制管理，实行干部聘任制、竞争上岗制、管理目标责任制、全员劳动合同制，改善干部队伍和员工队伍的结构和素质，提高员工积极性和劳动生产率，培养了一支职业化、专业化的员工队伍，实现了从人员负担到人力资源的转变。

3. 增强保障能力，师生满意度居前列。在学校甲方的监管考核下，经受市场检验的后勤实体进一步发扬自身优势，不断增强后勤保障能力，促使学校后勤管理水平和服务质量不断提高。后勤实体坚持"向管理要效益"，在建设节约型校园、节能减排、安防建设、维修管理等方面取得突出成效。同时，探索"服务、管理、导教"三者有效结合的途径，将"管物"（后勤管理）与"管人"（思政教育）有效结合、相辅相成，以硬件建设带软件建设、以管理水平和思想教育水平的提高促后勤发展，形成了特色管理模式，给浙大后勤管理工作注入了新的活力。在学校近几年面向师生服务的满意度测评中，新宇集团的后勤服务满意度一直名列前茅，实现了"教师安居乐教，学生安居乐学"。

4. 对外拓展市场，迈上持续发展道路。学校鼓励支持后勤实体把对外开拓市场作为持续发展的支撑平台。例如，新宇集团在做好校内服务的基础上，根据自身业务专长，积极输出成熟的管理经验，为全国各类型学校和企业事业单位提供专业化后勤服务，已为中央财经大学、南开大学、天津大学、东北大学、中国海洋大学等 200 家各类型企事业单位的 100 万客户提供物业、餐饮、商贸等多种服务项目，在同行中赢得了较好的口碑和声誉，树立了"浙大新宇"品牌。目前，浙大后勤产业已经初具雏形，产业空间和产业规模正在不断扩大，呈现出强劲发展势头。

5. 积累丰硕成果，获得广泛赞誉肯定。伴随着甲乙方契约关系的确立和市场竞争机制的引入，新宇集团等后勤实体迅速转变观念，走上"自我发展、自我完善"轨道，逐步在与社会优秀企业同台角逐中站稳脚跟。经过18年发展，以新宇集团为代表的后勤实体，从一个只有十几个人的学校单位发展到近万名员工的企业集团，基本构建了现代企业管理体制机制，获得"全国物业管理行业综合实力百强企业""中国校园物业服务百强企业""中国高校团餐十大品牌""中国团餐百强企业"等称号，闯出了一条适应教育后勤产业社会化和产业化发展的成功道路。

浙江大学在推进后勤社会化改革的过程中，不仅积累了宝贵的经验，也取得了丰硕成果。连续4次在全国高校后勤社会化改革工作会议上进行经验交流，2005年浙江大学获得"全国高校后勤工作先进集体"荣誉称号。2011年，浙江大学被评为"全国高校后勤社会化改革先进院校"。

三、攻坚克难，持续推动改革深入

高校后勤改革20年来，全国各高校普遍实现学校行政系统与后勤服务系统的"管办分离"，并按照后勤社会化改革和现代企业制度的要求，组建成新型的后勤服务实体，实现了学校后勤保障的亮丽转型，为促进高等教育发展的跨越式发展提供了有利条件。回顾新宇集团的发展历程，也侧面印证了高校后勤社会化改革方向正确、现实可行。

同时，必须看到，高校后勤"管办分离"牵涉面广、难度大。改革的持续深入，需要一系列改革相关方的共同努力，才能保证改革健康、有序地进行。一方面，后勤实体必须加强内涵建设，建立与现代企业制度相适应的管理体制，变"行政指挥"为"市场驱动"，学会在市场中"游泳"；另一方面，要明确政府、学校、行业组织之间的责、权、利关系，充分发挥各方的作用，用实际行动推动改革的深化。比如，政府须完善落实配套政策，建立正确反映和兼顾各方的长效机制；学校为了"管办分离"的顺利开展，可以给予后勤实体适当政策倾斜和经费投入，真正做到"扶上马、送一程"。

深化高校后勤社会化改革，促进后勤甲乙方"管办分离"，对于加快推进教育治理体系和治理能力现代化，实现我国高等教育事业"双一流"目标具有十分重要的意义。尽管目前改革面临重重困难，但只要主动适应社会主义市场经济和我国高等教育改革发展的新形势，理清改革思路，抓紧组织实施，就一定能够建成具有鲜明中国特色、现代服务业特征、现代高等教育特点的高校后勤保障体系。相信经过全国高校同行的共同努力，这条路会越走越宽广。

高校后勤社会化改革历程与展望

——以杭州电子科技大学为例

王术海

乘着高校后勤社会化改革的东风,紧紧抓住高等教育发展的大好机遇,我校后勤工作得到了跨越式发展,杭州文一教育发展有限公司隶属杭州电子科技大学,成立于 2000 年 12 月,资产总额 2.5 亿元(不包括 150 亩自有土地及其房屋),承担着学校下沙、文一、东岳、东校、青山湖五个校区和 G 区研究生公寓的后勤服务工作,负责下沙文一苑学生生活区的建设、开发、经营管理。下设一办:办公室,四部:财务部、人力资源与监控部、采供配送部、综合服务部,六中心:商贸发展中心、饮食服务中心、公寓服务中心、物业服务中心、交通服务中心、城区服务中心,一分公司:临安分公司。与重庆汇贤共同成立杭州科贤智慧能源研究院有限公司。以行业中心为单位设置 10 个党支部,设立学校二级工会、二级团委。公司员工 900 余人,形成了"独立核算、自负盈亏、自主经营、自我发展"的高校后勤实体企业。

一、我校后勤社会化改革历程

杭州电子科技大学后勤改革始于 20 世纪 80 年代初,后勤社会化改革起步比较早,在 1996 年 6 月学校党委工作报告中就明确提出:"九五期间,后勤工作要坚持'三服务两育人'的宗旨,以社会化为方向,以体制改革和运行机制转换为重点,整体规划,分步实施,基本完成向'小机关、多实体、大服务'的转变。"1999 年按照"事企分开,两权分离"原则和学校内部管理体制改革总体方案提出的要求,成立了产业后勤管理处和后勤服务总公司,由原来直接的行政隶属关系变成合同制约的甲、乙方关系。总公司设董事会和监事会。根据"小机关、多实体、大服务"的后勤格局，总公司设六个中心两个部，逐步实行企业化规范运作，自主经营、自负盈亏、自我发展。2000年12月经浙江省工商管理局注册登记，成立了具备独立法人资格的后勤企业——杭州文一后勤发展有限公司，为实现后勤管理体制和运行体制的根本转变取得了突破性进展。2001年7月，公司主动参与市场竞争，经竞标取得了出让型、综合用地属性的杭州下沙高教园区B区块150亩土地的所有权和经营管理权，2002年以公司为贷款主体取得了广发6年期的8000万元贷款，大大缓解了建设资金不足的矛盾，从资金上保证了建设任务的顺利进行。这种做法在省内高校后勤企业尚属首家，收费权质押的方式还得到了人民银行和教育部的认可，于2002年7月联合发文充分肯定了这种创新，并大力推广。经过4年建设共完成建筑面积133 231平方米、21幢学生公寓楼和建筑面积26 508平方米的3幢学生食堂建设，成为下沙高教园区第一家、也是至今唯一一家由学校后勤公司自己贷款、自己建设、自己经营管理后勤设施的单位。浙江省教育厅在2002年上半年正式下文将我校与浙江工业大学、浙江师范大学三所学校确定为浙江省高校后勤社会化改革的首批试点高校。2004年公司注册名称由原杭州文一后勤发展有限公司变更为杭州文一教育发展有限公司，注册资本由原300万元增加至5000万元，经营范围在原经营项目的基础上增加教育投资、教育咨询、教育服务，公司作为学校二级民办学院信息工程学院的股东，完成向二级民办学院投资5000万元的相关工作，向公司多元化经营迈出了新的步伐。2012年6月，公共事务管理处被撤销，成立总务处，总务处与后勤服务总公司合署。2014年5月，总务处被撤销，职能并入后勤服务总公司。2016年6月，后勤服务总公司被撤销，按照后勤管理与服务中心、杭州文一教育发展有限公司甲乙方运行模式，资产经营公司作为投资方，形成了董事会领导下的总经理负责制管理模式。

二、树立"主动服务精细管理"理念，服务保障工作成绩斐然

（一）打造省内高校后勤服务的"杭电"品牌

为学生时刻准备着的学生公寓服务中心的维修工唐兴昌被评为"浙江省感动公寓人物"。月收入只有2000元，资助了一个小学生、一个大学生直至

他们大学毕业的物业服务中心扫地工寿天仁，入选了"2015年浙江教育十大年度影响力人物"。年满55周岁的公寓值班员徐根娣要退休了，800多名学生在杭电表白墙上留言希望学校把她留下来。她的事迹被《人民日报》、《中国教育报》、《浙江日报》、中央电视台、浙江卫视、人民网、凤凰网、新华网等百余家媒体点赞。《人民日报》《新京报》更是发表了《劳动者最高贵》《后勤员工也是育人名师》的评论员文章。她本人被评为"2017年度浙江教育十大新闻人物""全国高校十大最美公寓人"。

（二）开展亲情服务，提升优质后勤保障

公司围绕"以师生为本"的服务宗旨，发挥后勤管理育人和服务育人的功能。开展日常便民服务40余项；设立并开放"爱心小屋"；每月开展一次"爱心服务日"活动，惠及师生1万余人次；开展净菜售卖活动、提供病号饭、爱心伞；成功培育"校园十景"；通过在食堂的墙壁、教研楼过道上张贴名言警句、国学经典，在树荫下的条椅，人工湖畔的石凳，特别是无障碍设施设置等潜移默化的引导、影响，促进大学生的成长成才。

（三）宣传文化独树一帜

公司主办的公寓文化节、饮食文化节、环境文化节形成了全校师生参与，引领和谐生活、健康饮食、绿色环保的校园文化品牌。其中公寓文化节已举办17届，被评为学校首批"校园文化精品项目"，并荣获"全国高校公寓文化建设成果二等奖"。首届十佳服务标兵、先进党支部、优秀共产党员选举工作使公司上下形成了对标先进、激情工作、奋发作为的浓厚氛围。公司连续5年荣获浙江省高校后勤系统信息与宣传工作先进单位，荣获2017全国高校后勤信息化建设先进单位，2016、2017年度全国高校后勤系统信息与宣传工作先进单位。全国高校后勤宣传力排行榜第三名、全国高校后勤研究力排行榜第八名。多篇报道被《人民日报》、中国教育部、《浙江日报》、《钱江晚报》、人民网、凤凰网、浙江在线、网易、中国教育在线、新浪等媒体报道。官方微信"杭电后勤生活"入选全国高校微信号排行榜东部明星榜。

（四）服务保障工作平稳有序，成绩斐然

4年来，无论是在常规的服务保障工作还是在开学、毕业生离校、军训、新校区启用、校庆等重大活动、事项的保障工作中，后勤人秉承规范有序、敢闯善战的精神，甘于平凡、乐于奉献，全心全意为师生提供服务，竭尽全力完成学校交办的各项重大工作任务。四季优美的校园环境、设施齐全的住宿条件、菜品丰富的餐饮保障不但收获了杭州最美校园、浙江省标准化学生公寓、杭州市餐饮服务食品安全示范学校食堂的荣誉称号，更是得到了我校毕业生的认可，2011年10月开始，学信网持续开展了普通高校大学生满意度调查，由高校毕业生和在校高年级学生对本校的满意度进行评价打分，目前共有110多万大学生参与了实名调查，涵盖了2400多所普通高校，使我校进入全国高校校园生活满意度50强。

三、坚持党工团共建互促，凝聚发展合力

文一公司党总支积极指导并支持团委、分工会工作。后勤团委积极开展省级青年文明号创建工作，其中3个单位4次荣获省级青年文明号，是省属高校开展最早、荣获次数最多的学校；职工子女课外辅导坚持4年来共辅导学生5000余次，累计50余个后勤子女受益；综合服务部团支部持续开展9年爱心赠书活动，赠书上万本，受益学生几千人。公司组织开展了多种文明、健康、向上的文化体育活动，获得了多项校内外的奖励、荣誉。

四、强化廉政风险防控，推进党风廉政建设

（一）高度重视党风廉政建设

文一公司作为学校廉政风险防范试点单位，紧密结合实际，党政形成合力，层层落实责任制，做到责任明晰、制度完善、思想重视，监督有力。公司顺利通过了2014~2015年学校党风廉政建设专题检查工作，并受到学校检查组领导的好评。

（二）进一步推进作风建设

深化与工会、膳管会、宿管会、环管会的交流、联系与合作，建立定期座谈机制，架起与师生沟通的桥梁。通过公司网站、学校回音壁等倾听师生意见并予以及时回复。2014、2015年度由学校发展规划处考核的师生满意度分别为89.22分、89.69分，在2016年的学校部门年度考核取得历史性突破，资产经营公司（含文一公司）位列学校考核服务管理型部门第2名。充分体

现了后勤服务的水平和质量的不断提升。

五、勇于担当攻坚克难，顺利完成学校重大任务

（一）推进节能工作，获得首批"国家级节约型公共机构示范单位"

积极争取政府支持，先后获得国家财政部、住建部、省级财政节能补贴累计1200余万元，省属高校最多。开展了对生活区开水房水控系统、校园路灯控制系统、节能照明灯管更新、文一校区节能监管系统建设等节能降耗新举措，以优异成绩通过浙江省"万吨千家"单位节能目标考评、国管局考评。连续3年获得开发区节能工作现金奖励累计15万元。总工程师朱培华被授予第一届中国教育节能传播奖。

（二）竭尽全力确保青山湖校区启用

从文一公司参与青山湖后勤服务保障以来，公司党政领导带头全力支持，并专门成立临安分公司服务保障青山湖校区。据不完全统计，从9月28日开始到10月8日青山湖校区开学，公司累计组织1000余人次，将广大干部职工组成了保洁服务、水电服务、卡务服务、开学服务等突击小分队。大家克服水不通、路难走、楼层高、晕车等困难，发扬不怕苦不怕累的精神，放弃节假日、加班加点、昼夜奋战，不计个人得失，喉咙哑了、累了，依然抖擞精神全力以赴地投入现场工作。新成立的临安分公司发扬了初生牛犊不怕虎的大无畏精神，克服重重困难，确保了青山湖校区后勤服务保障工作的顺利开展。在最近召开的学校双代会代表大会上，学校领导为文一公司广大干部职工点了一个大大的赞。

（三）高质量完成60周年校庆后勤服务保障工作

在今年的60周年校庆工作中，处处闪现着文一公司党员突击队的身影。饮食保障党员突击队、"寝"定杭电党员突击队、场馆服务党员突击队、交通服务党员突击队、校庆纪念品展卖党员突击队、水电保障党员突击队、保洁服务党员突击队，包括机关在内的12个部门900百余名员工全部投入校庆后勤保障队伍中，各司其职，优质高效地完成相关服务保障任务。400余次的车辆接待、1000余人次的校庆产品服务、6000余人次的公寓接待、8000余人次的会务接待、1万张的校友纪念卡、2万余份的校庆盒饭、4.4万盆的草花是校庆后勤服务保障的一份不完全清单。

（四）积极推进为师生办实事工程

"为师生办实事工程"自 2013 年实施至 2016 年底共完成工程项目 20 余项，其中文一公司负责实施并全部完成了其中 6 项，包括：建立无公害蔬菜基地、设立快递收发点、供应放心菜、设立师生交流吧、设立校园洗车点、教学楼内卫生间配置工程。

（五）获得各方认可，学校后勤各项工作走在省属高校前列

在学校的正确领导和公司全体员工的共同努力下，后勤工作取得了"全国绿化四百佳""中国高校百佳食堂""全国校园生活满意度 50 强高校""全国高校后勤十年社会化改革优秀院校""全国第一批节约型公共机构示范单位""全国高校后勤系统信息宣传工作先进单位""全国高校节能工作先进单位""中国校园物业服务实体百强""中国高校烹饪技术大赛一等奖""中国电子教育学会烹饪技能大赛金奖""全国教育超市样板店""全国高校后勤十大最美公寓人""浙江教育年度十大新闻人物""浙江省高校文明寝室创建工作先进单位""浙江省青年文明号""浙江省工人先锋号""国内最清洁城市示范点""杭州市最美校园"等荣誉称号。

六、未来工作展望

（一）总体发展目标

组建以杭州文一教育发展有限公司为母公司，形成后勤、教育、科技三驾马车"一体两翼"，以及若干专业公司为子公司的管理卓越、服务规范、运营高效、保障有力、特色鲜明的全国知名、省内一流的高校后勤服务品牌企业。

（二）经济目标

保证公司国有资产的保值、增值。

到 2020 年，力争实现对外开拓市场服务收入占营业额总收入 20% 以上，利润增长 20% 以上。

（三）服务目标

实现公司服务的专业化、标准化、信息化。

到 2020 年，力争实现校内外市场服务师生数达到 5 万人以上，节能科技服务水平属全国高校一流。

（四）人才队伍建设目标

实现管理队伍职业化、技术队伍专业化、员工队伍年轻化。

到 2020 年，力争实现核心专业技术人才 100 人以上，大专以上学历员工 200 人以上。

（五）信息化建设目标

推进"互联网+"建设，推动移动互联网、物联网、云计算、大数据等与现代后勤服务的结合，建设覆盖全公司、全行业、全流程、智能协同的全信息化管理服务平台。

到 2020 年，"杭电后勤生活"微信平台关注量突破 5 万人，年交易额 1000 万元。

（六）完善安全防范体系，确保安全稳定底线

安全稳定是我们一切工作的重中之重。全面落实安全稳定责任制，逐级签订维护稳定责任书，制订各类应急预案并定期演练，重点做好消防安全、饮食安全、水电安全、师生安全、员工安全、特种设备安全管理、危险源管理、人事纠纷、商贸纠纷等方面的安全管理工作，对重点部位实行分类及重点管理，落实人防、物防、技防和安全教育措施。

到 2020 年，完成"云安全"平台建设，实现公司重点部位挂牌上墙、视频巡检、自动报警、在线交互的网络智能平台。

（七）推行"五心服务"理念，完善绩效评价分配体系

以精细化标准化管理提升餐饮服务、公寓服务、物业服务水平，推行"五心服务"理念，进一步提高师生满意度。

打破身份、编制的差别，建立以绩效为导向的分配体系和薪酬管理体系，重点体现多劳多得、优劳优酬的分配理念。

到 2020 年，力争打造一项"杭电版"的高校后勤服务规范或标准。

（八）立足校内服务，开拓校外市场，推进对外合作共赢

坚持保障学校的宗旨，千方百计做好校内后勤服务工作，始终把改善服务设施、完善服务功能、提高服务质量作为主要内容，依靠科学管理、优质

服务，不断提高综合服务保障水平。

在立足校内市场的同时，运用校内服务的优势和品牌，延伸服务功能，扩大服务覆盖面，拓展经营领域，主动出击抢占服务市场。

到2020年，达到校内服务满意率95%以上，投诉处理率100%，力争打造2~3个专业公司品牌、4~6个实体子公司。

（九）加强党建和政治思想工作，提升群团工作水平

以习近平在全国高校思想政治工作会议上的重要讲话为指引，加强大学生的思想引领工作。推进"两学一做"学习教育，加强党总支班子、党支部建设。以党建带团建工会工作，以浙江省青年文明号、浙江省工人先锋号争创为抓手做好工团工作。

（十）强化企业文化建设，构建和谐校园

围绕公司"三节两会"、爱心服务日、工人先锋号、青年文明号、"浙江教育十大年度影响力人物"、"浙江省感动公寓人物"、"浙江省万名好党员"等品牌项目、典型人物，开拓创新，进一步发掘、整理、凝练、传播后勤文化，大力弘扬后勤价值观，提升校园影响力，不断创造公司文化建设新局面。

构建全员全过程监督管理体系
扎实推进后勤服务社会化

——浙江大学宁波理工学院后勤管理改革创新与实践

金朝晖　乔文琦

高校后勤社会化改革推行了近二十年，对我国高等教育的推动起到了不可估量的作用，但随着教育改革的不断深入，国家经济建设的飞速发展，社会主要矛盾的不断发展变化，高校后勤面临的问题也随着社会主要矛盾的变化更加凸显，后勤社会化改革也经历了一个快速发展和不断反复的过程。高校后勤社会化改革的最终目的，是要增强我国高校的办学活力，去掉旧体制对高校教育发展的制约和束缚；改革的实质是通过市场经济盘活高校后勤服务领域，提升后勤服务水平。高校后勤的社会化改革对促进高校办学规模的扩大和办学模式的转变，推动高等教育的发展，推动高校后勤服务质量的提升都起到了积极的作用。浙江大学宁波理工学院正是在高校后勤社会化改革初期建立的一所地方院校，在轻装上阵的建设过程中，充分发挥了后勤社会化给高校快速发展带来的优势，经过不断改革和完善管理机制，形成了较为合理的发展路径。

浙江大学宁波理工学院成立于 2001 年 6 月，经教育部和浙江省人民政府批准，由宁波市政府投资建设，浙江大学负责办学管理的全日制公办普通本科院校。学校有全日制在校本科生 1.1 万余人。2016 年，浙江大学与宁波市人民政府签订第二轮战略合作协议，双方共建浙江大学宁波"五位一体"校区，其中转型提升浙江大学宁波理工学院是重要一位，建成后的浙江大学宁波校区总占地将达到 1650 亩。作为浙江大学一流办学体系中独具特色的组成部分，学校从 2018 年起全面实行公费招生，为宁波市"名城名都"建设提供科技与人才支撑。

2001年建校初期，学校生活设施包括学生宿舍和食堂以及各类生活辅助项目全部由社会化企业投资兴建并经营管理，学校后勤管理部门代表学校对服务项目进行监督管理。2012年学校对后勤资产进行回购，但学校并未采取自己办后勤的方式，而是采取委托专业化企业经营管理的方式，对全部后勤服务项目实行业务外包，引进品牌企业承担学校的食堂、公寓以及物业等服务项目。为规范学校后勤社会化单位的工作和服务，强化监督管理措施，提升后勤服务水平和质量，学校后勤服务中心构建了全员全过程监督管理体系，开展了即时评价制，让师生对服务内容即时点评打分，真实反映了对服务项目的满意度，同时不定期开展校园消费品价格调查，制订合理的校园消费品指导价并开展监督举报。监督管理体系经过实践运行，收到良好的效果。

通过不断的探索和实践，后勤服务的监督评价创新举措逐步覆盖到所有后勤服务项目，学校后勤监管体系重点做好以下方面：

一、围绕一个中心：以提高服务质量为中心，全心全意为学校教学科研和师生做好服务

高校后勤服务质量和水平，是学校发展建设的组成部分和重要标志。要更好地为高校师生服务，为学校发展建设服务，就必须要树立服务的理念。因此，浙江大学宁波理工学院后勤服务中心坚持以提高服务质量为中心点，重视学校师生多方面需求，为师生的学习、生活、教学等各个方面提供更加优质和贴心的服务；努力创设良好的校园物质文化和精神文化环境，为师生营造良好的生活环境，努力弱化管理痕迹，化管理为服务，充分发挥春风化雨、潜移默化的育人功能。以全心全意为师生员工和学校发展建设，提供优质的后勤服务，这也是后勤所有工作的出发点，落脚点。

近年来，学校后勤进行了大力的创新和改革，改变管理结构、创新服务模式、改造服务环境、增加与师生的多维互动。全面改造了食堂的经营环境，开设了全天候的餐饮服务区域；提升了商业街区的面貌，引进了星巴克和新华书店等读书休闲业态；建立了智能化的服务平台，创建了全员全过程评价体系，引进了第三方机构开展满意度调查；尝试开放食堂休闲空间，开展餐桌变书桌活动，与图书馆合作将杂志类图书放置食堂内供师生阅读，尤其在

期末考试前夕,晚间开放食堂空调,为学生提供自习室等一系列举措。改善了后勤服务的形象,提升了服务满意度。

二、抓住两项建设：基础设施建设和监督体系建设

1. 基础设施建设是后勤服务的安全保障。加强基础设施建设就要从做好后勤管理的顶层设计入手,提升后勤服务的质量既要有敬业的管理队伍,又要有专业的服务团队,同时还要良好的基础设施,尤其是做好环境规划和环境建设,良好的基础设施不仅是服务的根本,也是安全的根本。

随着人们生活水平的提高,高校环境建设的不断提升也是师生的共同愿望,但资金投入与需求总是相互矛盾的,为此,浙江大学宁波理工学院在食堂的招标中采取了时间换空间的做法,通过延长服务期让参与竞标的服务单位根据校方的需求自行投入改造设计方案,以优化的环境设施、高标准的管理队伍以及优惠的服务价格选取中标单位。

2015年学校对食堂进行了系统性改造,通过招标分别引进三家不同特色的餐饮服务团队,对三个食堂设计不同风格特色,开物园食堂引进了具有20多年服务经验的高校后勤服务企业,通过专业化的管理和优质的服务打造了风味美食城,实现环境上档次、服务上层次、打破限时供餐的校园餐饮局限,为师生提供早7点到晚10点随时有热菜热饭供应的服务；弘毅园食堂引进了本校毕业生组建的餐饮团队,打造了校园文化主题餐厅,用浙大校史图片、理工建校理念的宣传图片以及书架相伴的读书氛围营造了校园文化休读空间,同时定期推出"你选我做"的菜品服务,将大众快餐做到温馨如家实惠到家；明德园食堂引进了以特色小炒为经营风格的专业餐饮企业,实现差异化和个性化经营。

在商业服务上打造了小型的校园CBD商贸综合体,将星巴克、新华书店等服务业态引进商贸圈,同时改善街区消费环境,引进品牌店铺,打造环境优美、服务周到、价格实惠、安全有管控、质量有保障、聚会休闲有去处的新型服务业态和商业服务格局。

2. 监督体系建设是提高服务质量的根本保障。我校通过理论研究和实践经验总结,推出了全员全过程监督管理体系,科学严谨地对学校后勤服务质

量制订评价标准，在对宿舍管理服务、环境保洁服务、绿化养护服务、餐饮服务、水电运行管理、商业服务等项目的管理中，都制订了明确的服务要求和扣分标准，具有很强的规范性和可操作性。

我校的监督体系是针对各服务项目工作要求和操作流程的，制订有针对性的监督检查措施，确保监督检查有目标、有手段、有力度。同时由学校相关职能部门组成后勤服务监管领导小组，根据考核指标具体负责组织对后勤各类服务项目的监督检查和考核。从类型上看，有随机检查、专项检查和综合检查等，做到抓服务细节、查操作规范、明工作重点，确保监督检查的力度和针对性。从监督形式上，有学生志愿者组建的专项检查团队，每天传递检查信息；有专业管理团队组成的督查组，每周开展巡查；有各单位代表以及学生干部和学生维权组织组成的监督群，随时传递师生的反馈意见及信息。从满意度调查方面，建立了后勤服务微信平台和后勤服务一键通监督电话，随时收集投诉及服务信息，同时在各服务窗口和服务项目上植入评价端口，通过扫码及填单形式对不同类型的服务进行反馈和评价，实现即时评价，满意度随时收集随时整理，让所有的校园消费者成为监督员，对服务的全过程进行监督评价，将问题化解在服务的过程中，真正实现全员参与、全过程监督。

做好监督评价工作的同时做好评价的应用，即对优秀的服务单位进行鼓励和支持，对不合格的服务单位予以清退，通过建立良好的引进和退出机制，为维护师生利益把好监督关，为学校的后勤服务把好质量关。

三、用好三种手段

1. 善用新媒体。随着科技进步的不断深入，做好后勤服务的监督就要紧跟时代的步伐，定期在微博、微信、贴吧等学生常用的网络平台收集对后勤服务的投诉、"吐槽"、意见和建议等，对需要回复和处理的，及时解决；开设"浙大宁波理工后勤"微信公众号，一方面作为官方渠道，发送后勤服务相关通知，传递后勤服务文化；另一方面将微信平台作为互动窗口，设置"吐槽"、即时评价以及维修报修等入口，为全员参与提供平台。

2. 广用学生团队。首先，充分吸收学生自治组织，并合作成立膳管会、宿管会、环境监督小组等学生团队，参与到后勤服务监督管理工作当中；其次，多方位、多渠道地与学校各类社团和学生组织（如绿色风社团、红十字会、校学生会学权部、生活部等）展开合作，以达到增加监督成员数量，拓宽监督面，丰富监督内容的目的；同时，在微信、QQ等社交媒体建群，广邀师生加入，实时发布意见建议，反馈问题。确保师生诉求和所反映的问题能够得到实时接收、实时处理、实时反馈，真正实现全员、全过程监督管理。

3. 巧用大数据。学校开通了后勤服务百事通热线电话，实现一键搞定的方式，实时收集师生的咨询、投诉建议、报修信息等；设计即时评价系统，对于食堂商铺等消费类采用微信扫码等方式即时进行评价，对于维修、保洁、搬运等服务类项目设置服务流程即"提出需求——提供服务——每单评价——服务完成"四个环节，后勤服务单位每次提供的服务都需要提出服务需求的用户评价过后方认可为服务结束；同时还聘请了学校第三方信息调查研究所定期开展满意度调查，调查内容根据不同服务单位的工作性质和工作职责设置调查问卷。再综合以上多个渠道获得的数据进行分析处理，一方面便于了解师生需求，针对服务短板进行调整，有效提高服务水平和服务效果；另一方面能够帮助后勤监督管理部门掌握各服务单位的服务情况，数据经量化处理折算为分值后，可用于服务单位的考评数据。数据的收集和使用对全员全过程监督体系有较好地支撑作用。

四、强化四个环节

1. 引入环节重文化。为确保各后勤服务单位能够更好地提供服务，在选择成熟的企业或经营单位的同时更要看着企业的文化。首先，后勤各项服务是与学校稳定息息相关、与师生利益紧密联系的经营实体，在引进各服务实体时一方面要看其资质、看实力，要考查其发展规划，是否能对经营项目和环境有合理的投入和长远的规划，更要看重企业文化是否有与学校相容的管理体系，企业的管理意识是否与学校的目标相适应，良好的企业文化会让经营单位更具规范意识，不以利益为首选，不以短期为目标，尤其在服务价格上，是否有对师生有利的合理的服务价格体系。其次，还要看企业是否重视队伍建设，后勤队伍建设是后勤规范化管理的根本，也是后勤管理的基础，管理取决于人的素质，随着后勤管理科学的发展及新技术在后勤领域的应用，对后勤人员的素质要求更高、更新。

例如，在关注度较高的食堂服务单位的选择上，注重食堂文化的融入，不断促进企业文化与校园文化的融合，充分挖掘食堂文化建设的潜力和激励效应。

2. 运营环节重质量。要求各托管单位牢牢把握质量红线，在食、住、行等各方面做到急师生之所急、解师生之所困、帮师生之所需。尊重师生在后勤管理服务中的主体地位，真诚对待师生合理诉求；认真执行服务任务，增强责任意识和服务意识；有良好的内部管控机制，有严格的管理规范和行业执行标准，有积极的创新意识，不断优化服务手段，不断提高服务水平。

日常运营中要求各托管单位牢牢把握质量红线，在食、住、行等各方面做到急师生之所急、解师生之所困、帮师生之所需。尊重师生在后勤管理服务中的主体地位，真诚对待师生合理诉求；认真执行服务任务，增强责任意识和服务意识；有良好的内部管控机制，有严格的管理规范和行业执行标准，有积极的创新意识，不断优化服务手段，不断提高服务水平。

服务质量的提高主要靠日常工作抓落实，好的管理一定要有标准，各专业化服务队伍都要制度和实施标准化体系推进管理，没有标准化就很难实现始终如一，所以现在高校后勤协会在统一制定行业标准化，包括物业、食堂、水电、宿舍以及商贸超市等标准化的管理可以使操作更规范，管理更有序更安全，更经得起检查。

例如在美食城的管理中，要求服务单位实行末尾淘汰制，每学期淘汰经营效果差的服务项目，根据师生需求引进更有竞争力和受欢迎的项目进驻，使得各合作项目组比质量、比服务、比价格、比创新，只有优中选优才能长期续存。同时在管理结构上，更加注重原材料的统一采购、餐具的消毒、操作的规范化以及消防安全的自查等内容。

3. 服务环节重满意度。师生群体是后勤管理服务成果的直接体验者和享有者，因此，后勤管理服务水平质量的高低好坏，应该由师生来评价。服务对象的满意与否，是靠日常服务的积累，即时评价的情况会作为最后的评价依据，也是后勤管理服务工作考评的最重要依据。为师生提供优质的后勤服务，这不仅是学校后勤管理部门的目标和责任，也是各后勤社会化服务单位必须承担的义务和责任。后勤服务首先必须保证能够正常运转，满足后勤服务的最基本要求。在此基础上要争取做好、做优，开动脑筋，想师生之所想，急师生之所急，创新特色服务。因此服务好不好，师生说了算，在服务评价中，以即时评价系统、整改联系单、客户问卷等形式收集的师生满意度数据为依据进行综合评价。对于在考评中师生口碑较差的单位以及安全出现问题的单位，采取一票否决制，即时终止合作，不再允许其在校内提供后勤服务。

4. 监督环节重实效。后勤服务就是要建立"以师生为中心"的服务意识，2016年开始我们在原有的监督管理基础上推行了全员全过程监督体系。通过建立即时评价措施和畅通信息渠道让全体师生都成为监督员。尤其在推行全员参与监督工作中，学校大力推动让学生参加监督、让学生重视维护自身的权利。学生志愿者组建的专项检查团队，从学生的角度反馈服务中存在的问题；一方面加强监督措施优化监督渠道，组织学生专检员、后勤服务中心工作人员进行日常检查，从从业人员资质证照、原材料（商品）采购及管理、操作规范、服务规范、价格体系及安全体系等全过程进行监控；充分利用"阳光厨房"等监控设施设备，通过网络终端进行监控，通过人员监督和技术监督两种形式，掌握后勤服务的关键环节，力求做到全过程、全方位的监控；充分发挥消费群体的集体监督力量，及时传递反馈意见信息，真正实现监督"无死角"。另一方面重视落实监督整改环节，将监督检查的问题及时进行整改，小问题及时在群平台中解决，做好台账跟踪；大问题发放整改抄告单，做好处罚跟进措施；安全问题单次记入评价分数；重大安全问题实行一票否决。同时做好监督评价的应用，才是最终实现优胜劣汰的关键。

通过一系列的管理措施及监督举措，浙江大学宁波理工学院后勤服务得到了很大程度的提升，全员全过程的监督，不仅加大了监督力度和实效，而且减少了监督成本和监管人力，在编监管队伍更加精干高效，义务参与人员不断扩大，监督范围不断纵深，服务单位自我约束意识不断提高。

高校后勤社会化是高校后勤改革的必然选择，也是高校适应新时代发展的必由之路。后勤服务选择专业化的道路，才能为学校师生提供专业化的服务保障,同时学校以监督为重点,建立良好的监督管理机制,通过不断完善监督措施促进后勤服务质量的不断提升,以满足师生不断提高的服务需求。因此建立良好的后勤服务引入机制和监督机制才是高校后勤管理的重中之重。

持续深化后勤改革　助推学校科学发展

——安徽大学后勤社会化改革实践

郭子哨

安徽大学创建于1928年，是一所办学历史比较悠久、文化积淀比较深厚的综合性大学，是国家"211工程"重点建设和教育部与安徽省人民政府共建高校，是世界一流学科建设高校。学校的奋斗目标是建设国际知名、国内一流高水平大学。在人才培养方面，学校注重构建文理交融、理工互通、寓教于研的人才培养机制，努力培养具有社会责任感，富于人文情怀、科学精神和国际视野的高素质人才。在科学研究和社会服务与文化传承创新方面，学校坚持面向国家和区域战略需求、面向经济社会主战场、面向科技发展前沿，发挥学科综合优势，努力为国家和地方经济、政治、社会、文化和生态文明建设做出贡献。

长期以来，我校高度重视后勤社会化改革，抓住完善内部治理结构和加快建设现代大学制度这条主线，全面推进依法办学治校，创新体制机制，整合和优化后勤资源，稳步推进后勤管理体制和运行机制改革，为学校高等教育事业发展提供强有力的保障。

一、后勤改革实践与举措

我校后勤是学校高等教育体系不可或缺的重要组成部分，是学校实现人才培养、科学研究和社会服务的必要支撑，是履行服务育人、管理育人、环境育人的重要载体，关系到校园的和谐稳定与可持续发展。推进后勤社会化改革，是学校建立中国特色现代大学制度的重要内容之一，我校后勤社会化改革主要经历了如下四个阶段。

（一）起步阶段（2000年~2002年）

后勤服务实体从原总务处剥离，按"小机关，多实体，大服务"原则，将后勤服务从学校行政管理体系中剥离，成立后勤服务集团及其所属的11个经营服务实体，形成甲乙方，总务处与新成立的后勤服务集团形成甲乙方关系，明确各自职责和实施步骤、时间安排等。在清产核资基础上，明确后勤资产产权关系和管理要求，在后勤服务集团建立独立财务，封闭运行。后勤服务集团模拟企业运作，但没有开放后勤服务市场，尚未引入市场竞争机制，管理水平和服务质量得到一定改进和提高。

（二）创新阶段（2003年~2009年）

一是引入竞争机制和质量体系（2003年~2005年）。学校以磬苑校区建设为契机，成立了新校区资产与物业管理中心，初步开放了后勤服务市场，引入了市场竞争机制，建立了ISO9000质量管理体系，探索出一条适合我校实际的后勤社会化改革的新路子。二是推动机构重组和强化管理（2005年~2009年）。2005年7月，学校将新校区资产与物业管理中心和后勤集团合并重组为新的后勤服务集团，将新校区的管理理念、管理模式、运行机制引入老校区的后勤管理与服务中，同时贯彻实施"三标一体化"管理体系。在总务处基础上调整组建后勤管理处，并明确新的甲乙方职责，建立新的人、财、物等运行机制，财务主要负责人实行委派制。继续开放校内服务市场，引入竞争机制；制订后勤服务项目管理办法，成立服务监督考核机构。后勤管理体制和运行机制逐步向着适应社会主义市场经济和高等教育发展方向转变，后勤管理水平和服务质量不断提高，后勤保障能力不断增强，师生满意度不断提升。后勤社会化改革有力支持了学校各项事业的发展，为学校改革发展稳定做出了积极贡献。

（三）深化阶段（2009年~2016年）

2009年5月，学校印发实施了《安徽大学深化后勤社会化改革实施方案》（校政〔2009〕22号），推进后勤服务与经营分离，加强对后勤资产的整合和优化配置，切实发挥后勤资源的综合效益。将后勤服务集团所属的保障服务型实体（动力保障部、修缮中心、绿化中心、物业管理中心、文化体育设施管理中心等）按当时的人员、职责和项目经费整体剥离出来，成立了物业管理与服务中心,不断完善校内后勤保障服务体系。物业管理与服务中心遵循独立核算、自负盈亏、目标管理、服务优先的原则,其人事用工、劳资和人员、项目经费及日常财务收支等均保持当时现行管理模式不变。将文化发展中心与后勤服务集团保留的经营服务型实体(建安公司、车队、通讯中心、餐饮中心、商贸部、内招、外招、磬苑宾馆、幼儿园等)合并,重组了后勤服务集团。重组后的后勤服务集团按照现代企业制度要求,在清产核资、资产评估的基础上合理界定其资产,遵循独立核算、自负盈亏、面向市场、绩效优先的原则,将其整合成产权清晰、自我发展、自我约束的后勤产业实体,并逐步过渡到独立享有民事权利并承担民事责任的法人企业。物业管理与服务中心实行主任负责制,重组后的后勤服务集团原建制不变,仍实行总经理负责制。后勤管理处代表学校对物业管理与服务中心和后勤服务集团实施全方位的契约监管与考核。

(四)提高阶段(2016年~)

2016年7月,学校印发实施了《安徽大学深化后勤改革实施方案》(校党字〔2016〕54号),后勤管理体制机制得到进一步完善。一是不断深化后勤管理体制改革。按照后勤管理、服务、经营分离原则,推动了后勤机构重组和规范剥离,重新调整了后勤管理处的职责,重新组建了后勤服务中心和后勤产业集团有限公司,以及后勤服务中心党总支和后勤产业集团有限公司党总支;重新确定了后勤相关机构的工作职责、人员编制或管理岗位数、二级机构设立等重要事项,不断优化后勤内部治理体系和治理结构,建立了服务主体和服务形式多元化的后勤格局。与此同时,科学谋划了人员分流方案,做到有条不紊。二是后勤运行体制得到不断优化。大力推进后勤运行机制改革,深化后勤干部人事与分配制度改革,积极构建契约化管理机制、健全财务运行机制、健全监管考核机制、构建新型分配机制等,不断优化后勤运行机制。注册成立了具有独立法人地位的后勤产业集团有限公司及其相关子公司,成立了安徽大学后勤产业集团董事会、监事会,印发实施了《安徽大学后勤产业集团章程》和《安徽大学后勤产业集团董事会、监事会工作规则》。三是加大校内服务市场开放力度,进一步优化校内服务市场资源配置。通过政府采购方式,组织完成了磬苑校区、龙河校区和国际商学院校区四十余万平方米楼宇物业,以及磬苑校区、龙河校区与国际商学院校区相关绿化保洁服务外包工作;按规范程序引进了三家国家一级物业服务资质、国内物业服务业前百强的企业进校服务,三家优质餐饮企业进校服务,以及两家国家一级资质的绿化养护维护单位进校服务。达到校园绿化保洁服务市场开放率100%、楼宇物业服务市场开放率60%、餐饮服务市场开放率60%的目标。

通过近二十年的实践探索,我校后勤改革取得了初步成效。主要表现在:后勤管理体制进一步理顺,依法规范了用工等管理制度,将食堂、通信邮政等服务调整为服务类单位纳入学校预算,建立了食堂公益性预算保障机制;通过开放校内市场,引入竞争机制,有效提高了后勤服务的容量和质量,提升了后勤保障水平;后勤管理从"办后勤"向"选后勤、管后勤"转变,管办分离、事企分开、经营与服务分开,市场逐步在后勤资源配置中发挥主导作用。

我校在推进后勤改革的实践探索中,虽然取得了一些成绩,但也面临着诸多的挑战,这既有外部的政策因素,也有内部的管理因素。一是在后勤服务外包方面,依然存在的最低价中标,导致中标企业价格虽低但服务质量差,为后续的监管带来很大困难。二是在内部管理方面,因人事编制和身份管理原因,学校后勤员工的晋升渠道和职业发展的路径较窄,后勤管理和技术队伍后继乏人,后勤一线员工的用工风险依然存在。三是在后勤服务质量和保障能力方面,存在着发展不平衡不充分的突出问题,还不能完全适应师生的期待和学校高水平大学建设的需要。

二、后勤改革展望

如何持续推进后勤改革,不断满足学校师生对后勤服务多样化、差别化和个性化的需求,提高后勤对于学校改革发展的保障支撑能力与水平,是我们后勤人持续思考和努力解决的问题。在未来的工作中,学校将主要围绕以下方面进一步深化后勤改革:一是进一步厘清后勤管理体制,强化经营类资产管理。通过不断优化调整后勤系统与学校、社会及其内部单元之间的利益关系,化解后勤供需矛盾,改革后勤运行机制,逐步构建"市场提供服务、学校自主选择、行业自律管理、职能部门依法监管"的新型后勤保障体系。

通过推进学校经营性国有资产集中统一监管,全面清理规范学校所属后勤企业,理清产权关系,分类实施改革,推进后勤管理向规范化、精细化发展。二是进一步扩大市场开放,构建多元化的后勤服务主体和服务方式。从提高学校后勤供给质量出发,按照"保基本,多元化"思路,引入社会企业服务,发挥市场在学校后勤服务资源配置中的决定性作用,形成体制外竞争,倒逼后勤改革,推进后勤供给结构调整,矫正后勤供给要素配置偏差,扩大有效供给,提高后勤供给结构对需求变化的适应性和灵活性,更好地满足师生员工需要,促进学校后勤持续健康发展。三是进一步推进"管办分离",建立新型后勤监管机制。在深化后勤服务供给侧结构性改革过程中,恰当处理"办后勤"与"管后勤"的关系,提升多元化、专业化、标准化、智慧化、现代化和国际化服务水平。在"管后勤"的过程中,进一步细化和完善社会企业考评体系,加强监管队伍建设,建立健全第三方监管模式和以师生为主体的服务评价模式,发挥政府巡查和学校督查的协调联动作用,确保引进的社会企业经营更加规范、质量更加优质,为学校科学发展提供更加有力的保障。

锐意改革促发展 砥砺前行创未来

——安徽机电职业技术学院后勤改革探索与实践

姜 绳 邬孝春 宋舒天 宋 文

安徽机电职业技术学院始建于1935年的芜湖内思高级工业职业学校,是全国最早举办职业教育的学校之一。2003年6月18日,经安徽省人民政府批准,独立升格为安徽机电职业技术学院,现位于安徽省芜湖市弋江区高教园区内,占地面积456亩,是首批国家骨干高等职业院校、全国职业教育先进单位、全国机械行业骨干职业院校、国家技能型紧缺人才培养基地、全国首批现代学徒制试点单位、首批省级示范性高职院校、安徽省地方技能型高水平大学立项建设单位。现有校内、校外实训基地(室)373个,全国高职高专创新发明教育基地和安徽省AA级大学生创业孵化基地各1个。拥有安徽省唯一的教育部—中兴通讯ICT行业创新基地,与芜湖市弋江区人民政府合作共建安徽省首个高职院校大学科技园。学院学生在全国、全省各项职业院校技能大赛中屡屡摘金夺银,荣获300多项大奖,成为安徽省在国家级、省级技能大赛中最具竞争力的院校之一。

自2003年学院独立升格为高职院校以来,在省委教育工委、省教育厅的领导下,学院坚持以邓小平理论、"三个代表"、科学发展观、习近平新时代特色社会主义思想为指导,坚持党的基本路线、方针、政策,坚持"三服务,两育人"的宗旨,坚持高校后勤社会化改革方向,勤奋求实,锐意改革,开拓进取,砥砺前行,后勤管理规范、保障有力,后勤保障与服务工作走上规范、有序的发展快车道。

一、从零起步,探索前进,初见成效

2000年年初,国家教育部把实施高等教育教学改革和推进高校后勤社会

化改革作为推动全国高校快速发展的重要举措。2003年学院独立升格为高职院校，面对新时期新发展的良好机遇，学院充分认识到在办学重要转折时期，需要解决三个重要问题：一是新校区建设，二是管理体制改革和学科专业建设，三是后勤社会化改革。由此，学院开启了后勤社会化改革的历程，并制订了三步走计划。第一阶段，转变思想观念，调整工作思路，改变原有模式，初步实现学院主要后勤服务项目的社会化经营；第二阶段，优化调整后勤行政机构，加强后勤队伍建设，为进一步深化改革提供人才与制度保障，全面推进后勤保障与服务工作的社会化进程；第三阶段，推进标准化、精细化、信息化后勤建设，实现后勤社会化服务项目的基本全覆盖，打造一支专业、优质、和谐的后勤服务团队。

2005年年初，学院新校区一期基本建设工作完成，新校区投入使用。为抓住全国高校后勤社会化改革的历史机遇，学院将餐饮、物业两个主要后勤服务项目，实施社会化经营。社会化的两年时间里，学院的物业和餐饮服务工作就发生了巨大变化，与原来"学校办后勤"的模式相比，无论在经营服务理念上还是服务质量上，均大幅度提高，充分保障了新校区投入使用后的后勤服务工作的顺利完成。同时，后勤工作人员更多地了解了物业、餐饮管理与服务工作的最新服务理念和管理方式，提升了后勤人员的业务能力和工作水平，为之后全面推进后勤社会化改革工作积累了许多宝贵的经验。

学院在后勤社会化改革探索的5年里，取得了一定的成绩。2008年安徽省高等院校后勤协会授予我院食堂"安徽省高校餐饮行业先进集体"荣誉称号，芜湖市物业管理协会授予我院物业服务项目部"芜湖市物业管理优秀项目"荣誉称号。

通过积极总结后勤社会化改革第一阶段的经验，学院基本确定了发展方向和改革思路，继续深化改革，由点及面，全面推进。

二、深化改革，优化机制，全面推进

在历经了5年后勤社会化改革工作后，学院积极总结过往经验，密切关注、学习全国其他高校后勤社会改革工作的成功经验，结合学院自身实际情况，制订了新一阶段的后勤社会化改革方案。2009年初，学院专门成立了后勤社会化改革工作领导小组，标志着学院后勤社会化改革工作正式迈入第二阶段。

（一）优化后勤机构，强化服务监管

2009年初，学院对后勤机构进行了调整，撤销原来的总务处与基建处，成立后勤保障处，下设四个科室，为综合管理科、基建科、物业管理科和生活服务中心，进一步细化分工，明确责任。同年4月，学院在后勤保障处改革人事制度，率先在全院公开竞聘后勤中层管理干部，加强后勤管理力量。这次的公开竞聘也开启了我院干部任用制度之先河。

在2013年和2017年，学院对后勤保障处又进行了两次机构调整，强化服务监管职能，目前后勤保障处共设办公室、基建科、物业管理科、生活服务中心、能源管理科、宿管中心、校医院7个科室，进一步细化了后勤保障处的职责和分工，通过公开招聘，校内竞聘，后勤保障人员也由成立之初的11人，逐步增加到目前的40人，后勤队伍目前在年龄、学历、专业上结构合理，在科学、健康的发展模式下不断壮大。

（二）推进改革进程，社会化全覆盖

在探索中前行，在改革中深入，在实践中提升。学院领导和后勤人员不断研究后勤工作规律，思路清晰、扎实推进，正确处理好了改革、发展和稳定的关系，后勤保障与服务工作成效突出，师生满意度高，为保障学院安全稳定、创建和谐校园、促进学院各项事业的发展做出了显著的贡献。

1. 加快基础建设，优化办学条件。2009年至2018年，学院新增建筑5栋，新增建筑面积75 641.9平方米。目前，正在建设学院科教楼（图书馆）项目，2017年年底主体已封顶，预计2019年投入使用，总面积23 360平方米，优化了办学条件。

学院在基本建设和大中型维修工作过程中积极融入社会化理念，所有基建维修项目自立项后由招标引进的专业的第三方机构全程参与，形成了项目设计——预算清单编制——代理机构招标——实施过程监理——项目决算专业化审计的全过程第三方参与制度，合理的设计，有效实现了绿色建筑目标，加强施工过程监督，避免了不合理工程增项和增量的产生，全面提高了基建项目实施的科学化、专业化水平，并且最大限度地提高了项目建设的效率。

2. 深化改革广度，提升服务高度。改革中求发展，发展中保稳定，稳定中要质量。通过公开招标，引进社会服务单位，目前学院基本实现了基建维修、餐饮、物业、商超、绿化、浴室、宿舍服务、医疗服务、能源监管、特种设备维护等各项后勤保障与服务工作的社会化改革全面覆盖，学院用近十年的时间，基本实现了后勤社会化改革的第二阶段总体目标。

物业服务高效周到。目前，学院物业服务总包，内容全面，宿舍管理有序，学院整体环境整洁优美，师生报修的维修效率不断提高，绿化维护工作开展更加及时、专业，物业各方面工作的师生满意度在不断提升，在学院举办全国、全省职业院校技能大赛以及各项重大活动中，高效完成了各项工作任务，受到学院师生的一致认可。

餐饮服务优质安全。在招标引进的餐饮服务企业的积极配合下，学院食堂就餐环境不断优化，服务质量提升。多年来，学院食品安全管理到位，未发生一起食品安全事故，在当地食品药品监督管理局的量化考核中，连续几年获得"A级食堂"称号；饭菜价格稳定，饭菜种类不断丰富，学生在校就餐人次平均每年约上升3%，餐饮服务的满意率近三年全部达到90%以上。

安保工作踏实有效。多年来，学院不断加强校园物业安保工作，在人防、物防、技防上扎实开展各项工作。通过社会化改革，引进了常年服务单位，建设了一支50人的专业技能强、业务水平高的校园安保队伍，加强学院消防、监控、门禁、一键报警等技能防范建设，学院连续几年在本地高教园区派出所为"零事故"单位，2014年学院获省级"平安校园建设优秀奖"荣誉称号。

校园生活便利快捷。目前我院学生公寓内开水器、投币式洗衣机、吹风机、公用保险柜等社会服务项目已实现全覆盖；宿舍周边的商超服务，内容不断丰富，管理更加规范，包含生活超市、快递菜鸟驿站和商业网点等各类生活服务的项目。通过招标引进各类社会服务单位，为广大在校生的宿舍生活提供了便利。

医疗服务专业科学。后勤校医院为进一步做好学院医疗保障服务工作，通过公开招标，签订社会医疗服务协议，为学院师生提供更为专业的体检、结核病筛查、传染病防控等各项服务。同时，与周边三家公立医院签订师生救助绿色通道协议，保障了师生在急危重情况下能得到优质、高效、便捷的医疗救治服务，学院的医疗服务工作受到所在市、区卫生监管部门的充分肯定。2018年5月，学院顺利通过国家卫健委和教育部结核病与艾滋病防控专项检查，相关工作获得专家领导的一致认可。

3. 实施BOT节能项目，建设节约型校园。学院领导高度重视节能工作，把节约型校园建设作为后勤社会化改革的一项重要内容。2013年，学院成立节能减排工作领导小组，在后勤部门增设能源管理科，全面推进我院节约型校园建设工作。2014年，学院通过公开招标引进社会服务企业，采取BOT管理模式，对学院浴室进行全面的节能改造，并作为省级节能示范项目，顺利通过安徽省教育厅的验收，并获得专项资金支持。与此同时，学院公开招标先后引进社会专业企业和机构，完成了学院公共区域空调控制系统、公共照明系统、电控水控系统的一系列节能项目。2014年和2015年，我院先后荣获省级和国家级"节约型公共机构示范单位"荣誉称号。

4. 引进社会资源，提升服务品质。服务教学与社会需求。2009初，后勤保障处积极引进安徽江城汽车服务有限公司与学院开展校企合作，成立安徽机电职业技术学院汽车工程系实训基地，利用企业设备优势，提高学院在校学生实际动手能力，培养高素质实用性人才。并分别于2009年10月和2013年3月成立芜湖市城南交通事故保险理赔服务中心和芜湖市镜湖交通事故保险理赔服务中心，为公众提供交通事故处理、事故车辆查勘定损、事故车辆修复、车险快速理赔一站式服务，最大限度实现服务社会的功能，在当地受到了广大人民群众的高度认可和赞扬。

服务地方文化的保护。2015年底，对接芜湖地方特色文化产业——芜湖铁画，与芜湖储氏铁画工艺品有限公司合作建设首批国家级非物质文化遗产——芜湖铁画锻制技艺创研中心，建立中国非物质文化遗产——芜湖铁画锻制技艺职业教育基地，加强民族文化传承与保护。该基地受到省、市各级领导的关注，各级领导多次莅临学院进行参观指导。

服务高新技术的引领。在学院后勤与成教部门的共同努力下，与芜湖市人民政府签订全面合作框架协议，与安徽春谷3D打印智能装备产业研究院开展深度校企合作，共建"安徽机电——春谷3D打印协同创新中心"和"3D

打印材料研发中心",为学院教学与智能技术有机结合打造良好的资源基础。

服务智慧校园的建设。自 2010 年开始,学院与电信、移动、联通三大通讯运营商紧密联系,以校园信息化建设为目标,在 5 年的时间内,实现了校园 4G 网络全覆盖和信息化设备的全面更新,设立了通讯运营商在校园内的服务基站和营业网点,完成十余项校园信息化建设项目,全方位为师生提供信息化服务。

(三) 融合企业文化,实现服务育人

在改革和发展的过程中,学院领导不断思考如何丰富后勤工作的内涵,为后勤工作的不断发展提供动力,更好地在后勤工作中体现服务育人的功能。2009 年 10 月,学院召开了"文化后勤"建设研讨会,正式提出"文化后勤"建设的全新理念,就是要以提升后勤文化内涵,形成具有深厚文化底蕴、独具我院特色的后勤工作模式为宗旨,以可亲可信的文化载体实现后勤服务育人树德的功能为目标,用后勤文化引领教育学生。

2009 年 11 月,学院"文化后勤"建设领导小组正式成立,"文化后勤"建设工作在我院也正式拉开序幕。在之后 10 年的时间里,学院后勤工作人员一直秉承"文化后勤"的理念和精神内涵,并将引进的社会服务单位的企业文化与校园文化有机结合,开展廉洁、餐饮、宿舍、节能等各类文化建设,不断加强对学生的隐性文化教育。后勤部门先后举办了近百项丰富多彩的文化活动,包括后勤员工与学生、服务企业工作人员联合开展的各类文体活动,大学生思想政治教育以及服务社会的公益活动等,并多次受到当地广播电视台教育新闻频道的关注和跟踪报道,在社会上收到了良好的反响。

整合社会企业资源,后勤人将这台文化大戏唱出了特色、唱出了亮点。后勤工作满意度逐年提高,学生节约、文明等意识和习惯逐渐地养成,学生自身的行为和素质不断提高。通过"文化后勤"建设,为后勤社会化改革提供了和谐健康、内涵丰富、绵绵不绝的发展动力。

三、不忘初心,开拓创新,砥砺前行

从 2005 年学院高职院校办学之初在校师生 3000 多人,起步最初的物业和餐饮 2 个社会化项目,发展到目前学院在校师生 11 000 人,近 30 家社会服

务单位为学院提供 20 多个社会化服务项目，后勤社会化改革向纵深发展，为师生提供热情高效的学习生活服务，也为学院的安全稳定和各项事业发展做出了重要贡献。学院在升格以来 15 年的高职办学历程和后勤社会化改革大潮里，迈着坚实的步伐，不断推进后勤社会化改革，一路平稳，改革成效也得到了省教育厅和各级领导的充分肯定。

2009 年 7 月，由省教育厅推荐，学院参加了在天津举办的"中国高校后勤社会化改革十年成果展"活动，我院后勤社会化成果入选由教育部发展规划司、中国高等教育学会后勤管理分会编撰的《中国高校后勤社会化改革十年成果展》一书。2011 年 9 月，学院荣获"全国高校后勤十年社会化改革先进院校"荣誉称号，成为安徽省获此殊荣的仅有的三所高职院校之一。2015 年，我院先后荣获省级和国家级"节约型公共机构示范单位"荣誉称号。后勤社会化改革取得的成效受到国家、省、市等媒体关注。

学院后勤社会化改革取得一定成绩，后勤服务没有因此而放慢改革的步伐，后勤社会改革第三阶段的工作也将全面展开。有序推进管理标准化、服务精细化、手段信息化后勤的建设，着力打造智慧后勤和绿色后勤将成为下一阶段的重点工作任务和努力方向。安徽机电职业技术学院党政领导和全体后勤员工，在习近平新时代特色社会主义思想指引下，深入学习贯彻十九大精神，不断满足师生日益提高的生活服务保障需求，后勤社会化改革步伐将更加坚定，全体后勤人将更加奋进，让学院后勤保障与服务工作在改革的长河里实现破茧成蝶的华丽蜕变。

奋力续写新时代高校后勤改革新篇章

——中国海洋大学后勤社会化改革纪实

王哲强

改革开放 40 年来，我国高等教育发生了翻天覆地的变化，改革与发展的成就举世瞩目，这其中离不开作为基础和保障的高校后勤工作。自 1999 年启动高校后勤社会化改革以来，高校后勤工作在保障能力、服务质量、管理水平、运行效率和育人功能等方面皆有显著提升，经受住了高校扩招的考验，极大增强了师生的幸福感，成为我国高等教育事业持续快速发展的助推器。

发展无止境，改革不停顿。在中国特色社会主义进入了新时代，改革进入攻坚期和深水区，"四个全面"战略布局持续推进的新背景下，高校后勤如何与时俱进，进一步深化改革，持续破除体制机制障碍，创新服务模式，促进深化教育领域综合改革，为中国特色现代大学制度构建，实现高等教育现代化做出新的贡献，成为摆在广大高校后勤人面前的新课题。

"新时代"呼唤"新后勤"，面对新挑战和新机遇，中国海洋大学以更加开放的心态，以进步发展的理念，持续深化后勤改革，丰富高校后勤发展经验，助推世界一流大学建设。

一、砥砺前行，学校后勤改革取得的阶段性成果

1999 年，国务院办公厅在上海召开全国高校后勤社会化改革工作会议，高校后勤社会化改革步入实质化进程。同年，中国海洋大学也紧跟时代步伐出台了改革方案，采用"小机关、大实体"的甲乙方模式进行后勤管理。经过近二十年的社会化改革，高校后勤事业取得了长足进步。

（一）科学发展，后勤服务与学校教学的分工更加清晰

学校充分认识到后勤科学发展的重要性，以及改革的必要性、紧迫性，

对后勤服务保障中存在的"瓶颈"问题进行大胆论证和突破尝试，不断开拓进取，积极迎难而上，逐步形成了一整套适应学校特色发展之路的后勤改革路线、方针和政策，为树立后勤精神奠定了基础。

纵观后勤改革这些年，它在促进学校事业发展、保证教学科研服务需求和广大师生日益变化、增长的生活服务需求等方面的作用难以估量，也基本实现了改革之初学校领导班子的共同梦想，那就是——摆脱沉重的后勤负担，集中主要精力办学。

（二）搞活机制，后勤体系运行稳健

注重改革的精准性、规范性，坚持问题导向，落实后勤资产管理权和经营自主权，进一步激发后勤活力、创造力。通过用激励、创新、核算、监管等手段的运用，让职工享受到改革的红利，取得预期的社会效益与经济效益。

（三）接轨社会，后勤综合服务能力日渐提升

在后勤社会化道路上，学校探索尝试了"走出去""引进来"两种模式。近几年，学校稳步开放校内市场，引进社会优质服务企业，并通过签订和管理合同，建立正规且相对成熟的契约式服务模式，促进校内市场形成公平、和谐的竞争环境；对引进的优秀企业给予适当的优惠待遇，对后勤自有服务实体给予激励政策，从而让广大师生受益。

（四）师生满意，后勤育人功能不断强化

按照学校发展规划，近几年招生规模不断扩大。学校后勤部门的队伍发育、民主管理、信息化建设、文化建设等方面，在国内高校后勤范围内起到了很好的示范引领作用。校园环境改善与优化方面也是成果显著，海大鱼山校区连年被评为全国最美十大校园之一。

学校把后勤服务的精细化、标准化、现代化作为提高服务质量和管理水平的重要手段，深挖后勤服务保障潜力。不断改善校园环境、改造学习生活设施，让师生们可以安心地善学、治学、乐学；畅通与师生沟通交流的渠道，让师生对后勤服务保障能发声、多发声；强化"三位一体"的后勤监管体系，认真、及时对发现的问题进行落实、整改；设立后勤助学基金，用于学校后勤管理服务的创新创业项目，激发学生不断为高校后勤事业的发展献智献策，推动学生在参与项目研究的过程中成长成才。

二、时代选择，深化后勤改革成为必然与趋势

后勤改革在助推学校教育事业发展和满足师生多样化需求方面贡献卓著。然而，改革进程中解决了老问题也积累了新矛盾，在新时代背景下，中国海洋大学后勤改革面临着"要啃硬骨头，要涉险滩"的局面。而以师生对美好校园生活的向往为后勤改革奋斗目标，持续推进、久久为功，这是历史的必然选择，也是广大师生的共同愿望。

（一）巩固发展高校后勤社会化改革成果的必然选择

回望 20 年改革之路，学校后勤改革取得了一定成果——学校后勤事业有了跨越式发展，后勤与社会优质服务实体实现初步融合，后勤保障能力和服务水平有了大幅度提升，为学校的事业发展提供了坚实的保障，师生满意度大大提高。

站在新的历史关头，要想保持学校后勤工作发展良好势头，避免改革成果付之东流，惟有进一步深化改革，根据《教育部关于深化高校后勤社会化改革的若干意见》所要求的"切实巩固改革成果"，下大气力解决体制机制弊端，取得新的突破。

（二）化解新时代高校后勤领域主要矛盾的关键举措

习近平总书记在党的十九大报告中指出："中国特色社会主义进入新时代，我国社会主要矛盾已经转化为人民日益增长的美好生活需要和不平衡不充分的发展之间的矛盾。"新时代，社会主要矛盾反映在高校后勤领域就是"师生日益增长的美好校园生活需要与后勤不平衡不充分的发展之间的矛盾"。

师生之所望，后勤之所向。面对高校师生渴望后勤服务日益多元化、个性化、品质化和智能化的新需求，期盼后勤服务不断升级的大趋势，高校后勤惟有持续深化改革创新，增强发展活力，营造竞争环境，培育多元服务主体，提升员工素质，引入信息技术，构建智慧后勤，才能化解矛盾。

（三）"双一流"建设需要打造"升级版"新型后勤

2017 年 9 月，教育部、财政部和国家发展改革委联合公布世界一流大学和一流学科建设高校及建设学科名单，有 42 所高校入选"世界一流大学建设高校"，中国海洋大学是 36 所 A 类高校之一。

在国家加快推进"双一流"建设的时代背景下,要想扎根中国大地办大学,办好中国的世界一流大学,对后勤保障质量和服务效率皆有了新期待,打造开放性、国际化的"升级版"新后勤势在必行。面对新的时代命题,高校后勤惟有以市场为导向,加强顶层设计,坚定不移走深化改革、持续创新的"内涵式"发展道路,才能突破束缚高校后勤人的思想藩篱,充分激发员工的工作热情和创新活力,"使高校后勤工作内容与质量实现'换挡升级'与'华丽转身'",从而达到助力"双一流"建设,推动高等教育现代化的目的。

(四)社会第三产业发展对后勤传统服务的挑战

伴随着时代进步,我国第三产业发展日趋成熟和完善,特别是适应人民群众大众化、多元化、优质化消费需求的现代服务业广受消费者青睐。

社会优质企业这一"活水"的引入,不仅达到了后勤部门从原来既当"女保姆"又当"女主人"的角色困扰中解放出来,还让学校师生享受到了社会企业专业化、标准化的优质服务,更对高校后勤"大锅饭"的分配原则、"铁饭碗"的用人机制、保守的服务模式等形成了挑战。面对咄咄逼人的危机,学校后勤惟有握紧深化改革这把"金钥匙",从供给侧着力实现服务水平和保障能力的新跃升,才能在激烈的竞争中立于不败之地。

(五)后勤改革中涌现的新问题是深化改革的新动力

在取得成绩的同时,也涌现出了诸多新问题、新矛盾,如各高校普遍实行的"甲乙方格局",在改革初期所发挥的重要作用,随着时代发展、后勤业务范围扩大、协同办公交叉点增多等问题的出现日益衰减。因甲乙方互为正处级单位,甲方从不或很少参与乙方的业务管理、人员任免、考核评价、预算支出等,监管能力弱化,也就无法保障学校的后勤服务质量。此外,作为乙方的后勤集团"不具备独立法人资格,缺乏行业资质,无权参与有准入条件的招投标,长期依赖学校,不利于挖掘潜力,难以调动内部积极性,并经常让学校在法规边界迟疑"。

故此,改革不彻底、不到位导致的体制障碍、思想顽疾,成为学校后勤事业提质增效的拦路虎、绊脚石。学校后勤部门只有进一步深化改革,才能增强竞争意识、危机意识和创新意识,激发出源源不断的内生动力,直面工作中涌现出的新问题、新情况,增强针对性和实效性。

三、击水中流，深化高校后勤改革的探索与实践

面对新的时代特点和建设世界一流大学的现实要求，中国海洋大学在2017年召开的第十次党代会中作出了"深化后勤管理体制机制改革，建设平安、绿色校园"的重要部署，坚持后勤社会化改革方向和服务育人宗旨，进一步解放思想、转变观念，以提高后勤保障能力和服务质量为核心，以体制机制改革为重点，倾力打造与世界一流大学建设相匹配的精干高效、保障有力的现代化后勤体系。

（一）优化后勤组织架构和管理体制

按照"小机关、多实体"的管理体制，成立中国海洋大学后勤保障处，负责学校后勤保障服务工作的规划、管理和组织实施，代表学校管理、监督各服务实体。对外继续保留"后勤集团"牌子，主要负责后勤企业化运营相关业务、后勤自聘人员的招聘与管理、各运营实体人员的工资发放等，与后勤保障处一套人马，两块牌子。

后勤集团党委更名为后勤党委，负责后勤党建和思想政治工作的组织实施，保证党的路线、方针、政策在后勤的贯彻落实。

后勤保障处内设综合办公室（含信息中心）、人力资源办公室、运行监管科（含采购供应中心）、能源与修缮管理科、计划财务科等5个科室。根据业务特点及工作内容，后勤集团原有的12个服务实体，调整为饮食服务中心、学生社区服务中心、校园服务中心、留学生公寓服务中心等4个实体以及校医院、幼儿园等2个二级单位。

（二）建立高效有序的工作运行机制

后勤保障处按照"处统筹规划与协调、各实体中心独立核算、强化过程监督与目标考核"的机制运行。后勤保障处党政联席会是后勤管理工作的决策机构，集体研究决定包括后勤"三重一大"事项、党建和思想政治工作、行政管理等重要事项。

各实体中心实行主任负责制，企业化运作，独立核算成本收益。各中心根据业务特点，按照效率优先、兼顾公平的原则，制订具有激励作用、体现按劳分配原则的绩效考核与分配办法，经后勤保障处党政联席会研究通过后

实施。

强化"三位一体"的后勤监管体系。强化学校纪委和监察处、财务处、审计处对后勤的监管；强化后勤党委、后勤保障处对各服务实体的管理监督考核，对各服务实体履约情况进行监督检查，持续推进后勤服务作风建设；后勤党委要强化师生对后勤服务的监督，充分发挥数字后勤服务平台、后勤服务监督管理系统作用，及时收集和掌握师生对后勤服务的意见和建议，并按流程给予回应和做出整改。

逐步、适度、有序开放校内市场，有计划地选择优秀的社会企业参与后勤服务、特色餐饮、生活服务等项目，强化竞争机制，增强后勤活力，提高服务效能。

（三）打造精干高效的后勤专业队伍

后勤党委设书记岗位1个，副书记岗位1个；后勤保障处设处长岗位1个，副处长岗位3个。后勤保障处设科级岗位7个，科级以下管理岗位10个。

根据工作性质和岗位特点，各中心设置重点岗位和一般岗位。重点岗位队伍建设纳入学校整体队伍建设规划，保证后勤核心队伍的相对稳定。根据工作需要，后勤各中心重点岗位原则上控制在50人以内。一般岗位数由后勤保障处根据工作需要进行设置，人员按照国家、学校、后勤保障处的有关规定，采取劳务派遣方式进行聘任，实行动态管理，量化考核，优胜劣汰。

后勤保障处干部选聘，由党委组织部、人事处根据管理权限进行组织，其他专业技术人员的选聘由人事处牵头组织。各中心主任面向学校管理干部、专业技术人员或技师及以上工勤技能人员招聘，由组织人事部门和后勤保障处共同组织，聘任结果由人事处发文公布；其他人员的选聘由后勤保障处按照按需设岗、竞争上岗、双向选择的原则统筹组织。

（四）构建权责明晰的财务管理制度

后勤保障处设立计划财务科，业务上接受学校财务处的统一领导、监督和检查，遵守和执行学校统一制定的财务、资产规章制度，财务总监和计划财务科科长由学校财务处选派。计划财务科负责后勤保障处财务和资产管理工作，对"校园一卡通"财务进行收费核算。

后勤保障处通过有效的财务管理，实现服务成本的有效控制及效益提升，多措并举增收节支。改革启动阶段,学校加大对后勤保障处支持力度,确保改革稳步推进。自2020年起,学校将后勤保障处管理使用的经营性资产的条件占用费纳入财务预算统筹核定。

(五)实施后勤提质增效"五大工程"

1. 实施"绿色后勤"工程。通过制度建设、新技术应用、精细化管理和加强成本核算,构建勤俭节约、低碳环保的后勤服务管理新体系。

2. 实施"科技后勤"工程。持续完善后勤"五位一体"信息化运行格局,提高后勤服务效率和服务品质,打造智慧后勤。

3. 实施"质量后勤"工程。通过引入先进的质量管理理念和质量管理认证体系,提高后勤从业人员思想品质、职业道德、专业技术素质,以及制度建设等推进学校后勤服务质量和管理水平不断提高。

4. 实施"平安后勤"工程。通过加强安全管理、培训,完善应急预案,健全制度和采用现代科技手段,有效防范和及时排除安全隐患,确保学校的安全稳定。

5. 实施"文化后勤"工程。打造具有"海味"特色、高品位的餐饮文化、公寓文化和环境文化,积极培育温馨、舒适、便捷、节约、文明的中国海大后勤文化体系。

四、惠及师生,深化高校后勤改革的期待与展望

自2017年1月中国海洋大学第十次党代会作出"深化后勤管理体制机制改革"的决定,到如今进入实施阶段,各项工作全面展开,学校期望通过脚踏实地的工作,取得实实在在的成果,推动后勤工作再扬帆,助力科教事业再起航。

(一)促进体制机制创新,提升服务效能

体制机制顺,则人才聚、事业兴。此次深化改革,中国海洋大学对管理体制和运行机制积极创新,变昔日的"小机关、大实体"为"小机关、多实体"。

后勤保障处仅负责统筹协调、加强过程监督和目标考核,各实体采用企业化模式运营,独立核算。监督机制,采取的是学校、后勤保障处和师生"三位一体"的运行体系。学校期望通过这一系列顶层设计和实施方案,把该

下放的权力下放，减少管理层次，降低管理成本，进一步理顺关系，明确职责界限，通过提高各实体的效率与效能，来提升后勤保障能力和服务质量。

（二）强化姓"教"属性，永葆育人初心

高校后勤工作自诞生起就是姓"教"的，它具有"服务"和"育人"的双重属性，从早期的服务育人、管理育人，到后来增加的"环境育人"，又到 2017 年 2 月中共中央、国务院印发《关于加强和改进新形势下高校思想政治工作的意见》中对"全员全过程全方位育人"进行了全面阐释，即"七育人"，其中的实践育人、管理育人、服务育人、文化育人是与后勤工作密切相关的。

鉴于此，中国海洋大学希望通过深化后勤改革，为广大师生创造更加舒适、便捷的校园生活，永葆后勤姓"教"的属性和服务育人的初心。

（三）坚持共享发展成果，增进员工福祉

长期以来，制约高校后勤事业发展的"瓶颈"之一是"人才匮乏"，尤其欠缺高水平专业化的技术人才和管理人才。在此次的深化改革中，中国海洋大学旨在建设一支素质精良、业务精湛、精干高效的后勤骨干队伍，为充分挖掘潜力、激发活力，吸引人才、培养人才、留住人才、用好人才，无论重点岗位还是一般岗位均实行聘任制，动态管理、量化考核、优胜劣汰；各中心实体实行主任负责制，企业化运作，独立核算成本收益，它们可根据自身业务特点自主制订具有激励作用、体现按劳分配原则的绩效考核与分配办法，尽最大可能释放改革红利，调动和激励员工干事创业的积极性，增强大家的获得感、幸福感。

（四）涵养后勤特色文化，培育服务品牌

高校后勤文化是大学文化的重要组成部分，是高校后勤员工坚持以服务和育人为宗旨，在工作实践中创造的，并且为员工普遍认可和遵循的价值取向、工作作风、行为规范和思维方式的总和，是维系高校后勤事业科学发展的精神源泉和动因。在深化高校后勤改革中，文化建设是关键的一环，它是后勤事业发展的精神支柱和信心之源。

作为一所海洋和水产学科特色显著的教育部直属重点综合性大学，中国海洋大学在深化后勤改革中，通过实施"文化后勤"工程，着力打造具有

"海味"特点的饮食文化、公寓文化和环境文化,以及符合工作实际的制度文化、行为文化,与大学精神一脉相承的精神文化等。培育文化品牌,树立文化自信,增强软实力,做到以文化人以文育人。

奋进新时代,开启新征程。在改革开放 40 周年之际,走过"摸着石头过河"激情期的高校后勤社会化改革,迈入了更加客观、理性的新阶段,学校惟有不忘初心,将后勤改革进行到底,定能迎来后勤事业蓬勃发展的新局面,那是有立法规范和监督的法治后勤、行业协会引领的有序健康后勤、体制机制更加灵活的高效后勤、信息技术深度融合的智慧后勤、低碳环保文明和谐的绿色后勤、包容开放与世界接轨的国际化后勤,而这正是与世界一流大学建设相匹配的"一流后勤"。

临沂大学后勤社会化改革探索与实践

临沂大学

临沂大学的后勤改革,是学校整体改革的重点和先行军,从 2000 年开始至今已历时 17 年,期间从观念创新、体制改革到社会化管理和合作,我校在后勤改革方面进行了积极有效的探索和实践,取得了一定的成效,为全校的发展提供了坚实的服务保障。

一、后勤改革之初衷

长期以来,高校后勤一直习惯于关起门来搞自己的"小而全",基本呈现着"一校一户办后勤,校校后勤办社会"的状况,以高投入保运行,从而使学校的包袱越背越重,其弊端日益显现。我校也不例外,作为一所新建地方本科高校,面临学校转型、新校区建设等诸多问题,经费紧张显而易见,对后勤投入就更加捉襟见肘。

2000 年国务院办公厅转发了教育部等部门《关于进一步加快高等学校后勤社会化改革意见》,依据文件精神,我校在前期充分调研论证的基础上,进行了一系列的后勤改革。2000 年 5 月 26 日,学校出台了《后勤社会化改革实施方案》,制订了社会化改革分四步走的战略目标:第一步,我校后勤经营服务人员、相应资源及操作运行,成建制地从学校行政管理系统中分离出来,组建自主经营、自负盈亏、独立核算的后勤企业实体,形成"小机关,大实体"格局;第二步,将学校的后勤企业推向社会化。在体制设置上,按照"强机关,多实体"格局,将后勤管理与经营服务分离,形成甲乙方关系;第三步,后勤服务项目在体制设置上,按照"项目管理、多实体运营、部分服务项目完全社会化"模式运行。第四步,后勤服务项目完全社会化,按照

"小机关、大服务、社会化"的格局，形成适合我校发展的新型后勤保障模式。

二、后勤改革之进程

（一）后勤改革实施第一步："小机关，大实体"（2000 年~2003 年）

设立总务处，代表学校行使行政管理权，按服务功能类别和发展需要，组建生活服务中心和校园管理中心两大实体，按照"小机关，大实体"的模式，将原来管理服务、有偿服务、经营服务的单位及校内所有的商业网点、餐饮、交通运输等分别划归两大实体，并制定一系列的优惠政策，扶持两大实体尽快成立自主经营、自负盈亏、独立核算、自我发展的经济实体。两大实体按企业化管理模式进行运作，总务处代表学校对其进行契约管理。此次改革，主要解决了后勤服务项目与学校整建制剥离问题。

（二）后勤改革实施第二步："强机关，多实体"（2003 年~2006 年）

2003 年，在认真总结我校后勤管理和市场化运营方面经验的基础上，根据学校规模急剧扩张的实际，对"小机关，大实体"的模式进行了创新，提出了"强机关，多实体"的管理模式。将原总务处改为后勤管理处，并在后勤管理处下设立了饮食、物业、综合三个管理办公室，分别由三位处级干部兼任办公室主任。饮食管理办公室负责监督管理东、西、南、北四个校区的饮食服务中心及国际交流中心；物业管理办公室负责监管水电暖管理中心、环境管理中心及东、西、南三校个区物业管理中心；综合管理办公室在负责机关综合事务的同时，负责监督管理学生住宿服务中心、教学楼管理中心、交通中心及校医院。学校与经营服务实体按甲、乙方关系契约实行合同管理，中心实体的一切收支，均由甲方财务部门代理。此次改革，主要解决了加强后勤服务保障针对性和规范性问题。

实体内部按照"因事设岗、以岗选人"的干部人事制度改革，进行了全员竞聘上岗。经营服务实体负责人及员工定岗定责，全部实行合同管理；在收益分配上实行按劳取酬的绩效工资制，后勤的服务功能彻底从行政管理中分离出来，实现了后勤实体企业化管理的实质性改革。

依据岗位职责，制定了《后勤行政监督与实体责任失职追究条例》《后勤实体经济损失责任追究条例》和"日清、月报、季审"的财产风险防范机制，对各个"自主经营、自负盈亏"的经营服务实体实施管理监督。

（三）后勤改革实施第三步："项目管理、多实体运营、部分完全社会化"（2006年~2012年）

依据项目管理理念和扁平化管理体制的要求，在认真调研分析的基础上，我们对"强机关、多实体"的后勤管理与服务运行模式重新定位为"项目管理、多实体运营"，结合工作实际，分段设岗，撤销了饮食、物业、综合三个管理办公室，减少了管理层级，淡化了领导与被领导关系，设置了2个A岗、2个B岗、4个C岗、1个D岗等9个后勤管理项目岗位，代表学校实施对乙方的监督管理，各岗位职责明确，工作任务无交叉，程序化管理，流程式合作，工作效率得到了极大提高。此次改革，主要是淡化层级观念，实行项目管理。

在多实体运营方面，根据实际情况和功能需求，设立了东、南、西校区环境物业，北校区环境及水电暖，新校区环境、水电暖，教学楼，饮食，交通，校医院等服务项目岗位，后勤管理处代表学校与各服务项目岗签订了服务保障协议，确立了职责范围，明确了甲乙方关系。

同时，我们对四个老校区的饮食实体进行了彻底的社会化改革，将其注册为独立法人，使其与学校脱离，有效地规避了风险，调动了饮食服务的积极性。新校区学生餐厅和部分教学办公楼的保洁服务实现了社会力量直接进场经营的办法，保障了几万名学生的餐饮安全，服务于学生的学习、生活，为后勤全面社会化改革积累了经验。在环境物业、交通中心管理体制改革方面也进行了积极的探索和有效尝试，为新一轮的后勤社会化改革奠定了坚实的基础。

在制度建设上，制订了《后勤管理处检查评分标准》的千分考核方案，每月检查一次。下发了《校园管理规定》《用电管理办法》《公共卫生防疫管理办法》《教学楼管理办法》和《后勤服务项目财务管理规定》《后勤管理处项目责任制管理办法》《后勤工程项目管理规定》等一系列规章制度。使后勤各项工作进入了规范化、标准化和科学化的运行轨道。

（四）后勤改革实施第四步："小机关、大服务、社会化"（2012年8月至今）

2012年至今，针对改革过程中暴露出来项目运行效益缓慢，各服务项目职责不明晰，执行合同不定位，监管不力等现象，我校制定了《临沂大学关于进一步深化后勤改革提升服务保障能力的实施意见》。建立了"政府履行职责、市场提供服务、学校自主选择、行业自律管理、多方依法监管"的新型后勤服务保障体系，对后勤服务项目进行了更加深入的改革，形成了"小机关、大服务、社会化"的改革运行模式。此次改革，主要是在后勤工作中，全面实行社会化。

建立准入和退出机制，引进社会优质服务资源，公开招投标完成了对校园绿化保洁、楼宇管理、水电暖维护维修、学生餐厅、学校医院的托管服务。后勤管理处则代表学校履行监管职能，制订社会化服务项目质量监管标准体系，依据合同，加强监管，实现了从办后勤到监管后勤的职能转变。

三、后勤社会化改革之模式

我校推行多种形式的社会化合作模式：有地方政府主导的项目（如建筑节能改造、农校对接示范园建设等）；有社会企业参与竞争的项目（如校区物业管理、学生食堂、校园绿化保洁、校医院运行等）；有学校后勤与社会企业合作的内引外联项目（如学生宿舍洗浴、饮水系统等）；还有和兄弟院校后勤管理部门合作的校际联办模式（如驻临高校合作供应蔬菜和联合采购原材料等）。多种模式的合作，形成了后勤社会化运行体系，提高了后勤管理的质量和水平。

四、后勤社会化之现状及运行

通过公开招投标等规范程序，我校的校园绿化保洁由具有国家一级资质的山东祥泰园林建设集团有限公司托管；办公楼、教学楼、实验楼物业和水电暖运行由具有国家一级资质的山东宏泰物业发展公司托管；专业化团膳餐饮企业青岛中快餐饮管理有限公司托管学生第一食堂；北京时代嘉华—喜客多餐饮管理有限公司托管学生第二食堂；学校医院由临沂市口岸医院托管。

我校合作的平台是基于学校与各托管单位签署的协议，基本内容包括托管项目；合作双方的权利、义务；工作标准及效果；托管费用标准及支付；合作期限及履约情况等。

后勤管理处主要是代表学校对托管单位实施监管，其职能实现了由办后勤到监管后勤的转变。为此我们根据协议确定的合作项目，制订监管标准体系，加强日常监督检查，通过周例会、督办单等形式，及时进行调度。通过精细化的管理，促进了工作落实，提高了工作质量与效率。

五、后勤社会化改革之成效

（一）更新了观念

后勤社会化一改过去对后勤工作依赖"统、管、包"的行政手段及后勤服务"福利化、无偿化"的传统观念，转为主要依靠经济手段（全成本核算，引入竞争机制，效益最大化），辅之以行政手段（加强监督检查，行政适当介入，政策性亏损补贴）进行后勤管理改革，还原了大学后勤服务的市场性、公益性的本来面目。

（二）创新管理体制

经过四轮改革，后勤管理服务实现了以协议为载体，各托管单位在协议规定的权限内实施自主经营，自负盈亏，提高服务质量，以高满意率获取高额回报。学校后勤管理处代表学校行使监管职能，制定《临沂大学加强后勤服务质量监管的意见》，细化监管环节，增强监管能力，提高监管质量。完善校内后勤、纪检、审计、财务、国有资产、保卫、学生管理等部门和师生共同参与的监督和评价体系；主动配合食品药品卫生等政府职能部门的依法监管；形成保证后勤安全稳定、清廉高效的管理运行机制，使后勤实施精细化管理服务成为现实。

（三）提高了服务质量和水平

我校通过招标引入的各物业管理团队具有较高的专业资质，组织机构健全，管理经验丰富，严格规章制度、工作标准，各岗位分工明确，员工专业素质较高；整体管理运行规范、高效。校园绿化保洁重在提升层次和日常管理，达到了三季有花、四季常绿的绿化效果，2016年我校荣获"全国绿化模范单位"；办公楼、教学楼、实验楼物业及水电暖管理实行责任到人，建立了严格的工作标准，实施不间断地巡查、检修、维护和节能等工作，实现了教学、实验电力保障零事故；启用了微信和网上报修平台，提高了工作效率和师生的满意度，2016 年荣获山东省高校节能减排先进单位。学生食堂积极推行 7S 和五常管理，建立并实施 HACCP 体系，已通过相关质量管理体系、食品安全管理体系认证。荣获山东省"标准化食堂""先进管理单位""餐饮服务食品安全量化 A 级单位"等称号。校医院将"以病人为中心"的服务宗旨，加强公共卫生的宣传与预防，有效地预防了传染病及常见病的发生，坚持 24 小时医疗救助服务，通过聘请校外专家坐诊，上门就诊等形式，不断提高医疗服务水平。

（四）规避用工风险

学校引进高资质的社会公司入校经营，企业严格按照国家劳动法等相关法律法规用工，规范了用工管理，理顺了管理体制，企业成为劳动用工合同主体，有效规避了劳动用工风险，减轻了学校经费负担，目前无一劳务纠纷发生。

六、后勤社会化之思考

我校的后勤改革，贯彻落实了教育部和省教育主管部门关于后勤改革的一系列文件精神，与学校的改革发展紧密结合，在"新、活、深、准、稳"五个方面作出了有益的探索。

1. 改革理念新。思想是行动的先导，改革的前提首先要统一思想，提高认识，以思想观念的不断更新，带来思维模式的转变。从内部讲，就是通过不断深化管理体制改革，进一步明确工作职责，强化责任担当；转变管理模式，提高工作效率；从外部讲，就是运用市场经营理念，使高校后勤这一公共事业成为企业化经营、市场化运作，实现后勤与学校剥离，不是将包袱甩向社会，而是激活后勤市场。

2. 管理机制活。后勤改革是一种实践探索，没有完整现成的模式可以套用。我校在后勤改革中，坚持以师生为主体，多种合作模式并行的"一主多元"原则，后勤管理服务，由专业公司托管，提高了管理的质量与水平；学校履行监管职责，实现管办分离，使学校后勤保障充满生机活力。

3. 改革的层面深。改革旧的管理体制，不是简单的策划组合或更换名称，而是要从深层次入手。2000 年，我校制订后勤改革实施方案，实行契约合同管理，学校不再直接负责，做到一步到位，彻底改制，全面剥离。校医院、交通中心，同样是独立核算，自主经营，自负盈亏。尽管改革中没有将实体称作公司或集团，但是，运行态势良好，经济效益显著。到 2015 年，全校后勤服务项目全部公开招投标实行合同化管理。

4. 市场经营管理服务方向准。高校后勤肩负着管理、服务、保障功能，事关学校的发展与运行。因此，我们在推进后勤改革中，始终做到有利于提高服务质量和管理水平，有利于减轻学校和学生负担，利于提高办学效益，促进学校发展。正确处理学校与后勤服务项目之间的责、权、利关系，在确保国有资产保值增值并有效利用的同时，确保学校的正常运行。

5. 后勤保障运行步子稳。我校的后勤改革，坚持循序渐进，收放有序，稳步推进的原则，在实践中进行探索，成熟一项改革一项，稳扎稳打，既有利地规避了风险，又收到了较好的改革效果。

经过几年的改革实践，我校的后勤管理逐步实现了市场化、规范化、专业化、现代化、集约化，形成了相对成熟的管理体系，管理效益明显提高，后勤管理处连续几年在校内年度考核中获得优秀等次，同时得到了上级主管部门的高度认可。

改革风劲好扬帆

——聊城大学后勤社会化改革的探索与实践

聊城大学

从 1997 年 4 月，聊城大学开始推行首轮后勤社会化改革，至今已进行了 6 轮，走过了 21 年的历程，期间 80 余所省内外高校前来考察学习。

从后勤服务中心成立至今，每年都自筹资金千万元，用于后勤基础建设和后勤服务条件的改善。

从 2018 级新生入学开始，首批托管食堂楠苑餐厅人气爆棚，以高"颜值"和高质量服务成为"网红"，荣登《视觉中国》。

栉风沐雨，春华秋实。这一个个简单的数字，虽然难以尽述聊城大学后勤社会化改革的全部历程，但却传递出无法掩饰的璀璨光华。高校后勤社会化改革，是在我国改革开放、建立社会主义市场经济体制和加快发展高等教育的时代背景下展开的，发轫 20 世纪 80 年代初之后，90 年代末的高校扩招和第一次全国高校后勤社会化改革工作会议，掀起了带有根本性、全局性的高校后勤体制改革。在这场全国性的高等教育改革洪流中，聊城大学紧抓机遇，在一无成功经验二无现成模式的状况下先后推进了 6 轮后勤社会化改革，先后构建甲乙方分工负责的管理体制，形成了企业化运作的服务体系和运行机制，推进了职级分离、竞争上岗的干部聘任制等改革举措，极大地提高了学校后勤的运行效率、服务质量和保障能力，走出了一条极具聊大特点的后勤社会化改革的道路，也为学校跨越式发展做出了突出贡献，成为当时山东省乃至全国高校后勤改革的一面旗帜。

一、勇立潮头为人先：稳步实现从利益调整到机制转换

事业的伟大不仅在于目标的壮丽，更在于过程的丰富与生动。20 世纪末，

高等教育事业由精英教育转向大众化教育阶段，随之带来的是对高校后勤保障能力和服务水平的严峻挑战。聊城大学作为一所地处经济欠发达地区的省属普通院校，后勤服务能力不足与学校快速发展之间的矛盾，在当时表现得更加突出。没有富庶的经济环境可利用，也没有特殊的历史文化优势可依凭，学校发展过程中遇到的种种困难如何解决？"改革应从内部始，发展要向变中求"，这成了聊城大学党政一班人久思之后的共识。但高校后勤社会化改革还属于新鲜事物，放眼全省乃至全国高校，没有现成的路子可走。沐浴着改革开放的春风，聊城大学解放思想，大胆探索，勇于创新，率先在后勤社会化改革上进行了以利益调整和机制转换为核心的两个大阶段的逐步探索。

在以利益调整为核心的起步阶段，聊城大学首先在校园绿化管理上推行了绿化定额承包，以合同和契约的形式与承包人签订绿化服务协议，根据为学校提供服务的数量和质量支付服务费，多劳多得，优劳优酬。随后，这种单项经济承包又逐渐发展为综合定额承包，实行的范围也逐步扩展到整个后勤部门。同时在内部用工制度和分配制度改革、企事分离和政企分开等诸多方面由点到面、由浅入深地进行了有益的尝试和积极的探索。本次以利益调整为核心的高校后勤改革，初步打破了"平均主义""吃大锅饭"的福利性、单一行政管理型的后勤体制，降低了运行成本，减少了资源浪费，提高了经济效益，更为重要的是改革恢复后勤服务是"商品"这一本来面目，后勤人解放思想禁锢，转变观念，树立了改革意识、发展意识、服务意识和市场经营理念，为进一步深化后勤社会化改革积累了宝贵经验，创造了良好条件。

但是，这种改革和资源配置方式仍属计划经济性质，基础设施仍相当落后，各项制度不完善，监督制约机制和监管措施不严密，管理尚处在粗放型阶段，后勤保障体系仍很薄弱。在随后进行的以机制转换为核心的全面发展推进阶段，聊城大学提出了坚持教育功能、服务功能与经济功能相统一和因地制宜的改革原则，按照"统筹规划、分步实施、重点突破、全面推进、小步快跑，稳中求进"的方针，分六个阶段开始了一个地方性普通院校后勤社会化改革的艰难而辉煌之旅：

第一阶段，1996~1997年，学校将当时的总务处下属的14个科室，划分为管理服务型、有偿服务型、经营服务型三种类型，初步打破了福利性、行政管理型的后勤体制，引入了市场与经营的新理念。第二阶段，1998~1999年，在原来"一处三制"的基础上，构建了后勤"小机关多实体"的格局，对各实体变拨款制为收费结算制，实现了实体与学校行政机构的分离。第三阶段，2000年，把多个后勤实体化零为整，合并为校园管理中心、生活服务中心、东校区后勤管理中心三个大实体，统一由学校后勤管理办公室管理，构建"小机关大实体"的格局，开始向甲方乙方的管理模式过渡。第四阶段，2001年，组建后勤服务产业集团，实行董事会领导下的总经理负责制，后勤管理办公室行代表学校行使"规划、监督、管理、服务"的小机关职能，初步确立了学校与后勤甲乙方关系的新型管理体制。第五阶段，2002~2005年，后勤服务产业集团成建制地从学校行政事业编制中剥离，模拟企业运行机制，积极参与社会市场竞争，努力开拓校内市场，真正做到了自主经营、自负盈亏、自我发展。第六阶段，从2005年下半年起，以"建设节约型校园"为抓手，探索构建新型高校后勤科学管理体系和服务保障体系。

经过一步一个脚印、一个阶段一个阶段地向前推进，六轮改革之后，聊城大学探索出了一条符合聊大实际，符合高校后勤改革方向的成功之路，为学校的改革和发展提供了坚实的基础。

二、奋楫前行满眼春：高质量担起"服务"和"育人"使命

"为者常成，行者常至。"聊城大学后勤社会化改革，改变了过去完全靠国家投入、学校办社会的高校后勤管理模式，促进了办学模式的转变和教育资源的优化配置，减轻了学校的负担，提高了学校办学活力，取得了巨大成绩，多次获得国家级和省级的奖励和表彰，先后有80余所省内外高校前来"取经"，《人民日报》《中国教育报》等媒体都给予专门报道。通过改革，师生对后勤系统的建议声逐渐代替了责问声，表扬声又逐渐超过了建议声，每一项工作都做到了事事有人管、件件有着落，校园美了、满意度高了。如今，每一个走进聊城大学的人都会为她的美丽清新、洁净雅致所叹服，应该说这是聊城大学后勤社会化改革最直观的效果。

通过改革实践：

1. 彻底打破了落后的后勤模式对学校快速发展所形成的体制机制等方面

的障碍性制约，促进了教育资源的优化配置，提高了学校的办学活力，有力地支持和支撑了学校的快速发展，后勤不再是学校发展的瓶颈。通过改革，后勤与学校由一体变成了供求两端，使后勤工作步入市场化运作轨道，激发了后勤职工的工作积极性、主动性，增强了后勤服务保障的能力，提高了后勤服务的质量和效率，同时也把学校主要领导从繁重的后勤事务中解脱出来，使他们能够轻装上阵，集中精力做好科研、教学、学科建设、人才培养等工作，提高学校的教育教学水平。可以说，学校这些年的辉煌发展，与后勤战线的不断改革、有力支撑、突出贡献是分不开的。

2. 促进了后勤人思想观念和职业态度的转变，解放了后勤的生产力，激励了广大后勤干部职工的工作主动性和干事积极性，增强了后勤服务和保障能力。通过改革，后勤工作者在为教学、科研提供了优质服务的同时，一跃成为学校的建设者、支撑者、推动者，昔日的瓶颈一跃成为学校发展的强有力的支撑点，而且最大程度上节约了学校的办学成本，减轻了学校的负担，提高了学校办学活力。

3. 后勤集团模拟企业化运营，在用人办法、资金筹措、日常运营与管理、内部分配与激励制度等方面，不断深化改革，加强自身建设，努力适应市场经济规律，逐步按照现代企业制度的要求，建立起规范严密、有序高效、机制灵活的管理模式和运行机制。

4. 集团与下属部门签订目标管理责任书，以目标管理和经济承包责任制的方式充分挖掘人、财、物的潜力，节约了成本，减轻了学校财力负担。

三、逐梦前行谱新篇：打造新型后勤保障监管标准体系

"志行万里者，不中道而辍足。"随着中国特色社会主义进入新时代，高等教育领域的主要矛盾从有没有大学可上上升为有没有好大学可上；高校后勤领域的主要矛盾，转化为师生日益增长的美好校园生活需要与后勤服务水平和保障能力不平衡、不充分的发展之间的矛盾。学校师生对美好校园生活的向往，就是后勤改革的奋斗方向。高等教育"双一流"建设大背景下，进一步提高服务水平和保障能力，满足广大师生日益增长的多样化和个性化的服务需求和高水平的保障需要，这是"新时代"赋予高校后勤人的新使命。

在这样一个关键时刻,聊城大学党政班子清醒地认识到,新形势下,尽管取得了可喜成绩,但随着高等教育形势发展的不断变化,学校现行的后勤服务管理模式已无法完全适应内涵发展的需要,后勤用工模式和服务运营方式亟须改变,改革中新形成的后勤保障体系还不完善,距产业化、集约化、专业化的要求还有很大差距。聊城大学后勤社会化改革必须顺应时代要求,从零开始重整行装再出发,继续深化改革,强化市场竞争,引入新资源、新模式、新业态,以更大决心、更强力度、更高标准、更实举措,努力推进新时代新型后勤科学管理体系和服务保障体系建设。

明确目标方向,才能砥砺前行。2018年3月8日,乘借十九大东风,聊城大学召开后勤社会化改革推进会,正式启动了新一轮后勤社会化改革,开始了聊大后勤人的"二次创业"。与前六轮后勤改革的主动选择相比,新一轮改革是外部发展环境倒逼的结果,是满足学生、教职员工对美好生活的向往需要,是适应社会用工制度变化,优化育人教研环境,而必须做出的必然选择。目前,学校正全力按照"12345"的思路和目标推进新一轮后勤社会化改革:实现一个目标,直接引入社会力量,由市场提供服务,完全实现后勤社会化,建立让师生满意的后勤育人和服务保障体系,在为师生提供优质后勤服务的同时,为学校发展提供重要支撑;坚持育人主线和责任主线这两条主线;解决好规范用工、管理与经营分离、划清大学与社会在后勤服务保障中的边界"三个关键问题",稳步实现从粗放式向专业化转化、从自我服务向自我服务与外包服务相结合转化、从服务育人向服务与保障体系相结合育人转化这"三个转化";努力推进"四化建设",做好后勤服务的专业化、后勤管理的规范化、考核评价的标准化和运营维护的精细化;牢固坚持五个基本原则,即以人为本的原则、市场取向原则、求真务实原则、优化配置资源原则和蹄疾步稳的原则,实现后勤服务和保障上水平、上品味、上层次、上境界。

自2018年初学校召开会议下发《聊城大学关于进一步深化后勤社会化改革的意见》文件以来,这项被列为后勤服务中心2018年"一号工程"的新一轮后勤社会化改革就一直在稳健地向前推进。6月份,学校完成了首批托管食堂和校园物业管理外包的政府采购招标工作;7月份,学校托管食堂开始装修改造、物业公司进驻对接;8月底,重装后的托管食堂陆续投入使用,校园物业外包服务正式启动。截至目前，各项外包业务运营良好，得到师生普遍好评，可见可感的实质性改变正在发生。其中重装开业后的楠苑餐厅，颜值爆棚成"网红"，关注度"10万+"，对我校整个餐饮的定位提高了一个档次。托管成功与否让学生说了算，营业额是最好的证明：楠苑餐厅日均营业额由原来不足4万元增加到现在的7万元。

到本轮后勤社会化改革完成时，聊城大学后勤服务保障体系将再一次实现"华丽转身"：一是终止现行的校园建设与管理处、后勤服务中心二者的甲乙方关系，形成后勤服务中心与入校企业的监管—服务关系，学校自办后勤的历史将基本结束，"左右手"模式带来的监管偏软的问题也将得到解决。二是后勤服务保障工作不再按照模拟企业化运营，而是变自主经营为服务外包，引入数家社会企业提供服务，形成竞争机制，企业自主经营、自负盈亏，在财务、人事上与学校完全剥离，学校不干预企业的经营行为及盈亏情况，在减轻管理压力的同时强化监管的权利。三是后勤服务中心的人事、财务等将收归学校统一管理，中心完全转制为学校部门，工作运行纳入学校整体管理体系，同时通过中标企业接收、双向选择、依法用工等方式安置好现有聘用工。四是中心转变工作角色，"服务员"真正变身"管理员"，致力建立具有我校特色的监管标准体系，制定严谨细致的监管制度，督促进驻企业按照合同约定严格落实，同时履行对食堂经营的监督、检查、考核、处罚等权利，切实保证并提高后勤服务的质量。

百舸争流，破浪者领航；千帆竞发，奋勇者争先。40年改革开放，高等教育事业的复苏与发展是这场变革中很具代表性的一个领域，而聊城大学后勤社会化改革的推进，则是我国高等教育改革发展的一个缩影。新时代的聊城大学和后勤社会化改革正扬帆起航，以新时代全国高校本科教育工作会议精神和双一流建设为引领，为开创各项工作新局面提供强大动力和有力保障，在改革开放40周年的历史时刻，以更精彩的答卷不负新时代。

深化后勤改革　提升服务质量
全力打造一流后勤保障体系

——郑州大学后勤改革纪实

杨国战　闫　冰　焦海浩

郑州大学地处中原腹地，由原郑州大学、郑州工业大学、河南医科大学于 2000 年 7 月 10 日合并组建而成，是一所涵盖文、理、工、医等 12 个大学科门类的综合性大学，有专职两院院士 7 位，是我省唯一的国家"211 工程"重点建设高校，也是我省惟一一所入选国家"中西部高校综合实力提升工程"的高校，2017 年郑州大学成功入选国家"双一流"大学建设序列。

校本部包括新校区、南校区、北校区、东校区四个校区，总占地面积 5700 余亩，总建筑面积 240 万平方米，现有各类全日制在校生 7.2 万余人。植根博大精深和沉稳厚重的中原文化，形成郑大人"包容宽厚、奋发进取"的优良品质，传承和弘扬源远流长的特色文化，三个老校区的特色文化长期积淀与升华，孕育了"求是担当"的郑大使命与精神，形成"笃信仁厚、慎思勤勉"的郑大校风。

作为一所多校区、多学科的综合性大学，我校后勤工作实行"一甲多乙"的管理体制，四校区一体化运行。甲方后勤管理处代表学校行使管理、监督职能，乙方以后勤集团为主，承担着校内大部分的后勤保障任务，同时吸引社会企业参与提供后勤服务保障。

一、郑州大学后勤集团总体介绍

郑州大学后勤集团成立于 2001 年 5 月，四校区一体化运转，工作范围涉及饮食服务、水电暖保障、宿舍管理与服务、通勤车运行、通讯保障、校内维修、校园绿化保洁、开水供应、洗浴服务、幼儿教育等，为我校教学、科研和近8万名师生员工的生活提供后勤保障。后勤集团现有各类员工2000余人，正式在编职工330余人，设有一室三部、七个服务中心、三个幼儿园和五个公司，以及后勤集团控股的育博学生生活服务公司和自筹资金注册成立的具有独立法人资格的郑州郑大思创后勤管理有限公司。

近年来，学校不断深化后勤改革，促进了后勤各项事业的长足发展。在运行机制上，实现了后勤经费"拨"改"付"，实现了后勤由保障型向服务型、经营型转变。在改革进程中，后勤集团建章立制、创新发展，以打造"专业、优质、高效、便捷"的后勤服务保障体系为目标，以师生满意为导向，以绩效考核、区域联合采购、数字化后勤为标志，实现了服务质量、管理水平、工作效益的同步提高，服务水平和保障能力显著增强。

二、深化管理体制改革，努力构建一流的后勤保障体系

2001年，学校将原总务处分为甲乙双方，即后勤管理处和后勤集团公司，建立起了全新的管理体制和运行机制，在对后勤成本进行科学把握的基础上，2010年起，甲乙方以服务协议的形式，约定后勤服务的范围、标准与价格，实现了后勤经费的契约化管理。

为进一步降低后勤成本、提高资源配置效率，郑州大学积极推进后勤社会化改革。2001年，学校与社会公司联合成立了具有独立法人资格的郑新学生服务有限公司，学校控股30%，社会公司控股70%，严格按照现代企业制度运行，服务范围涵盖饮食、学生公寓、商业网点，以及与师生生活相关的配套服务等。后勤集团也在内部建立了模拟企业化运作的育博学生生活服务公司，其中学校控股30%，后勤集团控股70%，实行董事会领导下的总经理负责制，自主经营、独立核算、自负盈亏，取得了良好的经济效益和社会效益。在育博公司成功运作的基础上，2012年后勤集团自筹资金，注册成立具有独立法人资格的郑州郑大思创后勤管理有限公司，规范灵活地为师生提供后勤服务，为河南省省内高校后勤事业的可持续发展提供了良好借鉴。

三、强化制度约束，加强廉政建设，稳步提升精细化管理水平

一是完善监督制约机制，严格落实党政联席会和总经理办公会制度，对

重要问题、重大事项、重要任免和大额开支一律经过集体讨论,提高决策的民主化、科学化水平。二是改革后勤财务管理体制,集中管理财务,实行全成本核算,推行企业会计制度,通过企业化管理、市场化运行提升成本意识、核算意识、效益观念,校拨经费的使用效益在不断提高,后勤运营逐步进入良性循环。三是加强重点环节监控:如坚持采购和招标工作透明化,先后制定和认真落实《后勤集团采购招标制度》《郑州大学后勤集团物资集中采购供应管理规定》等,凡千元以上的采购都要进行招标或询价,同时必须有两个部门以上人员参加,确保了采购价格最低,质量最优;如制定《后勤集团工程管理办法》和《后勤集团零星维修材料使用管理办法》,明确工程责任主体、工程收益以及零星维修材料用途等,用制度有效制约各种经济往来行为。四是始终坚持以师生为本,不断强化作风建设。后勤工作涉及面广、服务领域宽,与师生生活密切相关,从业人员作风的好坏直接影响着各项保障工作的质量。后勤集团从强化作风建设入手,不断开展各项教育活动,将作风建设贯彻落实到实际工作中去,确保作风建设取得实效。2009年,后勤集团先后做出了"三大纪律六项注意"和"禁酒令"等规定,刚性规范职工从业行为,并将作风建设与后勤集团各项工作的落实结合起来,开展一系列人性化服务赢得了师生的广泛好评。

四、创新运行机制,推行绩效考核,激发队伍整体活力

(一)坚持岗位管理、拓宽用人渠道,提升后勤队伍整体素质

2009年起,在后勤集团内部实行全员竞聘上岗,在核岗定编的基础上,把上岗条件、岗位职责、处罚措施及岗位津贴标准明码标价、同时公布,鼓励重要岗位有能者居之。与2006年相比,在后勤工作范围增加的情况下,2009年核定的岗位总数压缩300个,尤为重要的是,通过公开、公平、公正的竞聘上岗,树立了"人员向一线流动、待遇向一线倾斜、干部从一线提拔"的用人导向,极大地激发了干部职工队伍的活力和创造力,为实现岗位管理奠定了重要基础。

在学校用人渠道基本封闭的情况下,为改善后勤队伍人才结构,后勤集团以内部人事代理的形式,自2009年起,每年根据人才需求制订招聘计划,

吸纳懂技术、会管理的研究生、本科生 200 余人充实到后勤队伍中，经过一线锻炼后，与正式职工一起竞聘，目前已经有一批人员走上了管理岗位和重要技术岗位，"以感情留人、以待遇留人、以事业留人"的做法为后勤的改革与发展积蓄了力量。

（二）加强标准化管理，持续提升后勤保障能力

为加强标准化管理，2006 年，后勤集团在全国高校中率先通过了 ISO9001 国际质量管理体系和 HACCP 食品安全管理体系认证，统一工作标准、规范工作流程，通过每年开展的内部审核和外部审核检验体系运行情况，取得了良好效果。

2016 年，在四个校区 22 个食堂全面实施"六 T"管理，将绩效考核、双体系要求与"六 T"管理实务有机融合，有效提升餐饮工作效率，确保饮食安全。2018 年，又在管理的 80 栋学生宿舍楼中推行"六 T"管理，通过环境美化、管理升级提升服务育人成效。

（三）推行全员绩效考核，激发后勤队伍整体活力

2009 年，后勤集团以分配制度改革为切入点，在后勤工作中全面实行绩效考核，将双体系要求内化为日常考核的依据，逐步建立业绩导向型的分配激励机制，后勤队伍整体活力得到了显著提升。

在绩效考核体系的总体设计上，后勤集团兼顾目标管理与过程控制。目标管理即后勤集团将年度后勤服务协议细化后，和下属各单位签订双目标表责任书，明确各单位本年经济目标和社会目标。经济目标的设立依据：一是后勤服务协议中的硬杠杠；二是要参考去年经济目标，遵循"大于等于去年"的原则，争取每年都有所提高。服务目标主要是根据双体系认证的要求，对有效投诉率、顾客满意度、设备完好率等进行硬性规定。各单位双目标履行情况由财务部和质量监控与人力资源部年底进行考核，根据考核结果确定本单位年度绩效工资总额。

过程控制主要通过对职工的考核来实现，通过绩效工资对职工形成有效激励，实现了"同岗同酬、薪随岗变"的管理需求。职工绩效工资由基础性绩效工资和奖励性绩效工资组成。基础性绩效工资由后勤集团依据职工所在岗位的重要性及承担责任大小、技术含量高低设置相应的岗位责任系数来决

定。不同岗位的岗位责任系数不同，同一岗位上工作年限、技术等级不同，岗位责任系数也有差别，充分体现了"效率优先、兼顾公平"的分配原则。

奖励性绩效工资由职工个人业绩决定，个人业绩的评判依据则是后勤集团岗位量化考核细则。针对双体系认证中对各岗位的职责要求，后勤集团近200个岗位每个岗位都制订了一套考核细则，明确劳动纪律、仪容仪表、协调沟通、规范管理、安全生产、优质服务及奖励加分七大考核指标体系。考核实行百分制，每个岗位的考核指标多达一百多项，根据重要程度对每个指标赋予分数，若未达标，则扣除相应的分数，如符合奖励加分条件，也可进行加分，将岗位要求与职工业绩进行了量化，奖惩结合、操作性强。

为确保考核结果真实有效，后勤集团建立了自上而下的三级考核体系。一是坚持后勤集团领导检查制度，每天抽查关键控制点，对检查中发现的问题立即进行整改，责任追究到人。二是质量监控与人力资源部按照服务目标要求，对各单位服务质量进行检查，财务部定期通报各单位经济目标完成情况。三是各单位的绩效考核小组负责本单位的日常考核，对职工的日常工作进行考核打分，直接与职工薪酬挂钩。运行9年来，绩效考核已经深入人心，在后勤职工中树立起争相提高工作业绩、提升服务水平的优良作风；对工作流程的全面规范，在集团内部建立起了安全生产的长效机制，保证了饮食安全、消防安全、交通安全、幼教安全和动力保障安全，后勤集团未发生一起重大安全责任事故，后勤系统的平稳运行为学校和社会的稳定做出了积极贡献。

五、立足实际、大胆创新，切实发挥郑州大学在河南高校后勤工作中的引领示范作用

（一）探索饮食工作新途径，为高校安全做出积极贡献

郑州大学充分发挥在河南省省内高校中的引领示范作用，连续11年牵头举办郑州市高校区域联合采购，联合郑州市36所高校对涉及近50万名学生饮食保障的米、面、油、肉等八类饮食原材料进行公开招标，通过"抱团取暖"的规模优势，降低采购成本，11年来节约伙食成本超千万元，对稳定食堂饭菜价格体系起到了积极作用。在此背景下，郑州大学后勤集团根据教育厅要求，以高度的责任感和使命感积极推进河南省高校伙食原材料联合采购

平台建设。目前已经完成了前期调研和平台架构设计，根据计划，全省联合采购平台中心将建于郑州大学，服务于河南省省内高校，提升餐饮抗风险能力。

为进一步降低采购成本，从2010年开始后勤集团积极响应教育部号召，准确分析市场变化，在科学预测的基础上进行预购，大胆尝试农校对接，食堂所需农产品30%直接由农产品基地供应，价格比郑州市大型农产品批发市场便宜10%以上，有效降低伙食成本，2012年郑州大学荣获全国高校"农校对接"与学生食堂采购工作先进院校称号。2016年与新乡市原阳县贫困村李堤村建立长期合作关系，帮扶建设蔬菜基地，精准扶贫的做法获中央电视台报道。

为进一步提升餐饮服务水平，后勤集团通过节约化生产、多样化经营，不断改革工作模式，稳步推进饮食工作，食堂布局由2006年的基本大伙，发展到2008年的基本大伙+风味美食，2010年增加了特色品种、酒店餐饮，2013年开办河南省高校首家自选餐厅，2015年8月，河南省高校首条自动化米饭生产线在郑州大学投入使用，用灵活的餐饮服务满足师生多样化的就餐需求。2016年，郑州大学后勤集团被评为"全国高校伙食工作先进集体"，后勤职工张国发获"高校后勤伙食工作先进工作者称号"。

（二）打造"智慧后勤"，不断提升后勤信息化建设水平

郑州大学后勤工作点多线长面广，传统的管理手段和方法，难以满足师生对美好校园生活日益增长的服务诉求，为确保后勤保障体系高效有序运转，后勤集团以打造"智慧后勤"为目标，以信息化建设为手段，先后建设校园一卡通系统、后勤服务维修平台、后勤服务监督平台、微后勤服务平台、智能餐盘结算系统、智能快递收发系统、后勤餐饮管理系统、后勤运维物资管理系统等二十余项信息管理系统，不断提升后勤服务质量和精细化管理水平，有效降低后勤运行成本，后勤集团每年满意度调查均达98%以上，得到了媒体和省内高校同仁的高度关注，《河南日报》、凤凰网、大河网等多家媒体就郑州大学后勤信息化建设进行了专题报道。

2015年12月在由中国教育后勤协会主办的"中国教育后勤互联网大会"上，郑州大学被评为"全国高校后勤信息化建设工作十佳优秀示范单位"，副

总经理魏新兴被评为"全国高校后勤信息化建设突出贡献人物"。2017 年，郑州大学以"智慧校园背景下互联网+后勤的实践与探索"为题，在两岸四地大学校园服务与管理高峰论坛上做经验交流。

六、凝练后勤文化，打造持续竞争力

郑州大学后勤集团坚持以师生为本，在改革与发展中逐步形成了以"管理精细、保障有力、服务至上、发展共赢"为核心的企业文化，通过文化建设引领服务质量、管理水平、工作效益同步提高。后勤集团坚持用良好的文化陶冶人，丰富多彩的集体活动不仅深受职工喜爱，而且在校内备受赞誉；坚持用优秀的文化引领人，以建章立制为基础，不断提升保障能力与服务水平，带领职工将服务标准内化为统一的价值取向，营造良好的干事创业氛围；坚持用和谐的文化培养人，坚持开展职工能力提升工程，全面提升后勤队伍综合素质，充分展示职工个人价值，实现共赢；坚持用生动的文化服务人，创新服务育人手段，通过文化建设指导服务型、节约型、创新型建设，后勤文化成为校园文化中的闪光要素。后勤集团党委 2011 年被评为河南省高校先进基层党组织，在 2016 年中国教育后勤文化建设与人力资源管理专业委员会年会上，郑州大学获得"高校后勤文化建设先进院校"称号。

十数载风霜砥砺、十数年春华秋实，郑州大学后勤事业坚持在改革中求发展，在发展中保稳定，与兄弟院校积极展开互动，在交流中创新管理理念与经营方式，"郑大后勤"的影响力不断提升。我们坚信服务没有止境，改革永无终点，在今后的工作中，将借鉴兄弟院校的先进经验，不断提升服务质量和保障能力，引领广大职工为学校"双一流"建设做出积极贡献，为高等教育的发展贡献力量。

改革创新 不断探索 积极构建
与一流大学建设相适应的后勤保障体系

——西安交通大学后勤社会化改革实践

程建设 张西亚 王曦苑

改革开放40年来,为不断改进后勤保障服务工作,增强服务师生、服务教学科研的能力,西安交通大学根据全国高校后勤改革的精神,坚持后勤社会化改革方向和服务育人宗旨,解放思想、转变观念,以提高后勤保障能力和服务质量为核心,以体制机制改革为重点,结合学校实际,不断探索、实践,积极稳步推进学校后勤社会化改革。

一、实行"小机关、多实体"模式,积极探索后勤社会化改革

1992年,学校后勤在任务和经费承包为主体的单项承包责任制基础上,撤销了原来的总务处和伙食管理处,成立总务办,代表学校对总务后勤行使行政管理职能。同时提出转换机制,深化改革,坚持走内涵发展道路的思路,逐步实行了"小机关、多实体"的管理体制。通过改革,总务办机关精简了23%的部门,17个行政科归并为8个中心(部),并根据各中心业务与经济活动范围,将8个中心划分为"经营型实体""经营服务型实体"和"管理服务型实体"等三种服务实体,引入企业化管理。改革初步实现了事企分开、管理职能与服务实体的分离,调动了后勤职工的积极性,拓展和丰富了后勤服务的内容和空间。

1998年,为理顺关系,学校撤销了原总务办公室,成立了后勤管理办公室。作为甲方代表学校对校内后勤进行规划建设、经济核算、质量监控、协调指导;对外代表学校行使后勤行政职能。后勤管理办成立后,在全校范围

内公开招聘管理人员和职工，把竞争机制引入后勤管理。改革后的后勤各中心拥有独立的人事权、财务权及物资调配权，实行收支两条线，与学校财务处直接结算。新体制大大地调动了各中心的积极性，它们一方面不断提高服务质量，降低成本，另一方面积极发展经营服务项目，做到了社会效益和经济效益双丰收。

二、组建后勤产业集团，全面推进后勤社会化改革

2000年，学校贯彻全国高校后勤社会化改革工作会议精神，全面推进后勤社会化改革。学校以3000万元资金，登记注册西安交大后勤产业有限公司，以此为母体，组建了后勤产业集团，学校后勤社会化改革取得突破性进展。

成立后勤集团后，学校明确后勤管理处作为学校的职能部门，代表学校对后勤进行"规划建设、质量监控、经济核算、组织协调"，与后勤产业集团形成了甲乙方关系。后勤管理处在成本核算的基础上，制订出学校后勤服务的服务标准、核算办法与考核办法，建立了学校"后勤服务质量标准""后勤服务质量评估办法"及"后勤服务承诺制"三位一体的新型后勤服务保障体系。实现了后勤经费拨款制向服务收费制的转变，建立了新型的后勤服务保障运行机制。

后勤集团遵循"产权分离、资源整合、统一品牌、分散经营、立足高校、走向社会"的发展方向，注册了"交大康桥"商标，集团的所有企业逐步更名为康桥系列；按照现代企业制度及专业化服务的要求，完善法人治理结构，不断规范企业管理模式，建立了现代母子公司制的管理模式；优化后勤产业结构，初步形成了行业特点突出、结构合理的教育服务业产业群体，建立健全了企业的人事、分配、财务等企业机制。在积极保障学校后勤服务的同时，经受市场经济锤炼，根据校内外市场的变化，以服务求生存，以经营求发展，以品牌打市场，以机制保高效，以管理增效益，不断推陈出新，面向市场打造"交大康桥"品牌，使得我校后勤社会化改革取得明显成效，不仅打开了制约学校发展的"瓶颈"，提高了后勤服务的质量和水平，得到了广大师生的认可，也得到了上级单位和全国各地高校同行的赞扬。集团通过投资和开发

具有战略意义的新市场，运营资本，经营品牌，拓展服务项目，合理调配资源，不断寻求和培育新的经济增长点，在实现社会效益的同时，实现产值近3个亿。

三、实施分类管理，进一步优化后勤社会化改革

2004年，在对国内外高校后勤进行调查、研究的基础上，结合国家后勤改革的相关政策，学校因地制宜、因校制宜，深化后勤改革，研究出台了《西安交通大学关于加强校园后勤保障工作的意见》。此次改革考虑到运行管理的规范便捷，对后勤产业集团的业务实施分类管理，即完全进入市场和社会化的业务以康桥集团名义对外规范经营，按照现代企业制度要求强化企业管理，完善企业运行，积极参与校内校外服务市场竞争；对校内服务的饮食、水电暖、绿化卫生、学生公寓的实体组成新的后勤服务中心。坚持"两变两不变"，即组织形式发生变化、服务方式发生变化，产权关系不变、人事隶属关系不变。形成了"一体两环"的后勤架构。学校后勤管理处与新的后勤服务中心形成甲乙方关系，新的后勤服务中心实施全成本核算，以合同的方式承担学校的后勤服务保障工作。

2007年，学校结合校情和国外先进经验，适应高校后勤社会化改革发展趋势，积极引入"大物业"理念，将原"后勤管理处"与"机关事务服务中心"合并组建"校园事务与物业服务处"，继续作为我校行政职能部门，行使对后勤工作的管理职能。以校内后勤服务中心为基础，组建具有独立建制的校园物业服务型实体，即"交大校园物业服务中心"，与引进的社会物业服务企业共同承担校内物业服务工作。

实行分类管理，较好地兼顾了高校后勤的市场属性和教育属性。在此期间，学校后勤按照学校"运行平稳，保障有力，规范快捷，师生满意"的总体要求，坚持"以人为本"的服务理念，减少服务环节，简化服务程序，为学校教学科研及师生生活提供了优质高效的服务保障。

四、成立后勤保障部，构建与一流大学建设相适应的后勤保障体系

2015年底，为进一步改进后勤保障服务工作，积极构建与一流大学建设

相适应的后勤保障体系，增强服务师生、服务教学科研的能力，学校党委常委会审议通过了《西安交通大学深化后勤改革方案》。

（一）改革思路与目标

1. 改革思路。提高对构建与一流大学相适应的后勤保障体系的认识，明确后勤是学校创建一流大学的重要组成部分及有力支撑和可靠保证；建立一个既能严格把控，又能够随着外部市场成熟程度伸缩自如、进退有度的后勤管理架构；构建一支素质精良、业务精湛、高效精干的后勤骨干队伍；构建学校、后勤和师生广泛参与的监督体系，加强良性发展的后勤文化建设，切实提高后勤服务效能；通过改革财务管理，支持转型期的后勤轻装上阵，进入良性发展轨道。

2. 改革目标。通过改革管理体制、转变运行机制、强化监督和队伍建设，切实解决好当前后勤工作中存在的突出矛盾和问题，构建"体制顺畅、机制灵活、队伍精干、智慧管理"并与满足一流大学建设相适应的新型后勤服务运行体系；达到师生员工满意、学校领导满意、后勤职工满意的"三满意"格局；实现学校第十二次党代会提出的"建设反应迅速、保障有力、服务优良、监督有效的后勤保障体系"目标。

（二）改革任务与措施

1. 管理体制改革。实行"大部制、大后勤、大服务"管理体制，在整合调整原校园事务与物业服务处、后勤物业服务中心和住房与社区管理处现有职能的基础上，成立学校后勤保障部，代表学校履行后勤管理服务职能，按照"部统筹规划与协调、各中心独立核算、强化过程监督与目标考核"的机制运行。

后勤保障部内设综合、质监、项目3个管理办公室，组建饮食服务中心、物业服务中心、能源服务中心、雁塔校区综合服务中心等4个实体中心以及住房管理处、校医院、曲江校区管理办公室等3个二级单位。校财务处设立后勤核算中心，负责后勤保障部的财务管理与会计核算。

成立后勤保障部党委和纪委。后勤党委是学校党委领导下的基层组织，主要负责后勤系统各中心目标任务考核、干部聘任、财务与服务质量监督、队伍建设、文化建设和党风廉政建设工作，为后勤健康发展提供组织保证和监督保障作用。纪委在协助党委做好以上工作的基础上，主抓后勤党风廉政建设，负责后勤管理和服务的质量监控。

2. 运行机制改革。后勤保障部党政联席会议是学校后勤管理工作的决策机构，集体讨论决定后勤人事、财务、队伍建设、思想政治工作和行政管理等重大决策和重要事项。各服务中心实行主任负责制，实行成本独立核算、"企业化"运作，但不单独设立财务。逐步、适度、有序地开放后勤服务市场和校内市场，有计划地选择优秀的社会企业参与竞争机制，增强后勤活力，提高服务效能。强化后勤服务成本核算，建立市场决定和公益性补偿相结合的后勤服务价格体系。

3. 监督机制改革。强化学校对后勤保障部的监督与管理，加强学校纪委对后勤的监管，成立后勤财务核算中心统管各项财务会计，定期接受学校审计和绩效评估。加强后勤保障部对各服务中心的监管，签订目标责任书，实行全程、全员、全方位监督，发挥后勤党委、纪委的监督作用。发挥师生监督作用，建立后勤服务监督台，由离退休人员为主组成监督队，发挥学生伙管会、学生宿管会、学生医委会等的监督检查作用，利用数字后勤平台及时改进工作。

4. 后勤队伍改革。目标是打造一支素质精良、业务精湛、高效精干的后勤骨干队伍。将后勤管理和技术骨干队伍纳入学校整体队伍建设规划，确保后勤核心队伍的相对稳定。到2020年，将后勤事业编制人数控制到325人左右，其中管理及技术骨干队伍为148人。从长远发展考虑，随着事业编制人员的自然减员，以及社会化外部服务资源的日趋完善，学校最终控制后勤核心骨干人员的事业编制数量。

5. 打造智慧后勤。随着师生员工对后勤服务便捷性、多样化需求的日益提高，"互联网+"促使高校采用信息化、大数据、智能技术等手段建设的"智慧后勤"应运而生。要加大"智慧后勤"建设，建成一个智能化程度较高、功能较齐全的"后勤信息化综合管理与服务系统"，提高后勤服务效率和服务品质，降低后勤劳动力成本。新建"网上报修服务与服务监督平台""后勤综合业务管理平台"，完善现有"节能监管平台""智能教室管理平台"及"楼宇监控系统"。

6. 财务管理改革。为保证后勤改革整体目标的实现及改革工作平稳有序推进，对财务管理体制进行改革。设立后勤核算中心，为校财务处内部机构，与后勤保障部及其下属部门建立联动机制，通过有效的财务管理，实现后勤服务成本的有效控制及效益提升，为后勤保障部做好财务分析和数据统计。后勤各中心实行全成本核算，通过调整食堂经营结构，理顺食堂价格体系；优化队伍结构，减员增效；节能降耗，节约水电暖气费；规范后勤服务收费管理；增加后勤造血功能；等等，进行增收节支。

7. 完善制度建设。制度建设是后勤改革顺利进行的重要保证，要按照后勤改革的进程及管理与服务的需要，建立《后勤保障部党政联席会议制度》《后勤保障部中心办公会议制度》《后勤保障部干部聘任与管理制度》等一系列规章制度并严格执行，通过制度建设推进后勤工作制度化、规范化、科学化。

8. 加强文化建设。后勤文化是高校后勤员工坚持服务育人、环境育人，在工作实践中创造的，并且为员工普遍认可和遵循的价值取向、工作作风、行为规范和思维方式的总和，是维系高校后勤事业科学发展的精神源泉和动因。要通过丰富后勤服务内涵，提升后勤服务品位，塑造若干个交大后勤服务精品和名牌；提炼交大后勤管理服务理念；将每年12月确定为"后勤员工学习月"；积极开展后勤作风建设，建立评优创优机制，发挥先进典型的示范辐射作用；组织丰富多彩的文体活动，营造后勤人的温馨家园；加强与学生组织共建活动；等等，加强后勤文化建设。

（三）改革成效

本次改革两年多来，全体后勤干部职工凝聚共识，攻坚克难，落实责任，锐意进取，实现了后勤改革的显著成效和服务质量的明显提升。主要成效有：

1. 后勤保障监督机制基本形成。形成了事事有人管、人人有专责、工作有督查、服务有考核的保障新局面。部与各中心签订的目标责任书，对其履约情况进行监督检查及年终考核奖罚；部、中心质监办公室发挥作用，实行全程、全员、全方位监督，随时随地发现和整改运行中的问题；由离退休人员为主组成的监督队，参与后勤服务质量的监督检查。

2. 后勤各项服务进一步方便快捷。在兴庆校区和雁塔校区开设"综合服务大厅",为师生办理各项后勤业务,接受报修投诉,开展业务咨询;启用"网上报修服务与服务监督平台",方便师生网上报修、手机报修、网上监督后勤服务的全过程。

3. 饮食结构进一步合理,基本实现收支平衡。引入中快餐饮、赵记腊汁肉、旺客记水饺等社会优质品牌,丰富校内餐饮。目前,饮食服务外包营业份额占到51%,初步形成了较为合理的食堂伙食结构(其中,学生基本大伙占60%,风味小吃占30%,经营性餐厅占10%)。加强食堂管理,2017年完成饮食服务收入1.06亿元,基本实现饮食收支平衡。进一步规范管理,将食堂米面油等大宗物资采购纳入学校招标。

4. 社区环境条件明显提升。通过推进新建住房及腾空房申购、老旧楼宇加装电梯等工作措施,极大地改善了教职工的居住条件。通过引进专业物业公司,层层传导压力、夯实责任,提升了社区环境,基本解决了社区内乱搭乱建、地面车辆乱停放等老大难问题。

陕西师范大学后勤社会化改革的探索与实践

张文超

陕西师范大学的后勤改革是对后勤自有的服务机构按照甲乙方模式进行重建,形成企业化运行的体制机制,按照企业化方式运行,以充分发挥原有后勤队伍忠于学校教育事业、熟悉学校师生需求、关键时刻靠得住顶得上的深厚积淀。多年来,在学校正确领导、历届领导持续推进和广大员工聚力奋进下,我校后勤集团在增强后勤保障能力、提高后勤服务水平、满足师生需求、促进学校发展等方面成效显著,走出了一条适应高校后勤社会化改革方向、符合国情与校情的后勤社会化改革之路,为学校事业发展提供了强有力的后勤服务保障。

一、深化后勤改革的背景

1999 年开始,我国高校开始高考扩招。据相关资料统计,当年招生增幅达到 42%,随着扩招人数的不断增加,后勤服务成为高校进一步扩招的瓶颈,通过后勤社会化来化解高校发展在后勤保障上的制约因素成为教育主管部门的新方针。

1985 年《中共中央关于教育体制改革的决定》中提出:高校后勤改革的方向是实行社会化。1995 年 2 月,时任国务院副总理李岚清在讲话中指出"后勤是制约高教发展的瓶颈"。1999 年 6 月 15 日第三次全国教育工作会议上,朱镕基总理又提出了"要把后勤从学校剥离出来,实行后勤服务社会化,鼓励社会力量为学校提供后勤服务"。《面向 21 世纪教育振兴行动计划》中也明确指出"加速学校后勤工作社会化改革,精简分流富余人员。高等学校招生计划的扩大要同学校后勤工作社会化的进度挂钩""争取 3~5 年内大部分地区实现高校后勤社会化"。从此，后勤社会化成为高校后勤改革的方向和目标。

2010 年，《国家中长期教育改革和发展规划纲要（2010 – 2020 年）》明确提出：建设现代学校制度，推进高校后勤社会化改革。2012 年，教育部发展规划司印发的《〈高校后勤中长期改革和发展规划纲要〉课题研究报告》（教司发〔2012〕194 号）明确提出：到 2020 年，形成以"市场提供服务、学校自主选择、政府宏观调控、行业规范自律、部门依法监管"为主要特征的具有中国特色的"新型高校后勤保障体系"，基本实现高校后勤服务的社会化、专业化、现代化；实现职能上"事企分开""管办分离"，高校后勤整体管理水平、服务质量和保障能力显著提高。

二、后勤改革主要实行"甲乙方"模式

后勤改革"甲乙方"模式的特点是将原来的后勤分为两个部分，即代表学校行使管理监督职能的后勤管理部门（后勤管理处或后勤办等）和承担后勤服务保障工作的后勤服务实体（后勤管理总公司或者后勤集团等）。

该模式有两种方式，两种方式的差别主要体现在后勤服务实体上，第一种方式的后勤服务实体是将原有隶属学校的后勤服务部门注册成立为独立法人公司，成为社会企业；第二种方式的后勤服务实体是保持原有隶属学校属性不变，成为实行模拟企业化运行、独立核算的学校行政机构。

陕西师范大学采用的是模拟企业化运行的"甲乙方"模式，被称为"陕师大模式"，是西北高校首家成立后勤集团的单位。

三、"甲乙方"模式的运行过程和内容

（一）"甲乙方"关系的确立

1999 年学校启动后勤改革，将原总务处分为后勤管理处和后勤集团两个部门，分属后勤主管副校长直接领导。

改革后，成立后勤管理处，代表学校行使后勤行政管理职能。同时，按照企业化运行模式组建"陕西师范大学后勤集团"，将原隶属总务处管理的经营实体和服务机构一并划归后勤集团管理。学校对原有后勤房产、设备进行

评估、界定，以租赁的方式委托后勤集团经营，有偿使用（实际零租赁），确保学校的资产保值增值。学校取消对后勤集团的行政拨款，将原后勤经费直接拨付给校内各用户单位，要求后勤集团只能通过承接服务项目和计量收费的形式获得经济收入。

学校与后勤集团确立了"甲乙方"关系，实行"甲乙方"结算模式的管理体制，由后勤管理处代表学校以契约的形式对后勤集团及下属实体的服务范围、标准、质量和价格进行检查、监督和协调。学校支持甲方有序地开放校内市场以形成竞争。

（二）甲方的职责

甲方代表学校行使后勤服务监督职能，主要包括：拟定后勤发展建设规划；制订后勤服务项目招标方案，组织招标；制订以服务质量、服务效率为主要观测点的考核评价体系和分级服务标准，组织实施对服务项目的考核评价和结算工作；代表学校对服务实体进行监督，维护校内消费者的权益；履行对后勤服务的生产安全、食品安全、公共卫生安全的检查监督，防止发生重大责任事故。

（三）乙方的运行

1. 第一次改革。该阶段从1999年至2011年，运行主线为事业单位推行企业化管理，期间有所调整但基调未变，主要有：

组织机构：采用事业部制，按照业务划分设置不同的中心。

用工机制：推行全员岗位聘任制。变人员管理为岗位管理。在明确岗位名称、职责范围、岗位待遇、上岗条件的基础上，从领导岗位至普通员工岗位，一律实行公开竞聘，能者上庸者下。

薪酬机制：实行内部薪资分配机制，实行企业工资制。集团下属部门根据不同的实际情况实行内部工资制度，采取岗位工资、效益工资等多种形式，薪资与工作业绩挂钩，拉开分配档次。

财务机制：实行企业会计核算制度。后勤集团负责对下属中心财务实施宏观管理，各中心实行严格的成本核算制度，自主经营、自负盈亏、自我约束，中心负责人为本中心财务负责人。

管理方式：推行规范化、科学化、人文化管理，大力采用信息技术。

文化建设：构建后勤文化核心内容，以诚信、敬业、科学、创新为精神，以师生至上、服务第一为宗旨，以优质服务求生存、拓展业务促发展、科学管理要效益为经营方针，以坚持为学校教育事业而存在为价值观念。

2. 第二次改革。从 2011 年至今，作为乙方的集团分为后勤第一集团和后勤第二集团。后勤第一集团两次改革的变化，在运行机制上主要有：

财务管理：取消各中心分设的财务，结束各中心负责人管理本部门财务收支的局面；实行财务集中制，由集团成立统一的财务部，总经理为所有财务活动的负责人。

薪酬管理：取消原来差距相对较大的浮动效益工资制，采用上线控制的效益工资制，工资差距相对缩小。

管理理念：认为后勤不再是简单的手工操作，不再是人人可干的一般性工作，不再是无专业性无科学无规范的工作，而是一门专业性很强的学科，是既要付出体力劳动又要付出脑力劳动的工作，更是必须讲科学讲规范讲标准的工作。

管理目标及方式方法：提出并确立"三少一多"的服务目标，即让师生用最少的时间、最少的费用、最少的精力，获得最多的服务，以便把更多的精力投入到教学、科研和享受生活中去。智能后勤、现代后勤、智慧后勤逐渐成为后勤建设发展的主流方向。

饮食方面：推行囊括采购、加工、烹调、售卖、营养分析、膳食推荐六大环节的智慧饮食服务体系，饮食工作强调绿色优先、科学奠基、创新发展。健康、安全、实惠、便捷，已经成为"吃在师大"的鲜明标签。

物业方面：推进社区"生态服务岛"建设，不断深化服务育人实效。以"生态服务岛"为载体，围绕楼宇值班室设置 24 小时自习室、快递、浴室、洗衣机、烘干机、干洗机、熨烫机、开水、西式点心蛋糕凉皮诚信售卖、云打印机、移动售货机、擦鞋机、智能插座、打气筒、针线包、急救包、微波炉等服务功能和项目，推进实现"三少一多"的理念。

以"打菜神器"称量销售为核心，培育节约习惯；以快递盒重复利用，传承绿色环保力量，践行绿色生活理念；深入推进"快递进公寓"，形成"最后一公里"服务链。通过增强供给能力、提升服务质量，不断深化服务育人实效。

党的建设和文化建设：围绕高校人才培养的根本使命和立德树人的根本任务，坚持社会主义接班人的培养方向和学校"用心育才"的理念方针，从与师生生活密切相关的衣、食、住、行入手，打造"三全"育人模式和实施体系。探索、构建"COMT"的后勤育人发展战略，C即Core面向整体，O即Organization面向中心部门，M即Member面向个人，T即Tools面向类人工具，通过核心引领、着力末端，形成包括核心引领层、基础带动层、服务实践层三个方面的育人后勤模式，完善该模式实现的配套实施体系。打造"251"后勤文化综合建设模式，2即核心人员、核心场地，5即关爱激活文化、制度融入文化、工作体现文化、宣传强化文化、载体丰富文化，1即模范带动。

四、后勤改革运行现状

我校后勤改革取得了很大成绩，建立了一套激发后勤人力、财力资源活力的运行机制，良好的改革效应在西北乃至全国产生了广泛影响。

（一）对学校支撑

改革有效解决了我校快速发展带来的后勤保障问题，满足了学校改革发展的需求，降低了学校用于后勤的支出，隔离并分担了后勤运作过程中的风险。在学校对后勤投入有限的情况下，为保证提供高品质的后勤服务，集团固定资产投资累计近2000万元，平衡了通勤车等服务项目的大额亏损，减轻了学校资金压力；通过合同用工方式，减少后勤编制800多人用于教学科研，有力支撑了学校本部用人需求；承担社保、工伤等劳务纠纷赔偿，并逐步实现了全员社保，降低了学校风险；员工人均月工资相比2011年上涨1000余元，员工满意度持续增加；在物价上涨和最低保障工资年均上涨的基础上，饭菜价格与2011年之前相比基本没有提高，广受师生的认可和赞扬。

（二）对师生服务

我校后勤改革满足了师生不断增长的服务需求，在校园环境的整洁、美化，饮食工作的营养、丰富，社区服务的快捷、周到，宿舍楼宇的整洁、温馨上，无不体现着师生至上的服务宗旨。自筹资金建设囊括净菜车间、主食车间、面食车间、米饭车间、豆制品车间、肉食车间、调料车间等的中央厨房，实现了集约化加工生产。自筹资金建立覆盖所有服务区域的高速光纤网络、覆盖所有宿舍的监控设施，保障了学生的财物及人身安全。自筹资金为所有宿舍楼提供开水、洗衣、快递、自习室等服务，同时正在加快推进洗浴服务进宿舍工作。自筹资金建立小木屋、小绿车餐饮服务点，为老教工和退休人员购买粮、油、水、电等提供上门服务，方便了教工生活。

（三）员工管理

集团人力资源部科学管理，规范程序，在人员结构上，注重专业人员的补充；在人员团队力量增强上，采用班组核算，激发凝聚力。本科学历以上人员相比改革前增加2倍，员工数量从成立时的近1300人减少到现在的900人左右，每年可节约人力资源成本1200多万元。物业管理服务面积相比初期增加了16.8万平方米，但服务人员减少43人。同时，困扰集团的合同问题已全部重新签订，社保问题也逐步实现了全覆盖。

（四）财务管理

根据学校改革方案中"学校对各集团实行会计委派制，被委派的财会人员接受财务处和各集团的双重领导，财会业务受财务处统一管理"的要求，集团加强财务管理工作，对原分散各中心的财务实行统一集中管理，改革效果明显。

（五）资产管理

后勤集团财务部加强资产管理，确保原有资产的有效使用，从2011年至今，集团自投新增固定资产近2000万元。

（六）应用研究

近年来，后勤集团出版书籍4部，申请专利12项，获得授权专利5项，获得软件著作权5项，获得陕西省科技厅工业攻关项目1项，发表论文数篇。

（七）校外影响

近年来，集团获得"全国高校后勤十年社会化改革先进单位"称号，在信息化方面获得"全国高校后勤信息化工作优秀示范院校"称号，在饮食方面获得"高校伙食工作先进集体"称号，在物业方面获得"校园物业服务实体（企业）百强"称号，在宿舍方面获得"全国高校学生公寓管理服务工作先进单位"称号,在车辆管理方面获得"交警部门车辆安全示范单位"称号,在原料采购方面获得"全国高校学生食堂采购工作先进院校"称号,在文化建设方面获得"全国高校后勤文化建设先进院校"称号,在节能方面获得"全国高校节能先进单位"称号。申请专利的"打菜神器"受到央视新闻(微博)、《人民日报》(微博)、陕西电视台等近 50 多家媒体宣传报道。"构建'三全'育人格局,推进社区'生态服务岛'建设"的服务育人模式受到国务院教育督导委员会办公室编发的《教育督导决策参考》(〔2018〕第 2 期)和教育部思想政治工作司编发的《高校思想政治工作简报》(〔2018〕年第 11 期)的报道推介。"称量销售"荣获由国家粮食局、农业部、教育部、科技部、全国妇联组织发起的"爱粮节粮之星"称号,是全国 10 家获奖单位中唯一一个获奖集体单位,受到中央电视台、《人民日报》、《中国教育报》、新华每日电讯等央级媒体报道 10 余次。

五、后勤改革深化展望

适应学校"十三五"高等教育改革发展和高校后勤改革形势,依据《陕西师范大学"十三五"发展规划》和《陕西师范大学综合改革方案》,借鉴兄弟高校优秀改革范例,进一步深入我校后勤社会化改革,走陕西师范大学特色的后勤发展之路,是学校深化后勤改革的主要思路。站在新的历史起点上,后勤将始终牢记服务育人的初心,忠诚教育事业,锐意改革,创新发展,为构建师生满意、与一流大学发展相适应的一流后勤而努力奋斗。

面向服务专业化转型的后勤社会化改革创新

——西安欧亚学院后勤改革纪实

任龙刚　王　伟

高校后勤社会化改革指将高校后勤服务纳入社会主义市场经济体制，建立由政府引导、社会承担为主，适合高校办学需要的法人化、市场化后勤服务体系，目标是建立"市场提供服务、学校自主选择、政府宏观调控、行业自律管理、职能部门监管"的新型高校后勤保障体系。西安欧亚学院后勤集团（以下简称欧亚后勤）以学院战略发展为核心，将欧亚后勤工作定位为校园的服务、支持和保障部门，即为学院战略实施提供服务保障，为教学提供服务与支持，为师生提供高品质的校园生活体验。

后勤社会化改革的终极目标并不是甩开后勤这个"包袱"，而是教育回归教学的本质，后勤应立足于教学及教学事务的发展，"以教学为中心，以客户为导向"支持教学，通过后勤社会化改革来实现后勤服务能力与服务效果的提升，向师生提供高品质校园生活体验。在欧亚后勤发展的历程中，始终坚持支持和服务教学的价值链定位，不断探索改进后勤服务，在理论建设、组织建设和行动等方面不断创新，逐渐形成适应高校的专业化后勤服务。

一、理论创新实践

以客户为中心，为客户提供高品质的后勤服务，是后勤信奉并付诸实践的价值理念，以此为核心，根据欧亚后勤自身特点逐步推行后勤服务型、学习型组织建设，以客户导向、结果导向和雇主导向的368工作理念日益完善。

（一）服务型组织建设

在客户导向型企业转型中，内部客户服务部门不仅是单纯地为客户提供售后服务，还承担了为企业创造客户满意度、在企业内部代言客户声音的重要任务。这使得服务部门成为客户导向型企业不可或缺的重要组织机构之一，在一些企业中，为客户提供服务甚至超越实体产品成为企业利润最重要的一个来源。高校后勤作为学校教学和科研的支撑和服务部门，服务是后勤的主要工作，其服务的内容有的是无形的，有些是有形的。

欧亚后勤在对客户和服务的理解基础上提出了服务型组织建设，即以无形的或无形与有型结合的产品和服务为价值载体，向特定的对象提供专业化品质服务。我们认为服务型组织具有客户导向、服务标准规范、服务流程简便、组织边界弱化等特征，并以此为核心进行了服务型组织的建设。

（二）学习型组织建设

人是一个企业核心的灵魂，是企业战略实施的重要保障，传统的观念要求"以人为本"，核心是尊重人、理解人、关心人，学习型组织在此基础上又前进了一步，提出了"以工作育人"的新观念。在西安欧亚学院"创新、创业、创意"的三创精神感召下，欧亚后勤在2016年开始进行学习型组织的创建，定期开展读书培训、知识分享、组织对外学习等各类学习活动，提高全员的创新力，让员工从学习中不断找到自我，找到工作的意义。最终形成终身学习的理论和机制、开放的学习系统和共享互动的组织氛围。

（三）368工作理论

368工作理论是欧亚后勤在2016年提出的统一思想、统一思维模式和统一认识的工作理论体系，是一套体现后勤工作价值的工作方法。主要分为三个导向、六大思维、八大共识。三个导向指后勤工作价值导向：雇主导向、客户导向和结果导向。六大思维中强调了以客户为中心（用户思维），用开放、包容的心态不断创新（开放思维），并用用户接受的程度检验我们的工作并不断改进（迭代思维）。八大共识中将后勤工作的指导思想、工作作风、价值导向、工作方法、团队文化、人才标准、工作制度、问题解决做了统一，其中的首问负责制的工作制度，快乐工作、健康生活的团队文化，预防为主、质量优先的工作方法，对后勤业务的开展和团队的建设起到了举足轻重的作用。

二、组织创新实践

组织结构表明组织各部分排列顺序、空间位置、聚散状态、联系方式以及各要素之间相互关系的一种模式,是整个管理系统的"框架"和灵魂,是企业愿景和企业目标的实施体系。欧亚后勤的组织架构随着后勤的发展经历了三次组织变革:2001年之前,后勤作为总务处,组织架构以体现职能属性为主,具有层级多,边界明确的特点。在2001年社会化改革之初,我们依据后勤业务属性的特点,进行了后勤第二次组织架构调整,以条块式组织机构设计体现单个板块的业务属性,这个阶段是后勤职能导向向客户导向发展的一个重要时期。第三个阶段是在理论基础的日益成熟下,后勤建立了以客户为中心的组织架构,以面向客户的一站式服务中心为核心,将教学、师生生活和校园基础运行作为客户关注的要点,以资产管理、采购服务、品质管理和行政管理四个部门作为对后勤服务业务支撑,这种组织机构体现了客户属性,体现了后勤工作之间的协同,最终形成了"大后勤"服务体系。

· 持续推动组织变革,形成强调协同、体现客户属性的网状组织结构

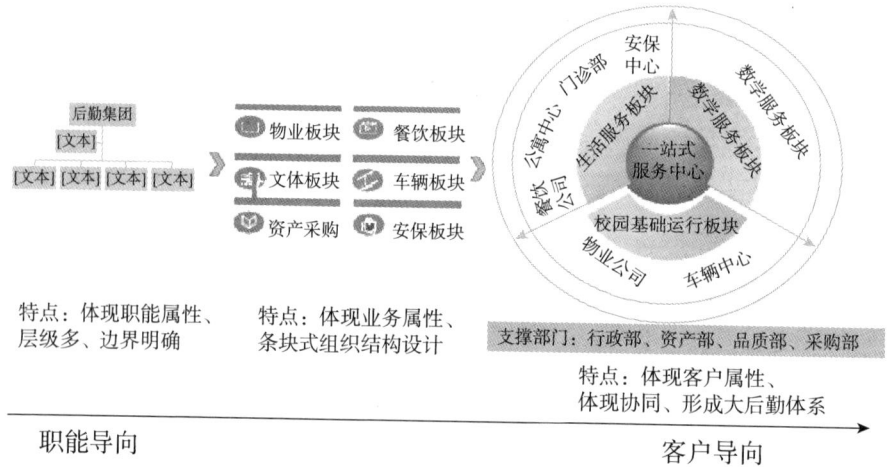

西安欧亚学院后勤集团组织机构变革

三、行动创新实践

（一）三大管家为前端的"一站式"服务模式

为了做好后勤服务和保障工作，匹配大后勤的业务体系和"预防为主，质量优先"的工作方法，聚焦于服务对象，提供针对性服务解决方案，以三大服务管家（教学管家、公共服务管家、生活服务管家）为前端，通过24小时客服热线、短信、微博、微信等方式，整合后勤服务资源，为校内师生提供报修、咨询、投诉和建议等"一站式"服务，提高了后勤服务效率和客户体验。

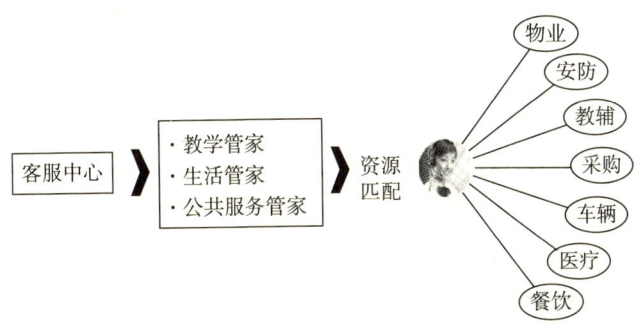

"一站式"客户服务中心

（二）经营业务与服务业务分离，服务更专注于服务

配合西安欧亚学院"质量、经营、声望、组织建设与管理体制、信息化建设"构成的"三大战略、两大支撑"战略管理体系的实施，后勤确立"以教学为中心，以客户为导向"的服务定位，提出服务与保障的升级换代。将服务性业务与经营性业务分离，组建专业的经营公司，例如将餐饮从原来的后勤统一管理承包给专业的餐饮公司，实现经营性业务公司化运作，后勤只对其服务质量、卫生安全等方面进行监督管理和评价。经营性业务与服务业务的分离，使得后勤集团有更多精力投入到服务中去，基于学校战略规划及后勤定位，将服务类业务统一归口由后勤一个部门提供，让服务更专注于服务。

（三）聚焦服务对象，专业性服务外包

聚焦服务对象，根据客户需求，提供针对性服务解决方案，将社会相对成熟、专业性服务事项实行社会化,通过集中采购方式引入专业公司提供服务,服务保障质量得到了进一步提升。如绿化、保洁、专项维修等业务实现服务外包,专业公司的引入使服务更加专业,后勤集团将有更多的资源向教学、学生倾斜,同时规范外部服务的流程标准管理、提升外部服务质量。

(四)整合市场资源,拓展服务领域

随着市场资源的开放,客户需求的增加,原有的服务体系已很难满足师生的服务体验,为了更方便地为客户提供服务,经过多次需求调研和市场调查,后勤通过资源置换的方式陆续引进了快递服务、公寓区洗衣机服务、直饮水、电开水等服务项目,不断提升服务品质,让客户得到更多更好的服务。同时从成本核算来考虑,很大程度地降低了服务成本,如电开水等项目的引入对学校而言,从根本上解决了学生打水的问题,同时经营者对相关设施设备进行全方位的运营管理,降低了后勤的管理成本;对师生而言,提升了在校生活的体验,实现了服务的双赢。

(五)服务设计,满足客户多元化需求

服务设计将人与其他诸如沟通、环境、行为、物料等相互融合,并将以人为本的理念贯穿其中。后勤服务将服务设计贯穿于服务的始终,利用服务轨迹模拟模型("用户为先+追踪体验流程+涉及所有接触点+致力于打造完美的用户体验")设计和改进后勤服务。例如,面向教学服务打造了"领包授课"和"一键会务"两个产品,解决老师上课设备调试不到位、教室卫生差,会议准备时间长、无服务等问题,提高了教学效率,改善了老师教学和会议体验。

(六)工作标准化,服务专业化

客户在接受服务的过程中,一方面希望获得专业化的服务,另一方面也希望得到极大的便利,减少等候的时间。所以在后勤服务过程中,应致力于两类标准体系的制定和完善:作业标准化和流程标准化。作业标准化是对后勤所属服务业务的标准化,包括结果标准、工作标准、检查标准、评价标准、改进要求等160多项作业标准;流程标准化是从客户的角度,为客户提供快速、准确的服务,包括内部流程和外部流程两大部分,如上面提到的"一站式"客服中心、"一键会务"等服务标准。

四、服务成果

(一) 后勤服务满意度逐年上升

从2012年起学院对后勤服务开始进行第三方满意度测评,通过随机抽样的方式对在校教师和学生就后勤服务的各项满意度进行调研,形成调研报告。报告显示,欧亚后勤服务满意度逐年上升,特别是2017年的测评,后勤服务的学生满意度和教工满意度都突破了"双八五",居校园职能部门服务满意度第一。

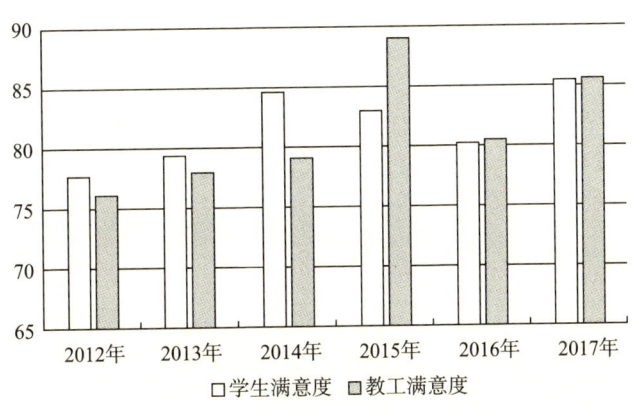

后勤服务满意度

(二) 服务费用增幅小,耗材费用逐年下降

通过对后勤服务流程的梳理和服务标准化的建设,运行全过程管控,在服务面积、设施设备投入等增加的情况下,后勤整体运行费用合理发生,年均增幅控制在3%左右。在质量优先、预防为主的工作要求下,随着大量自检工作的加强和预防为主的思想深入,维修耗材费用3年来保持10%左右的下降率。

(三) 行业影响力不断提升

后勤在不断完善自身发展的基础上,将后勤管理的相关成果不断向外输出,以行业会议分享、研究论文、咨询课程等形式每年向外输送相关知识成果,欧亚后勤在行业中的影响力日渐强大。因此每年慕名来西安欧亚学院后勤集团参观的学校达到30多所,同时也得到了上级主管部门的认可和肯定,获得各项荣誉。

西安欧亚学院后勤集团作为学校的二级部门，在学院的价值链中处于支持及保障地位。在后勤服务过程中始终坚持"以教学为中心、以客户为导向"的指导思想，围绕学校教育教学核心业务和师生的需求，全面做好服务、支持和保障，在高校后勤社会化改革的政策指引下，一方面不断学习提高自身的专业水平，致力成为一流的高校后勤服务企业；另一方面也不断引进行业中服务品质好的企业进入后勤服务领域。西安欧亚学院后勤集团将为教学、为师生提供专业化、高品质的后勤服务贯穿于后勤服务的各个角落，实现后勤的价值。

单项改革篇

校外公寓师生参与式管理探索与实践

——北京大学万柳学区公寓管理纪实

王太芹　肖　波

一、万柳学区公寓实施师生参与式管理原因追溯及背景分析

（一）校外公寓地理条件的客观限制

北京大学万柳学区是距离燕园 4.7 公里的校外住宿区，主要的服务对象是北京大学青年教师和专业硕士，现有 4000 余人居住于此。随着时代发展和学校向世界一流大学的迈进，北大青年师生对于公寓的定位，已经不满足于将其作为生活起居的家园，而是希望公寓能够成为畅所欲言、互动频繁的交流社区，能够成为培养健康生活方式和全面人格养成的社会预科班以及能够提供智识指导的港湾。然而，与燕园内各个院系、职能部门及整个后勤系统协同合作不同的是，万柳学区仅由特房中心一个单位统一管理。受制于校外的条件，万柳学区缺少校内各部门合力所创造的有鲜明北大特质的校园文化熏陶和提供的各类服务支撑，学区内北大师生多元化需求与公寓服务单一供给之间存在矛盾。

（二）学校管理体制机制的现实困境

2007 年成立之初，特房中心组建了中心的"五部二办"（财务管理部、人力资源管理部、综合管理部、工程管理部、采购部、中心办公室和学生工作办公室）和运行服务机构"五部二站一堂"，分别为前厅部、客房部、运行部、安保部、保洁部、配电站、热力站和万柳食堂，形成了小而全的万柳后勤系统，全面统筹万柳学区的管理。这种体制为提高后勤工作效率和优化服务质量打下了牢固的基础，但也因此加剧了学校后勤系统与学校团学系统的

条块分割。表面上教育管理服务部门职责明晰,实际却形成了教育管理和服务的空白和盲区。实际的学生教育管理工作中出现了职能交叉、职责不清、分工不明的后果,常常出现公寓管理人员对学生管不了,团学系统对学生管理不及时、不到位的情况,形成了教育与管理严重脱节的现实。

(三)小微后勤系统良性循环的动力不足

万柳学区的服务主要包括水电暖运行、设备运行与设施维护、环境卫生、安全保障等有关内容,几乎涉及了学校后勤服务的所有内容,形成了自己的小而全的系统。面对国际化、信息化、智能化、个性化等背景下公寓管理服务升级所带来的挑战和冲击,特房中心管理层从加强队伍建设入手,通过采用新的技术手段和服务方式,提升了公寓管理服务工作的质量。然而,仍难以回避的问题是,由于特房中心现有宿舍管理人员的知识结构、年龄结构、文化水平和时间精力的限制,中心工作人员的主要着眼点仍局限于尽力管好"物"的层面,难以适应学生公寓教育、管理、服务三位一体的任务要求。

(四)师生参与公寓管理实践的双重困境

根据特房中心开展的师生参与式管理的初期实践来看,也面临着一些困难与问题。具体而言有两点:一是由于没有精准挖掘师生真正需求,导致了师生参与管理的主动性不高,出现了"少数人积极,多数人冷漠"的情况。二是由于师生参与决策的内容较为有限,导致了初阶段的师生参与式管理的效果欠佳,主要表现是师生参与的内容主要局限于了解信息或者反映和投诉问题,对于床位分配、服务项目调整及有关招投标等涉及师生根本利益的内容,因缺少参与决策的赋权使得师生参与管理面临广度和深度不足的困境。

二、校外住宿公寓师生参与式管理的本质及意义

(一)学生公寓管理的内容及目标

学生公寓,是高校学生生活的第一社会,第二家庭,也是学习并获取信息、交流思想、课外娱乐的第三课堂,同时也是学生人生观、世界观、价值观形成和稳定及人格全面完善和综合素质提升的重要空间。尤其是在学分制实行、班级概念渐趋弱化的背景下,宿舍育人的功能得到进一步凸显和强化。在此背景下,公寓管理的主要内容也从物业管理的单一服务转变为教育、管

理与服务三位一体的工作中来。

教育的本质，在于育人，高校后勤系统也不例外。自北京大学首届公寓文化节提出"大家筑小舍，小舍出大家"的公寓文化理念以来，公寓服务中心和特殊用房管理中心更是紧紧围绕学生培养这个中心，真正把培养人、服务人放到管理的第一位，以期进一步强化高校后勤服务管理中的育人职能。

(二) 参与式管理的内涵及意义

参与式管理起源自企业管理，麦戈雷格将员工参与管理定义为"为发挥员工所有的能力，并为鼓励员工为组织成功做出更多的努力而设计的一种参与过程"。由此可见，作为一种方法论和工作手段的参与式管理至少应该包含参与主体、参与态度、参与内容、参与行为、参与过程、参与机制及参与效能等方面。

就高校公寓管理而言，师生参与式管理强调的是师生参与，师生和管理者是管理中的两元。相较于传统的公寓管理的单向刚性管理模式，参与式管理中的管理者通过沟通协调、引导激励以及赋权决策等方式，充分挖掘师生在公寓管理中的主人翁作用，将管理重点从以"物"为中心向以人为中心转移，为人的发展服务；学生由被动地接受转为主动地参与和能动的实践。后勤工作人员和师生成为双向平等的合作关系，后勤管理也从"学校管理—学生接受"模式转变为"学校管理—多方参与"的新模式。在这样的新模式中，个体的多样性得到尊重，积极的人生态度和情感体验得到强化，人的自主性和创造性得到发挥，从而也自然而然地提高了后勤工作的管理服务水平，有效发挥了后勤工作的教育功能，实现了后勤管理服务中的育人职能。

(三) 校外公寓师生参与管理的可行性分析

北京大学历来重视师生参与学校的治理，而就万柳学区而言，在践行"师生参与式管理"方面，更是有着得天独厚的基础和优势。万柳学区居住着400余名青年教师和全校2000多位攻读社会和人文科学专业的硕士研究生。师生来自二十多个院系的不同专业，经受过严格的科研训练和实践锻炼，掌握了全面系统的科学知识和方法，个体素质高，视野广，对于社会热点保持着高度的责任心和敏感度，对与切身利益相关的公寓事务有着参与管理的热情与能力。

吸引师生参与公寓管理，既是高校提高后勤工作质量的要求，也是发挥公寓教育职能的有效形式。一方面，师生参与公寓管理，可以凝聚集体智慧，增强集体凝聚力，了解和发现师生中的真实信息和需求，形成解决后勤工作问题、提升后勤工作水平的合力；另一方面，师生参与式管理，可以有效拓展学区后勤管理人员的工作思路，增强沟通水平和服务意识，同时也能够有效监督后勤管理人员尽职尽责履行职能，推动后勤整体工作队伍建设。更为重要的是，师生参与管理也是双向促进的，不仅有助于提升后勤团队的管理水平，同时也能够培养学生的社会担当，促进学生的社会化进程，通过使同学深度参与某个或数个事件的处理，帮助学生全面成长成才，促进学生全面人格养成和综合素质提高。毫无疑问，当享有知情权、参与权、监督权、决策权等权利的不同兴趣、不同专业甚至不同利益诉求的群体参与管理，就可以充分地调动师生的积极性、主动性和创造性，增加归属感和集体荣誉感。

三、万柳公寓师生参与式管理的实现途径

（一）完善组织建设，保障师生参与

明确的组织载体是万柳师生与公寓后勤沟通协调的桥梁，也是保障师生参与式管理能够顺利推进的前提。有鉴于此，特房中心通过各学院推荐以及在学区公开招募等方式，与万柳学区热心公益的师生共同组建万柳学生联合会、万柳教师自管会和万柳师生联合党支部等师生自治组织。自治组织建立之后，特房中心工作人员定期参加万柳学生联合会、万柳教师自管会的日常会议，了解师生所思所想，切实解决师生自管会所遇到的困难，最大限度地对师生自治组织策划的活动提供支持。2016年万柳学生联合会成立初期，特房中心就联合或支持同学们开展"共植同心林"园区中心花园改造、"万圣节化妆迎新舞会"等各类活动。2017年以来，万柳学区的系列生活课堂就先后组织了职场美妆、红酒品鉴、色彩搭配、户外健身等沙龙。组织建设的完善和加强，一方面为热心的师生提供参与管理的平台，培养万柳师生进行自我教育、自我管理、自我服务的能力，另一方面督促特房中心及时收集师生对公寓管理服务的意见和建议，并有针对性地优化服务。

（二）加强制度建设，维护师生利益

公开公平的制度不仅可以营造风清气正的良好氛围，也有助于提高公寓

管理服务的质量和效益，维护师生利益。因此，特房中心通过制定具体可操作的规章制度，在涉及师生切身利益的问题上以书面形式对师生参与的范围、形式、程序等内容加以确定，特别在涉及师生项目的招投标上，能够确保师生的知情、决策、监督等权利。2017年2月，由于公寓二区某底商噪音较大，经有关同学反映后，特房中心在该底商合同到期后不再续约，而是面向社会公开招标，并邀请同学、教师代表参与前期调研及投标会打分评标，并将招投标结果通过校园网和特房中心网上及中心公众号"万柳大家庭"等途径向师生公示，切实维护了师生利益，有效平衡了师生需求和公寓发展二者间的关系。通过制度建设不仅使万柳师生对于重大事项的参与能够做到"有法可依、有章可循"，同时也促进了特房中心的管理走向制度化、规范化和科学化。

（三）创新平台建设，直面师生诉求

自由的信息交流平台一方面可以使通知公告等信息传播更加精准、实时，更快地覆盖全体学区成员，另一方面也可以有效地降低师生参与的门槛，提高参与的活跃度，培养师生的归属感。为此，特房中心组建了名为"万柳大家庭"的两个500人的微信讨论群，并组织学区内的师生入群，师生可以在此沟通交流，如有关于学区服务的意见建议以及住宿方面遇到的软硬件的具体困难，特房中心也都会安排相关负责人及时反馈，从而确保了交流双方的对等以及沟通机制的畅通；同时，特房中心还开设了万柳大家庭的微信公众号定期推送通知公告，方便了师生及时知情相关事项；通过创新公共平台建设，不仅使入住万柳学区的同学之间、师生之间的交流变得更加高效直达，简便快捷；更重要的是它可以使特房中心准确、全面地了解师生需求，从而及时调整工作，做到服务供给与师生需求的动态对接。

（四）优化活动设置，构建宜居氛围

高校公寓的主体为师生，在举办活动时，应该充分发挥师生的主体作用以及公寓管理服务部门协调辅助的主导作用，相得益彰。近年来，在特房中心的支持下，入住万柳的同学一方面定期组织了生活服务活动（电子产品义诊、二区宿舍"大家空间"活动室改造、体育拓展等）和生活课堂活动（厨艺课堂，收纳课堂，礼仪课堂等），提高同学的综合素质，便利了师生生活，引导师生养成优质生活习惯；另一方面学生利用万柳学区师生共住一区的特点自发邀请学区老师开展通识教育学术沙龙活动（电影鉴赏、诗词鉴赏沙龙等），春风化雨，引导同学树立正确的人生观和价值观，塑造全面人格，增强了宿舍的"育人"功能，满足了万柳师生的多元化需求，赢得了师生的广泛好评。在活动建设过程中，最为关键的在于转变思路，即活动在于服务万柳师生，应发挥师生的主体作用。特房中心由活动的主办方转变为协助方，这样不仅培养了学生的能动性和责任感，锻炼了学生能力，也能够有的放矢，找准师生真正需求，从而为师生做实事，解决实际困难。

（五）巩固队伍建设，提高服务质量

在高校公寓管理中推行师生本位、发挥师生主体的参与式管理，并不意味着降低了对公寓管理服务人员的要求，恰相反，它对服务提出了更高的要求。并且，管理服务团队能否以师生为本的服务意识代替传统老旧的行政管理意识也是师生参与式管理能否推行的关键。因此，北京大学特房中心强化对员工安全、礼仪、业务能力等方面的培训，规范服务标准，增强员工的服务意识。中心内部也更明确了各部门的责任分工，确保权责清晰，争取通过师生们的参与式管理，有针对性地提供全方位服务，以满足师生不同层次的多元化需要，力争为万柳师生创造一个整洁温馨的生活、学习环境。

努力构建一流大学的伙食保障体系

——清华大学伙食改革 40 年的实践与发展

清华大学饮食服务中心

1978 年 12 月，中共十一届三中全会召开，邓小平在会上作了《解放思想，实事求是，团结一致向前看》的讲话，作出了实行改革开放的重大决策，开创了建设中国特色社会主义的新道路。1978 至 2018 年 40 年间，清华伙食事业也同样经历了重大变革，实现了从行政化管理运行体制到企业化、专业化管理运行体制、从单一型基本伙到多元化餐饮模式、从分散采购到集中采购、从传统制作到集约加工、从完全自主办伙到逐步引进社会优质资源、从粗放式管理到规范化、精细化管理六个转变。经过 40 年的改革与发展，清华大学伙食服务在学校的正确领导下，走出了一条"师生满意、学校满意、内部职工满意"的成功之路。

一、清华大学 40 年伙食改革基本路径

（一）从行政化管理运行体制到企业化、专业化管理运行体制的转变

1978 年，学校由膳食科负责管理全校伙食；1979 年，学校进行机构调整，将原来的校务处改为行政生活处，负责管理全校伙食；1985 年 4 月，行政生活处一分为二，即行政处和膳食处，膳食处承担办伙任务。随着国家改革开放进程的推进，学生对伙食的要求逐步提高，学校原有的办伙体制越来越不能适应形势发展。

当时，学校能提供的只有一日三餐的基本伙，学生自带饭盆，正餐有四到六种炒菜、八种凉拌小菜、六种主食品种。面对多年不变的伙食品种，学生逐渐产生了不满情绪，出现了大、小字报、罢餐等现象。与此同时，社会

餐饮日渐繁荣，厨师行业收入与校内餐饮职工的收入反差越来越大，职工出现了离职潮。此外，高校食堂经费管理体制也经历了多次改革，从最初的"暗补"（即由所在学校进行核拨）改为"明补"（把补贴直接发给学生），到20世纪80年代末90年代初，又将"明补"改为"不补"。在这种情况下，清华大学把伙食作为后勤改革的第一个试点。1993年1月，膳食处改制为饮食服务中心。学校党委为饮食服务中心确立了"三满意"的改革目标，即师生满意、学校满意、内部职工满意，同时为中心制定了"扶上马送一程"的经济政策，即在原校拨经费基础上每年递减20%，1997年以后学校对伙食不再核拨经费。从膳食处到饮食服务中心，不仅是名称上的变化，更是从传统的行政主导型管理运行体制到企业化、专业化管理运行体制的转变，是清华伙食事业脱胎换骨的变革。饮食服务中心的成立，标志着清华伙食进入了新的发展历程。

（二）从单一型基本伙到多元化餐饮模式的转变

改革前，食堂只能为学生提供一日三餐的基本伙，品种有限。在这种情况下，中心根据"三满意"的目标，以师生需求为抓手，确立了"一头按死"搞好基本大伙，"一头放开搞活"扩大服务的改革思路，不断开拓餐饮市场，扩大服务内容，增添伙食品种。1995年，上海新世界商场在顶层以风味档口的形式集中了上海全市的风味小吃，当时的火爆场面在餐饮业引起了轰动，中心第一时间去上海学习并把上海社会餐饮的先进经验引进清华，在原七食堂的基础上开办了风味餐厅，现场加工制售，立即在校园里引起了极大震动，还吸引了北京当代、双安等大型商场过来学习，后来北京市逐步兴起了餐饮一条街、购物场所顶层风味小吃城等餐饮业态。当时，清华伙食不仅引领了高校的办伙模式，而且走在了北京社会餐饮的前面。引入排挡办伙形式实现了"随来、随做、随吃"，彻底解决了学生来晚了没东西可吃的窘迫状态。

此后，中心紧跟社会餐饮发展步伐，不断创新品种，丰富校内餐饮经营业态。2001年，引进德国大学的自选供餐模式，率先开办自选餐厅。从2002年开始，创办"清青系列"：2002年清青快餐开张，供应汉堡、薯条等西式快餐。2003年清青永和成立，供应油条、豆浆等中式快餐。2004年清青比萨营业，2005 年清青休闲餐厅开张，2006 年在芝兰园开办清青自助餐，2014 年推出清青风味快餐，2015 年推出清青小火锅。学生足不出校门就可以品尝到社会上流行的美食，而价格远低于社会上同类产品。经过多年的发展，饮食服务中心现已形成了一个高中低档配套、中西菜点、南北风味、大众小吃种类齐全、各具特色、就餐环境幽雅、就餐方式快捷的多层次、多类型综合饮食服务体系。

（三）从分散采购到集中采购的转变

作为伙食工作的源头，原材料采购始终是一件大事。在清华，每天有将近 6 万人就餐，食物消耗量非常大。如何从市场上采购到物美价廉的原材料呢？在这方面，中心进行了一系列探索。

首先，改变以往各食堂分散采购的模式，成立采购供应部，实行集中采购，既提高效率，保证原材料品质，又降低采购成本。2002 年在我校倡导下，北京高校伙专会率先创办北京高校伙食联合采购平台，首届高校伙食联合采购大会在我校成功举办，之后中心始终积极参加北京市高校联采，通过招投标完成大宗商品的采购。16 年来，我校生均采购量和采购总量始终在北京市排名第一。其次，建立绿色食品采购基地。中心提出了"采绿色食品、做营养饭菜，保师生健康"的口号，从 2004 年起开始在全国建立绿色食品采购基地，并将基地产品推荐给北京市联采平台。截至目前，一共建立了吉林白河林业局黑木耳基地、北京平谷"绿谷"鸡蛋基地等 16 个绿色食品基地，较好地起到了保障食品安全、平抑物价的效果。2012 年 7 月，我校荣获教育部"农校对接先进院校"称号。

（四）从传统制作到集约加工的转变

从原材料到菜品，加工的原材料量非常大，仅以肉制品为例，每天清华食堂就要加工 1 万斤以上，费人、费力、费时，又难保加工质量。2005 年，中心创办肉加工车间，引进德国肉制品生产线，现在 6 个人就能完成原来 50 多人的工作量，极大地提高了效率，"丁、丝、片、条、块"整齐划一，提高了品质、口感、营养。1997 年，乳制品生产线投产，产品质优价廉，没有任何添加剂，更加营养安全。2005 年，豆制品生产线投入使用。2013 年，引进速冻水饺生产线，每小时生产水饺 15 000 个，满足了校内各食堂水饺、馄饨的供应。2014年，新增酸梅汤生产线，酸梅汤成为夏季师生首选的健康饮料。集约化加工实现了减员增效，保证了品质和安全，受到了广大师生的欢迎，实现了社会效益和经济效益的双丰收。

（五）从完全自主办伙到逐步引进社会优质资源的转变

当各项改革逐步推进取得成效的时候，中心认为，高校伙食不能封闭起来搞，而要以开放的姿态，学习借鉴社会餐饮业的先进经验。基于高校食堂教育属性、食品安全风险等方面的考虑，中心在可驾驭的前提下，引进优质的社会餐饮资源，参与内部竞争，丰富各食堂的特色品种。中心拿出食堂的部分窗口，与社会餐饮企业合作联营。但是有一些要求：一是所有原材料包括调料必须由中心统一采购；二是经营品种、价格必须要经过中心审核；三是要遵守中心食品安全等各项规章制度，接受中心的监督检查。在这种机制下，既能有效控制合作联营单位的风险，又能保证他们可持续发展。近年来，中心又积极与中国烹饪协会开展合作，通过开展"名厨进清华""中华名小吃进清华""川湘美食节"等系列活动，带来了许多全国各地的名优特色品种，深受师生欢迎。

（六）从粗放式管理到规范化、精细化管理的转变

一项改革能否持续推进并最终取得成果，管理是否跟得上是关键。中心成立之初，首先就从管理着手，不断进行管理创新，努力从管理中要效益。一是明确管理的指导思想和方针政策。按照学校"三满意"的改革目标，坚持"练内功自强后勤，创一流厚德服务，为学校分忧，为师生解难"的后勤指导思想，确立"以人为本、以诚取信、以质取胜"的中心质量方针，为改革指明了方向。二是推进结构改革，改变管理方式。中心在2001年成立了采购、运营、监控、保障等职能科室，由之前的按片管理调整为按职能管理的模式。三是实施科技化管理。1995年，引进微机售饭系统，1997年使用物流管理系统，到90年代末实现了"四化"（即"食堂餐厅化、售饭微机化、厨房设备不锈钢化、管理科学化"）。四是促进规范化管理。中心陆续制定了一系列规章制度，比如《监控检查实施细则》《食品安全制度》等。2005年，编撰了将近10万字的《饮食服务中心制度汇编》。此外，2001年，率先引入GB/T 19001质量体系认证标准，在借鉴现代企业管理模式方面又迈出了坚实

的一步。2017 年,中心在已成功运行多年的 GB/T 19001 质量管理体系基础上,既实现 GB/T 19001:2015 的转版,又首次启动 GB/T 22000 食品安全体系建设,实现"双体系"认证,使管理水平迈上了一个新台阶。五是推进食堂精细化管理。在水电气的使用方面,各食堂通过更换节能设备、奖励节约等方式,千方百计降低能耗。数据表明,2017 年清华大学各食堂的水电气消耗占营业额的比例为 3.6%,仅此一项每年就可降低伙食成本 1500 余万元。

二、清华大学 40 年伙食改革成果

经过 40 年的持续改革,中心取得了丰硕的成果,最根本的就是实现了师生、学校和内部职工"三满意"。

1. 师生员工满意。目前,中心食堂总面积达 6.2 万平方米,共有 18 个餐饮单位,全部学生食堂通过了北京市标准化食堂的验收。伙食品种达 1000 多种,每日就餐人数在 10 万人次以上。特别是尽管面对伙食原材料价格上涨和用工成本激增的双重压力,但是自 2004 年以后,食堂基本伙食价格始终保持不变,得到了师生认可。每年 GB/T19001 质量体系复审,师生满意度测评满意度均在 90% 以上。

2. 学校满意。中心围绕师生员工的饮食需求不断开辟扩大服务项目,师生就餐率不断提高,食堂就餐卡"一卡难求"。职工队伍稳定、主人翁意识不断增强,不给学校增加经济负担和政治负担,达到了"学校满意"的目标。改革后,中心的办伙能力逐年提高。中心成立 25 年来,所有者权益增长了 700 倍;营业额由 1993 年一千多万增长到 2003 年超过一个亿,2017 年,在互联网餐饮异军突起、市场竞争加剧的形势下,中心的营业额超过了 3 亿。2006 年,时任校党委书记陈希同志专门批示:"饮食服务中心工作做得很好,中心的同志顾大局、讲政治,应予充分肯定"。2012 年,时任校长陈吉宁在后勤总结表彰大会上用"三个很"肯定了后勤工作,即"工作做得很好,学校很满意、很放心",其中多次提到伙食工作,给予高度评价。

3. 内部职工满意。改革后,职工收入稳步增长,队伍建设取得了长足进步。一方面,中心高度重视对职工的培养和使用,实现员工与中心的同成长共发展。专门出台规定政策鼓励职工学习文化知识和专业技术;不断完善用

人机制，采取竞争上岗，年年进行全员考核。采取民主测评等方式聘任管理骨干，极大地调动了职工工作积极性。另一方面，中心党总支、团总支、工会密切联系群众，维护职工权益，增强了组织凝聚力，职工积极要求入党、入团、入会，并且形成了"爱岗奉献、追求卓越"的中心文化氛围。

三、清华大学 40 年伙食改革体会

1. 必须坚持正确的高校办伙方向。清华大学的伙食改革全国聚焦，大家都很关心改革的成败。中心始终坚持、自觉接受学校党委的领导，重大改革举措都及时向上级汇报。教育部、北京市和学校也给了诸多关心、支持和帮助。在改革取得阶段性成果时，上级主管部门及时给予指导，1999 年底，市教委组织在清华大学召开改革现场会，时任教育部部长陈至立、北京市副市长林文漪在考察伙食工作后，给予高度肯定和鼓励，时任北师大党委书记袁贵仁同志参加了现场会。学校人事处也来中心调研改革情况，并将中心的经验进行推广。

2. 必须坚持学校食堂公益性不动摇。中心深知"没有社会效益就没有饮食中心存在的必要，没有经济效益就没有中心生存的可能"。为此，中心始终坚持公益性办伙方向，例如，稳定食堂饭菜价格，采取源头直补政策；制定学生食堂"人均消费和百元含量"考核指标，严格落实奖罚制度；根据阶梯式补贴制度，对低档菜实施补贴、奖励。多年来，中心始终保证供应低价菜、免费汤粥、国家重大节假日为学生节日加餐，设置学生健康营养平台，让学生"上得了学，吃得饱饭，吃得营养、吃得健康"，为他们的健康成长助一臂之力。

3. 必须不断创新体制机制。伙食改革最主要的目的，是要把计划经济体制下完全靠行政拨款办伙的机制逐步转变为自负盈亏、独立核算的模拟企业运行机制。因此，改革成功与否，首先就看机制是否成功转换。实践证明，清华大学饮食服务中心建立起了比较完善的模拟企业运行机制，把师生的需求和职工利益有机结合，食堂与食堂、班组与班组形成了良好的竞争机制，一线职工不断研发新品种，运营科对新品种质量和价格方面进行严格审批把关；中心对全员进行岗位考核，每年根据理论考试、实操考核的成绩，确定

职工岗位技术津贴，充分调动职工积极性，形成了"比、学、赶、超"的氛围，伙食工作日新月异。

　　回首清华大学饮食服务中心走过的40年改革历程，不禁为取得的丰硕成果倍感自豪。展望未来的岁月，中心将不骄不躁，继往开来，充分总结40年改革经验，勇于探索，不断创新，努力做好世界一流大学需要的后勤餐饮服务保障，为学校新百年做出应有的贡献！

后勤勤工助学基地建设的思考与实践

——北京化工大学的实践与探索

刘 兵 宋家博 赵恩平

随着高校勤工助学的不断发展和思想政治教育功能的不断体现，高校后勤勤工助学基地化建设作为勤工助学的重要形式，在开发后勤服务人力资源、发挥勤工助学思想政治教育功能等方面有着重要意义。北京化工大学后勤集团开展勤工助学基地化建设，为高校思想政治教育工作提供了一个新平台，并通过建立由学生构成、相对稳定的队伍来替代部分员工岗位，大大节约了后勤集团用工成本，实现了学生通过岗位自助、后勤通过岗位育人的双重效能，对于提高后勤服务质量和思想政治教育实效性，有着良好效果。

一、后勤开展勤工助学工作的现实要求

后勤开展勤工助学工作，是高校学生资助工作的现实要求。在中国高等教育迅速发展的过程中，高校经济贫困生的数量迅速增加，校园里的勤工助学岗位无疑是缓解贫困学生经济紧张的一个有效而实际的办法。后勤部门工作内容繁杂，涉及学生学习生活的方方面面，具有开辟勤工助学岗位的空间和能力。

后勤开展勤工助学工作，是高校思想政治教育育人工作的现实需求。思想政治教育过程都建立在实践的基础之上，受教育者的情感、信念、思想道德品质都是在实践中形成的，高校后勤本就承担着"三服务、三育人"的重要职能，如何能够在后勤工作中将育人的职能深入，给后勤人提出了更高的要求。而勤工助学无疑是开展实践育人的最佳载体，能够为学生提供就业实习基地，打造更加宽阔的创新创业实践平台。

后勤开展勤工助学工作，是后勤服务工作的现实需求。由于服务群体的特殊性，高校后勤具有经济和教育双重属性，经营活动既要考虑经济效益，更要注重社会效益，相比其他社会企业，高校后勤资源非常有限，时常出现后勤人力资源不足的尴尬局面。后勤开展勤工助学工作，引入学生群体到部分工作岗位，可以降低用工成本，大幅缓解人力资源短缺的问题。学生深入后勤，成为后勤服务的一员，学生的双重身份，也让后勤服务对象的需求在后勤内部直观表达，便于快速形成解决方案，有效缓解师生需求与后勤服务的矛盾，进而提升服务质量。

二、北化后勤勤工助学基地建设工作内容

为了更好地发挥后勤服务集团在学校"三全育人"中的重要作用，发挥思想政治教育职能，开发大学生人力资源，后勤服务集团经过与学校勤工助学中心的沟通，结合后勤集团实际，对如何开展后勤勤工助学工作进行了思考与实践。

1. 领导给予重视，成立工作组。北化后勤服务集团本着打造后勤育人基地，畅通学生沟通渠道，创新后勤工作形式的目的，以缓解集团用工压力，提高服务水平为建设目标，高度重视后勤勤工助学基地化建设，成立勤工助学工作领导小组，集团领导任组长，人力资源部负责具体的统筹安排，各中心安排专人负责具体的管理，集团与各中心每月召开一次会议，沟通相关事宜，确保各项工作有序推进。

2. 规范管理制度和管理方法。后勤服务集团以集团统筹，中心管理，按需设岗，深入沟通，加强培训，激励考核，创新创优为建设要求，制订了全过程管理办法，保障勤工助学基地的高效运行。

（1）安排专人负责。集团人力资源部长进行统筹，各中心主任或书记负责牵头基地建设工作，并安排专人负责勤工助学岗设置、学生招聘、管理考核以及相关的组织协调工作。

（2）制订工作制度。结合勤工助学工作流程，各中心结合工作实际，制定完善的制度流程。

（3）岗位设置。根据既能够解决本中心工作人员短缺的问题，又能够发挥学生特点和专业技能的双重要求，各中心开发适合学生特点的工作岗位，制订《勤工助学岗位说明书》，明确岗位职责。

（4）招聘录用。专人负责学生招聘录用，根据岗位职责和应聘要求，与学生进行双向选择，录用合适的学生。

（5）培训管理。从集团和中心层面分别开展多种形式的培训。让学生全面认识后勤，了解后勤，明确岗位职责，掌握安全知识和必要的专业技能，注重调动学生积极性和主动性。

（6）考核管理。制订勤工助学岗位考核办法，将考核结果作为工资发放和评优奖励的依据。同时，各中心根据实际情况制订本中心的日常奖励办法，并对学生进行物质和精神奖励。

3. 创新激励机制，设立勤工助学奖学金。集团制订了评优办法，设立后勤服务集团勤工助学奖学金，每学年根据学生表现，评选出岗位能手，奖励品学兼优和工作表现突出的学生。让学生真正喜欢并热爱上后勤岗位工作，并愿意长期在后勤工作岗位上发光发热。

4. 设立后勤科研训练项目。各中心根据实际工作需要和学生的反馈，充分挖掘学生的专业优势，设立了相应的科技训练项目，供学生申请，鼓励学生自主形成解决方案，在通过组织相关部门评审后，对可行性强的优秀方案进行奖励。根据学生意愿，将部分项目直接设立为新的勤工助学岗位，交由学生进行管理。

5. 定期开展学生交流座谈。学生通过在后勤岗位的工作实践，直接投身到和他们生活息息相关的岗位，可以了解到后勤的内部组织机构、工作流程、岗位职责等各项规章制度，能够提出更加有针对性和切实可行的建议。集团高度重视这种经常性的与学生面对面沟通的机会，建立了随时反馈机制，学生在工作中也可以随时将自己的或者身边同学的意见和建议反馈给岗位所属的部门。同时，人力资源部定期组织勤工助学学生座谈会，听取学生的意见和建议。

三、后勤勤工助学基地建设工作成效

后勤勤工助学基地自建设以来，实现了预期的目的，具体总结如下：

（一）实现了岗位资助的目的

北化后勤勤工助学基地设置岗位 40 余个，涉及后勤的所有部门，岗位类型多样，学生选择性强。基地累计招募了 500 余勤工助学学生，其中 75% 的学生是贫困生，基地建设有效地缓解了贫困生经济压力，实现了岗位自助的目的。由于贫困生比一般的学生更加需要关心，基地还通过定期、不定期开展座谈会和谈话等多种形式的活动，让他们在通过辛勤劳动获得经济支持的同时也学会了感恩，并从中体会到劳有所得的乐趣，提升自我认同感。

（二）实现了思想政治教育目的

学生通过在基地的勤工助学岗位的实践经历，增强了他们的劳动观念和自强自立的信念，锻炼了吃苦耐劳的精神和实际操作能力。当他们在工作中不断遇到众多实际问题时，通过自己的亲身实践和工作人员的具体指导，学生因学会了判断、思考和解决问题的一些方法而自立自强。通过亲身劳动，体味付出，参加工作的学生实实在在感受到了服务人员的艰辛，勤俭节约、感恩诚信等价值观念深入人心，他们逐步修正、调整了自己的价值追求，并自觉践行于学习、工作和生活当中。虽然得到改变的情况只发生在部分学生身上，但是影响面很广，由于同辈效应，以点带面，营造了和谐的思想政治教育环境。

（三）全面提升了后勤服务工作

1. 节约了后勤人力资源成本。后勤通过发展勤工助学活动，打造勤工助学基地，有效开发了学生人力资源，以其有偿劳动替代部分社会员工岗位，缓解了后勤人力资源不足的矛盾，也大大降低了雇佣社会人员劳务所需工资、各类保险费用的支出，降低了后勤运营成本，以相对较低的劳动费支出，得到了较大的经济、社会效益，并大大提高了后勤服务队伍的整体素质。

2. 搭建了后勤与学生的沟通平台。后勤勤工助学的学生因肩负被服务对象、服务者、监督员、信息员、宣传员的多重角色，在日常生活中更愿意关注后勤服务的方方面面，同时也会有意识的听取周围同学的意见和建议，并在后勤工作过程中，将同学的意见和建议与后勤实际相结合，从而能够提出更加合理可行的建议。同时因为便捷的沟通，可以随时反馈给相关中心，也可以在定期的座谈会上反馈，因为双方在工作中所形成的关系，使得学生和后勤能够坦诚深入地沟通和交流，后勤能够更好地理解学生的诉求，意见和建议也能够更快地得到解决。

3. 加深学生对后勤的认识和了解。曾经作为被服务群体的大学生，在参与勤工助学的过程中以"社会准工作者"的身份出现在为他人服务的岗位上，他们具有双重身份，既是服务对象也是提供服务的主体。在服务与被服务之中，他们慢慢自觉地实现着"角色转换"，增强了自主意识、劳动观念，并锻炼了实际能力，培养了自强自立的信念和吃苦耐劳的精神，体验到了为他人服务的艰辛，对身边一起工作的后勤职工有了更多的了解，对原本看上去平凡的工作也有了更深刻的认识，深深感受到了后勤员工为服好务所付出的种种努力，并对后勤工作给予更多的理解和支持。

4. 全面提升后勤服务质量。学生勤工助学力量的参与本身就是对后勤服务质量的提升。除此之外，学生参与到后勤服务体系之后，自觉充当着后勤系统的监督者员、宣传员和信息员的角色。在后勤勤工助学岗位上，作为监督员，实时监督着涉及全校师生切身利益的后勤工作；作为信息反馈员，及时反馈师生的现实需求和服务中存在的不足，后勤服务集团据此改进工作，提高了服务质量；作为宣传员，把为全校师生在背后默默付出的后勤人精神，传递给身边的同学，提高了大学生对后勤服务的感知度，并加深认识和理解，使双方形成良性互动，营造了和谐的校园环境，提升师生的满意度。

四、北化后勤勤工助学工作经验

后勤服务集团通过打造勤工助学基地，创新了后勤工作模式，实现了岗位资助的目的和教育目的，为学生提供了创新创业实践平台。同时，增强了员工服务意识，提升了后勤服务质量，构建了和谐的校园文化。

（一）领导给予重视，健全体制机制

各级领导的高度重视，是基地建设得以开展的有力保障。基地建设要完善组织领导，以规范的管理体系，确保基地建设高效运行。一要建立完善的规章制度，对基地工作任务、运行机制、工作规范、人事管理各个方面予以有效的规范，并根据运作过程中出现的新情况、新问题及时做出有效调整。二要建立有效的考核和激励机制。在基地运行中必须加强对工作人员的考评，实行合理的奖惩机制，在保证贫困学生利益的前提下，实施浮动工资制度，对于工作中表现优秀的工作人员，在给予适当的物质奖励的同时给予一定的精神鼓励。三要适时适度地引入竞争机制，实施竞争上岗，增加工作人员的紧迫感，促使其尽心尽力，做好本职工作。

（二）创新岗位管理，激发学生工作积极性

勤工助学基地应以学生为主体，为提高学生参与的积极性，增强学生的工作热情，必须创新岗位管理。一是要充分挖掘适合学生特点的工作岗位，激发学生的工作欲望，同时，要促使在岗学生认真对工作进行总结规划，让他们认识到岗位练人的道理；二是要创新岗位管理，要以岗位育人为根本出发点，多以教育代替管理，提高学生自我管理能力，增强自我教育、自我服务意识，并积极引导学生在遇到问题、思考问题和解决问题的过程中，逐渐提高实践和解决问题的综合能力；三是要做好岗位培训，通过岗前培训不仅能使工作人员熟悉业务知识和业务技能，提高工作效率和工作质量，还能培养工作人员的责任心、服务意识、团队精神，对基地建设有着重要的作用；四是要完善岗位退出机制，只有建立了完整的规章制度，才能"有法可依，有法必依"，学生也可以依章工作，岗位到人，责任到人，同时也培养了学生的责任意识。

（三）坚持解决思想问题与实际问题相结合，提高思想政治教育的实效性

基地建设首先要以学生为中心，为学生设置规范、科学、适合学生特点的工作岗位，通过岗位实践，既要解决好学生的实际问题，又要在在勤工助学过程中，指导学生将理论与实践相结合，提升解决实际问题的能力。其次，要坚持解决实际问题与思想问题相结合，充分发挥勤工助学工作的思想政治教育功能，例如勤工助学工作的组织者可通过赞扬、批评、监督、激励等手段，约束和规范参与勤工助学大学生的思想行为。最后，基地管理工作要始终跟进教育，突出后勤勤工助学工作中思想政治教育的重点内容，例如后勤员工吃苦耐劳、艰苦奋斗精神教育，教育学生脚踏实地、不畏困苦、勇往直前，为实现理想而奋斗。

（四）加强员工教育管理，营造和谐的思想政治教育环境

高校后勤一线服务人员与勤工助学学生接触广泛，他们的工作态度、思

想作风、道德修养对学生都具有直接的影响,其影响力、教育力远远胜于空洞说教。目前高校后期基层服务人员多为社会选聘,且具有丰富的社会经验和生活阅历,但普遍学历不高,缺乏服务育人意识。因此,应加强对后勤一线职工的教育和管理,转变职工观念,提高职工素质,营造良好的育人环境。一是要加强德育教育,提高后勤服务人员道德素质,使他们立足本职,爱岗敬业。二是要提高职工科学文化知识和思想价值取向,只有具备一定的文化素质,才能形成正确的人生观和价值观。三是要提高职工业务素质,熟悉本岗位的业务知识和技能,拥有一流的技术、一流的服务水准,才能更好地发挥后勤工作的育人职能。

改善公寓社区环境 智能快递实现"六赢"

——北京化工大学校园快递解决方案实践

赵恩平 陶贞旭 张丽娟 祁文悦 焦 佳 易 丹

一、北化校园快递解决方案实践背景

校园学生公寓社区快递"乱象"、快递末端配送"最后一公里、100米"问题是各大高校面临的共性问题,严重影响校园及学生公寓周边环境,存在诸多安全隐患。此问题受到了国务院、地方政府的普遍关注。2015年5月4日,国务院发布《关于大力发展电子商务加快培育经济新动力的意见》,提出促进"快递进校园"的明确要求。2015年8月,北京市政府印发《北京市提高生活性服务业品质行动计划》,将快递进校园、进社区等纳入其中,加快全市共同配送服务网点建设,承接电子商务、快递等企业的末端配送服务。促进"快递进校园"成为政府的城市管理举措。全国各地高校积极响应政府号召,掀起了规范校园快递的热潮。

我校在改善公寓社区环境,规范校园快递管理中,探索尝试了多种管理形式,最终形成了"北化—永嘉易站"快递管理方案,得到广大师生的认可与赞誉,解决了校园快递末端配送、邮件安全、勤工助学等诸多问题,改善了公寓社区环境,实现了多方共赢。

二、曲折艰难的实践历程

北京化工大学有3个校区,在校生2万余人、教职工2300余人。进行快递规范实践的校区位于北京市北三环东路,交通便利,办学空间相对紧张,人员密集,承担近12 000名学生的教学、科研、生活保障任务。

(一) 领导重视

我校高层学生公寓 6 号楼前自然形成的"快递一条街"是管理的老大难问题。2012 年 7 月，北京市教委、市商委、市邮政管理局《关于做好高等院校校园快递服务工作的意见》（京教办 2012【24】号文件）指出了校园快递对高校管理的影响，提出了规范管理的建议和方式，明确了政府、高校、行业协会、快递企业的相关职责，给学校的校园快递管理提供了政策依据。

校领导高度重视，召开了校园快递管理专项工作协调会。在校园快递管理主责问题上，由保卫处、国资处、后勤服务集团哪个部门承担，形成不同意见，经过讨论，学校从改善公寓社区环境出发，校领导决定由后勤集团负责校园快递的规范管理，其他职能部门给予配合，会后出台了《北京化工大学校园快递管理规定》，对来校派发快递企业实行备案登记管理。

(二) 敢于担当

如何规范校园快递，后勤集团也是一筹莫展，为贯彻落实市教委和学校关于快递管理的要求，后勤集团多次召开研讨会，研究快递解决方案，积极寻找快递管理的突破口。

后勤集团与保卫处互相配合，向快递企业发放了《关于配合做好规范校园快递服务的通知》《进校派发快递申请书》，推进备案和登记工作。

2013 年 5 月，配合当时北京市教育两委平安校园的验收，后勤集团在学生公寓社区中心内划定区域，配置简易帐篷、桌椅等服务设施，对登记备案的快递公司实行集中管理，未经备案的快递公司不得进入学校派发。快递管理初见成效，学生公寓社区环境得到了改善。

(三) 实践探索

集中式管理简便有效、立竿见影，但随着管理的深入，需不断投入人力、物力来维持，学校与快递企业间缺乏有效制约手段，增加了管理难度，逐渐失去管理效果。

学校划定区域集中式管理，快递派发地点是室外露天场所，面临过冬问题。改善快递派发条件，升级硬件设施是急需解决的问题，当时北京市的兄弟院校也没有较为成熟的管理模式可以借鉴，后勤集团只能摸着石头过河，继续探索其他管理模式。

机缘巧合，给学校提供广告栏服务的北京大音传媒有限公司对校园快递很感兴趣，并将之确定为公司新的发展方向，希望与后勤集团共同完成校园快递的管理。公司能够提供赞助，帮助校园快递建设大棚渡过难关。双方于2013年9月签订合同，大音传媒作为第三方，提供硬件设施，对已入驻快递企业进行管理，并探索建立校园快递配送站，开展快件代理派发业务。后勤集团积极与国有资产管理处、保卫处等有关部门配合，协助其办理校内施工手续。由此开创了校园快递第三方集中管理的新模式。

但合作过程亦是一波三折。由于大音传媒公司本身并不是快递企业，受到公司资质、建筑手续等的影响，并且整合快递可能影响了快递员收益，遭到个别人员的举报，2013年12月13日新建成的服务大厅遭遇了强拆。大音传媒同快递公司商业合作方面受到影响、停滞，使得运营期间入驻的快递公司只有7家，每日派件量在300~600件，寄件量50~100件。

快递公司委托第三方的集中管理模式，解决了学校投入不足的难题，改善了服务环境，但大规模快递公司（如中通、申通、圆通）的整合受到阻力，第三方公司业务拓展遇到瓶颈。

（四）服务升级

为了走出管理的被动，我们分析了前两种集中管理模式的弊端，对快递规范进行重新定位，确定了科技后勤、服务育人基地建设的目标，要打造科技化、集约化的校园快递综合服务平台。这些也引起第三方的共鸣，大音传媒公司决定投资组建专门从事校园快递的永嘉易站（北京永嘉天意文化传媒公司），并自主研发了智慧云管理系统，通过互联网科技，降低整合成本，提升服务品质。2014年7月学校和永嘉易站签订了规范管理校园快递的委托服务合同，明确双方的权利和义务。后勤集团负责联系协调，监督管理。永嘉易站负责投入和运行管理，划分快递寄件区、派件区，滞留件和大特件人工取件区。寄件区每天早9:00~晚8:00运行，派件区24小时运营，自提柜经过2次升级，将数量由900个提高到1500个，由半智能化派件到全智能化派件，极大方便了师生的快递服务需求。

目前，站内入驻合作的快递、电商有23家，占全部快递业务80%的份额。每日派件量平均2600~3000件，每日寄件量平均350~450件；高峰期，每日派件量平均 4000~5000 件，每日寄件量平均 600~700 件。

三、北化校园快递解决方案实质和特点

（一）实质

永嘉易站提供了基于移动互联技术的"快递最后一公里"解决方案。学校通过委托并监督"永嘉易站"作为第三方校园快递管理服务公司，在校园内建立校园快递营业厅，引进和统筹管理并服务于校内外多家快递公司，实现了校园快递的规范管理。

北化—永嘉易站方案是以治理公寓社区环境，方便学生，改善快递服务品质，保护学生合法权益为目标；以后勤社会化服务为导向，学校自主选择第三方快递服务企业；由第三方提供设施投入、规范化管理、智能化服务，满足各方需求的校园快递解决方案。

北化—永嘉易站的快递方案的探索和成功实践，为新形势下移动互联网时代，按照互联网思维解决学生的生活服务需求，提供了新的思路，为高校进行科技后勤和信息化建设提供了可供参考的途径，对丰富和完善现代后勤服务保障体系内容起到了促进作用。

（二）特点

1. 管理规范化、运行专业化。永嘉易站取得快递许可资质，业务接受邮政行业部门的监管，规范开展站内各项收、寄件业务。专业化的运行有力规避了快递在服务投诉、违禁品处理等方面的管理风险，是管理规范化的重要保障。

后勤集团进行合同监管，制定较为详细的校园快递管理协议，公布双方服务投诉电话，签订安全管理责任书；永嘉易站落实在校园内快递安全管理、安全运行等方面的主体责任，指导从业人员遵守学校各项安全、校园秩序管理规定；定期开展师生对站点的服务满意度调查，是规范化管理的具体体现。

2. 经营市场化、服务社会化。继食堂、物业引入第三方社会化服务以来，又将校园快递交给第三方企业作为社会化后勤服务的实体，实现了快递服务的社会化。学校给永嘉易站提供市场、提供场地，双方实行合同管理。永嘉易站按照市场化规则运作，整合校内快递企业，提供优质快递服务。

3. 设施智能化、安全科技化。学生随时可以凭借手机短信、微信或手机 APP 客户端了解相关信息，几秒钟即可取得快递，简便、快捷。同时手机 APP 客户端具备寄件下单的功能，让学生们轻松寄件。

按照行业管理要求，快递服务中心内无死角安装技防监控，24 小时录像，保留 30 天；高清晰度，全角度，可以清晰识别面部和取件全流程，保证运行管理的安全；注重提醒顾客废弃寄件单据上个人信息的保障工作。

四、北化校园快递解决方案实践创新点

（一）探索和推进教育后勤服务管理模式的转型升级

将信息化、智能化技术融入后勤服务和管理，把后勤服务精细化、标准化与信息化和智能化相有机结合，作为提高服务质量和管理水平的重要手段。校园快递作为学校收发业务的一部分，从人工派发到运用互联网技术派发、手机终端取件、下单，服务质量与服务效率实现了质的飞跃，是对高校后勤传统收发室服务的转型升级，实现传统后勤向现代后勤转型。

（二）建设服务育人与学生实践的新基地

校园快递在学生的参与下发展提高，形成学生认可喜爱的校园服务品牌；学生在快递服务中自我服务、自我管理，获得社会实践、创业体验。

一方面，永嘉易站为学生提供量贩式岗位，提供勤工助学的机会。站内每天提供 5～10 人的工作岗位，时薪 15～20 元不等。便捷的服务环境，人性化的工作时间，较短的付薪周期，吸引大量学生来站内勤工助学。例如，我校研一学生杜文怡，在站内兼职一年多，负责理货入柜，每月收入 800 元左右，除了承担她每月的伙食费，还能买些衣服、文具等。

另一方面，学生们对于手机终端、互联网技术等上手比较快，校园快递的智能服务模式，受到学生们的喜爱，为学生们增加了社会实践的体验，是引领大众创新、万众创业的实现途径。永嘉易站可以实现物流、电子信息科技、电子商务、行政管理等专业学生的实习、实践和就业，同时学生对移动互联网技术掌握快、应用快，可以应用相应技术，发现知识，服务师生，提高自我。

（三）市场属性与公益属性相结合的服务新业态

校园快递是为学生社区提供公共服务的市场产物，是市场属性与公益属性相结合的服务新业态。

公益属性表现：永嘉易站投入 80 万元建成北化永嘉易站，运营一年来，每月人员、运营费用 7 万元~8 万元，总共亏损 38 万元。运营过程中未在学生身上赚到一分钱，但却极大改善了学生公寓社区环境。

市场属性表现：永嘉易站管理模式得到高校同仁的认可和关注，并被多所高校引进，随着站点规模增多，规模优势将带来相应效益。

五、规范管理 实现"六赢"

一赢（政府、行业示范）：引领智能快递前沿　获相关部门重视

2014 年 10 月 24 日，北京市教委在北京化工大学联合召开了北京市高校校园快递服务工作推进会和现场会，为促进北京高校校园快递提供示范现场。同时该模式受到国家邮政管理局、国家发改委等政府、行业部门的关注，多部门到我校调研考察指导。该模式为国家解决"快递进校园"探索了有效途径。

二赢（高校受益）：规范管理　高校同行交流借鉴

我校受益最大，学生公寓社区环境、秩序得到改善，快递服务得到提高，也为高校校园治理快递问题提供借鉴和启示。两年来，北化—永嘉易站接待了北京及全国各地高校的考察累计 30 多批次，包括上海、天津、河北、河南、成都、西安等 60 多所大学。

我校在中国教育后勤协会主办的"移动互联网时代后勤服务管理模式创新论坛"以及大学校园快递服务创新与规范管理交流研讨会上分别作了交流发言，对推动高校校园快递的有效治理，帮助高校确定治理方案提供了实践范例。

三赢（学生最受益）：实现学生服务保障　服务育人双丰收

永嘉易站位于学生公寓社区中间地带，极大方便了学生们就近取件的需求；设立了寄件处，提供和摆放了 9 家的快递面单，明示各快递公司通达城市的价格，学生根据情况自行选择，破除价格垄断和恶意竞争的可能。方便快捷、安全细致、高品质的服务深受广大学生们欢迎。吸引学生参与勤工助学，运营一年多来，已经累计 267 名学生参加勤工助学。师生好评率为 95%，

投诉量比集中管理前下降80%，投诉处理率为100%。

四赢（快递公司受益）：节约成本　简化快递末端流程

快递企业通过与永嘉易站合作，形成优势互补。永嘉易站作为校园快递物流网点，专门服务快递最后100米配送，为快递企业进校园提供平台，简化了快递末端配送工作流程，大量节省快递企业进驻校园的人力物力。

五赢（第三方企业受益）：开拓市场　寻求可持续发展

从双方合作以来，永嘉易站积极发挥企业社会责任，致力于提高自身的科技水平和服务能力，从文化传媒公司摇身变成知名的第三方快递企业，如今在第三方快递企业中已经成为行业排头兵，受到广大高校的认可，快递服务市场不断扩大。

六赢（后勤管理受益）：完善公寓社区服务设施　方便学生生活

校园快递逐渐与学生公寓、食堂、超市一样，成为高校公寓社区的标准配备的服务设施，放在全社会大背景下，一个校园的快递服务站就是一个服务网点，所以规范快递不是孤立行为，不是一个高校的事情，是高校、物流行业、政府共同的事情。这项服务设施的规划、标准、投入势必纳入政府公益性和民生工程建设范畴，为高校提高后勤服务保障能力，建设校园小康打下基础。

师生协奏和谐金曲　科学发展胜景璀璨
——河北大学学生公寓社会化改革

高东伟　梁　涛

长河奔腾，斗转星移，时光流转，节序更替。转眼间，高校社会化改革阔步前行，走过了不平凡的二十载春秋。伴随着河北大学后勤服务中心三轮社会化改革，学生公寓也走过了不平凡的岁月。20年来，全体人员沐风雨，历艰辛，尝甘苦，庆辉煌，20年来，师生协奏和谐金曲，科学发展胜景璀璨。

一、以和谐发展为主题，20年深耕铸就辉煌

河北大学学生公寓管理服务中心承担着校本部、新校区坤舆生活园区两大校区25栋学生公寓、6000余间宿舍、36 000余名学生的住宿管理工作，前身为学生处学生公寓管理科。2000年河北大学后勤服务中心成立后，学生公寓划归后勤服务中心管理。随着后勤社会化体制改革，2003年3月，更名为河北大学学生公寓管理服务中心。中心为河北大学全校学生提供住宿服务，向住宿学生提供安全值班、公共部位保洁、及时快捷的宿舍设施维报修服务、床上用品换洗洗涤服务。中心通过员工竞聘上岗，组建了一支年轻化、高学历的管理队伍，现有员工近200人，管理人员均达到了大专以上学历，管理人员事业心强，能够适应当今发展的需求，运用先进的管理思想和管理理念，针对学生特点进行管理，取得显著效果。

伴随河北大学三轮后勤社会化改革成功推行，面对新形势、新情况，学生公寓管理服务中心全体员工在学校的领导下，将和谐发展作为主导思想，以人为本，重点凸现"三服务，两育人"功能，细心洞察师生需求，以关心广大同学的需求为着眼点，把饱满的热情投入到工作中，主动服务，努力超

越师生期待，形成了独具风格的管家型、专业化的"服务队伍"。多年来，我们同舟共济，众志成城，赢得了一个又一个胜利，不断将学生公寓管理服务中心的工作推向新的高度。

二、以基础设施建设为先导，培育学生公寓科学发展的土壤

基础设施建设是学生公寓建设的重要基础和保障，基础设施投入少，设施落后，环境脏、乱、差，学生公寓的良性发展必然受到严重制约。

十余年来，学生公寓及各种现代化配套设施日臻完善。后勤社会化改革后，随着我校办学规模的不断扩大，学校新建20栋学生公寓，总建筑面积近25万平方米，新建公寓面积超过旧公寓的7倍。

其次，将原有旧公寓进行了装修改造，全部更换为塑钢窗、地板砖、标准的盥洗室，并对公寓内部设施及时进行养护和修缮。

除此之外，中心还注重与时俱进地改善公寓环境，做好配套服务。增加了储藏室、洗衣房、网络端口、电视终端、阅览室、活动室、小型会议室、自习室、服务台、楼外晾衣绳等。

基础设施建设的成果给广大住宿同学提供了安全、文明、整洁、舒适的家，培育了公寓精神文明建设的土壤，给同学们的成长成才提供了广阔的空间。

三、以构筑安防体系为保障，打造学生公寓稳定发展的基石

学生公寓的安全稳定是学校和谐发展的重要基础之一，中心在硬件设施和内部管理上采取了多项措施，努力构筑学生公寓安全防御体系，保障了学生公寓平稳运行，成为学校保稳定、促发展的坚实后盾。

（一）从改善设施入手，增强技术保障

从消防设施改造到智能控电系统、限电器的安装逐步奠定了学生公寓消防安全的基础，从校园监控系统、红外报警系统等高科技手段的引进到更换防撬门锁、加装防护网、加固安全门、增加外围路灯解决了学生公寓外盗隐患。公寓从实际出发，推出"小件贵重物品临时存放处"，为学生暂时保管存放手机、笔记本电脑、MP3等小件贵重物品，保证随存随取，并严格制订存

放程序，给公寓带来安全、带来温馨。

(二) 从强化管理入手，加强管理力度

中心逐级签订安全责任书，形成了健全的组织体系网络和多层安全防火墙，使每位员工都有安全责任，确保安全工作落到实处。

1. 形成系统的制度保障体系。为了让安全工作切实到位，中心制订了安全操作、规范管理、应急预案等各个方面的工作制度，制度的健全确保了安全工作的扎实和细致。同时，中心的安全工作反应迅速和灵敏，对于发现的安全隐患在第一时间内进行处理，将其消灭在萌芽之内。针对社会和其他高校出现的一些安全事故，中心及时吸取教训，进行广泛宣传，并迅速结合自身情况提高整改，杜绝同类事故的发生。

2. 强化监督检查力度。各公寓楼长、服务员每天都要对安全设施、安全运行情况进行细致检查，同时每天要至少检查10个宿舍，重点时期对宿舍进行普查，密切关注学生动态，对发现的问题及时处理，针对学生宿舍存在的安全隐患给学生下发《隐患整改通知书》，督促学生及时整改。

中心设有专职检查队伍，每天对各部门的安全运行情况进行监督，每月不定期组织新老校区楼长进行联查、互查，形成《二级监督检查记录表》，根据结果，每周在中心范围内发布《监督检查通报》，各部门对发现的问题及时进行整改，有效地消除安全隐患。

在安全工作管理上，中心还建立了与安全工作部门、学生管理部门的联动机制，根据实际情况共同对学生进行安全管理。每季度联查学生宿舍，并对违反安全规定的学生严肃处理，达到了对全体学生的警示作用。

3. 强化安全值班力度。各公寓实行24小时值班制度，值班员在公寓门厅认真执守，严禁外来闲杂人员进入，大件贵重物品出门严格履行验证、登记手续，夜间每两个小时对本公寓进行巡视，认真填写各项相关记录，发现问题及时上报，及时消除一切安全隐患，成为公寓安全的第一道防火墙。

中心实行领导带班和楼长值班制度，每天夜间都要对各公寓进行安全检查，填写值班日志。在毕业生离校和冬季违章电器使用高峰期，中心实行楼长双值班制度，做好上传下达工作，保障信息的畅通。

4. 做好新生开学时期推销活动的管理。新生入学期间，由于大一新生安全知识较少，各类推销活动比较频繁，很大程度上影响了公寓的公共治安。中心加大了这一时期的安全管理，临时扩大监督检查队伍，从早晨7点到完善10点每天不间断对新生公寓进行巡查，发现推销人员立即进行制止，有效地防止了推销活动的出现，维护了公寓的安全稳定。

（三）从宣传教育入手，提高安全防范意识

加强对员工的培训和教育，使安全工作深入人心。中心全年多次召开安全工作会议，对员工进行知识培训和思想教育，使所有员工都具有高度的责任心，安全意识不断提高，同时掌握了消防器材的使用、应急预案的规程等操作技能和相关知识。中心全年员工安全工作培训覆盖率100%，合格率100%。

在对学生的宣传教育方面，中心本着"教育在先，预防在前"的原则，通过张贴提示、走访宿舍等多种手段，时刻提醒学生提高安全防范意识。在新生开学、老生离校期间及特殊时期在公寓每层楼梯口均张贴安全提示，必要时将安全提示发放至每间学生宿舍，同时员工还在工作之余走访了每一间宿舍，提醒学生真正做到安全第一，警钟长鸣。

联合学校相关部门，开展宣传活动。中心每学期联合学校相关部门开展消防模拟演练，既丰富了学生的消防知识，使其提高了逃生和自我保护能力，又提高了员工的安全防范能力。同时，中心还和安全工作部门、学生管理部门联合，通过走访宿舍、安全提示、宣传橱窗以及黑板报等形式共同开展各项安全教育宣传活动。

四、以打造靓点为永恒追求，拓展学生公寓管理服务外延

我校学生公寓紧随时代步伐，以人为本，把握学生需求，努力超越学生期待，不断推出超值服务。

（一）对学生公寓规范化管理，实施ISO9001质量管理体系认证

学生公寓规范化管理的最终目的就是为广大学生做好服务，为了给同学们提供一个良好的学习、住宿环境，中心始终致力于提高中心的服务质量，始终坚持"管理育人、服务育人、环境育人"的服务宗旨，从2000年开始在统一部署下引入并建立了ISO9001质量管理体系，使公寓管理工作规范化、

标准化、科学化，提高员工素质、管理水平和服务质量。通过实施认证，提高了员工的思想意识，明确了各级员工的管理职责和工作程序，服务性标识更加规范明确，服务目标更加明确，考核力度不断加大，奖惩有了依据，建立了自我完善和自我发展的机制，强调"以人为本"的原则，学生反映良好，学生公寓管理服务中心近年来顾客满意度逐步提升。

（二）以精细化管理为契机，规范流程、明确职责，提升服务质量

精者，去粗也；细者，入微也。作为为学生服务的重要窗口，学生公寓的精细化管理就是，把焦点专注到满足广大同学的需求上，落实管理责任，将管理责任具体化、明确化，将服务流程规范化。这就要求每一个人都要把本职工作做到位、尽到职，对工作负责，对岗位负责，人人都管理，处处有管理，事事见管理。学生公寓真正实现精细化，形成精细文化，使每位职工自发形成脑到、心到、行为到，将"精细化"作为习惯。

（三）减少新生入住流程，实施网上缴费

积极配合开展公寓住宿管理系统开发工作，每年根据教务部门提供的信息按照学院、年级集中的住宿原则对新生住宿方案进行修改并分配新生住宿房间，确保学生网上交费系统的正常使用。网上交费系统的启用减少了新生报到入住、缴费时的拥堵情况，使新生报到、缴费流程更加顺畅。

（四）开拓创新，拓展新增服务项目

中心注重开发学生公寓文化载体功能，在新老校区各公寓门厅安装了LED显示屏，发布"保护宿舍卫生、爱护生活环境"的公益广告，倡导学生共同维护住宿环境。

拓展学生公寓服务项目，为学生提供自动饮水机、自助洗衣机、空调使用等服务，随着信息产业的发达，与通讯运营公司合作，为住宿学生提供宽带上网、无线上网服务。

（五）占领文化阵地，构建和谐公寓，努力为学生铺就健康成长与全面成才之路

中心积极探索、努力实践，逐步摸索出一整套学生公寓管理服务和文化建设的工作思路，即以机制创新为前提，以物质文化建设为先导，以精神文化建设为关键，以文化活动建设为桥梁，以服务文化为保障，努力实现学生

公寓物质文明与精神文明的双丰收，真正把学生公寓建设成为美丽的花园、舒适的家园、文明的乐园、成长的沃园，使学生的思想觉悟、心理素质、精神面貌、学习状态、人际关系都得到不断改善，真正实现占领文化阵地、构建和谐公寓、努力为学生铺就健康成长和全面成才之路的工作目标。

五、积极推进机制创新，科学构建和谐公寓

公寓中心全面贯彻国家有关方针政策，开拓学生公寓管理新思路，带领公寓管理班子紧密团结，开拓创新、勇于进取。伴随第三轮改革，为了强化公寓管理人员的责任意识，建立起既确保公寓稳定，又促进服务上台阶；既放利、放权，又相对集中的管理模式，在公寓管理方面深化体制改革，率先试行"项目服务责任制"，构建了以目标责任为核心的机制，将现有公寓楼根据地理位置、住宿人数、性别属性等因素划分服务单位，真正实现人、财、物自主的管理体系。在确保公寓质量安全运行的情况下，将人力、物力做到最优化、最科学的配置，并设置安全运行奖和质量运行奖，积极做好公寓管理工作，改善服务条件、提高服务质量、提升服务育人的水平和能力。试行"项目服务责任制"是在学生公寓管理模式上进行大胆的创新。经过几年的运行，项目责任制运行情况平稳，在它的推动下，中心各项工作均取得了显著的成绩。

六、以发展成绩为里程碑，开拓创新结硕果

经过多年来的理性思考和探索实践，学生公寓的工作理念、教育模式、管理经验和工作方法得到了教育主管部门和其他兄弟院校的高度认可，产生了良好的社会影响。十余年来，近300所高校到我校公寓考察、指导工作。

我校多次在省公寓专业委员会上做典型发言，受到了各级领导和兄弟院校同仁们的一致肯定和好评，研究成果曾荣获全国学生公寓创新成果二等奖、三等奖。

"人勤春来早，功到秋华实"，近年来，河北大学学生公寓怀揣梦想与希望实现了跨越式发展。我们既情牵过往，又仰望未来，成绩属于历史，时光中定格下奋力拼搏的身影；未来期待发展，确定了发展坐标就只顾风雨兼程。当号角吹响，我们将继续奋发图强，做到无愧于肩上的重任，无愧于起航的初衷，无愧于心中的梦想，继续大踏步奋勇前行。在今后的工作中，河北大学学生公寓工作将更上一个台阶，为学生公寓共同发展贡献一分力量。

后勤梦与多维度后勤文化建设

——吉林大学后勤文化建设侧记

张朝晖

吉林大学后勤服务集团成立于 2000 年 12 月，是在六校合并的基础上，由原合并学校的后勤服务部门通过实质性融合组建的。2012 年，吉林大学将后勤服务集团确定为为教学、科研和学生学习生活提供公益性服务保障的直属单位。集团现有各类职工 3300 余人，下设六个校区后勤服务中心、三个专业中心和四个直属中心。集团成立以来，始终把后勤文化作为集团发展的前提和保障，从多个维度加强后勤文化建设，打造集团精神家园，凝聚集团力量，为吉林大学的建设提供着一流的后勤服务保障。

在高校后勤社会化改革大环境下，后勤文化建设越来越成为影响后勤服务集团持续稳定发展的决定因素。为进一步提升后勤文化建设的水平，从 2013 年起吉林大学后勤服务集团开展了"后勤梦与多维度后勤文化建设"活动，培养后勤精神，塑造集团形象，优化集团发展环境。现将活动开展情况和取得的成效总结如下：

"后勤梦与多维度的后勤文化建设"是吉林大学文化建设培育项目。多年来在学校的支持下，后勤服务集团以形象建设为着力点，以文体活动为载体，以思想政治工作为保证，分层次、有计划地开展后勤文化建设活动，并取得了一定成效，初步实现了建设适应后勤改革需要、符合后勤服务集团实际的多维度后勤文化建设的目标。这些文化建设成果，保证和促进了集团各项事业的健康发展，并为最终实现"建设美丽、安全、温馨的校园"的后勤梦想提供着重要的文化支撑。

一、后勤文化建设成效和特色

几年来吉林大学后勤服务集团分三个层次开展了后勤文化建设工作,并取得了一些成绩:

(一)内外并举,塑造集团奋发进取形象,打造物质文化

1. 在学校合唱比赛中,展现后勤人的风采。连续三年组织百人合唱团参加学校组织的"唱响吉大、放飞梦想""铭记历史、圆梦中华""喜迎十九大、共筑中国梦"三届主题合唱比赛,每次比赛都取得了十分优异的成绩。这支以后勤工人为主的合唱队伍用整齐划一的歌声、昂扬向上的精神征服了全校师生。这三次合唱排练和比赛,丰富了集团文化建设的内容,提升了职工的集体荣誉感,增强了集团的凝聚力,同时也展示了后勤服务集团积极进取的精神风貌。

2. 按岗位着装,加强员工职业形象塑造。集团为清扫人员、零修人员以及近更夫、门卫等各类人员定制了绣有"吉大保洁""吉大后勤"等标识的工装,要求员工在岗期间着工装工作。这些具有后勤不同岗位工作特点的工装得体、大方,较好地展示了后勤员工的职业形象。

3. 加强校园环境建设,打造花园式校园。校园环境是一所大学的名片,更是后勤集团文化建设的一个形象缩影。"大学望境化人",集团努力营造积极向上、文明和谐的人文环境,以此来影响学生、感染学生和教育学生。后勤服务集团以"绿化、美化、净化、亮化"为内容,以打造美丽温馨的花园式校园为目标,加强校园环境建设,吉林大学在长春市内的7个校园,"初春芳草萋萋、盛夏百花盛开,深秋红叶烂漫,严冬银装素裹",校园美景深受海内外学子的称赞。几年来,集团积极筹划,投入了大量的人力与物力,为师生营造着"布局合理、清洁优美、环境宜人、充满人文气息的,文明舒适"的学习、工作、生活环境。

(二)寓教于乐,激发员工争先创优积极性,打造行为文化

1. 搭建文体活动平台,加强后勤文化载体建设。成立了"劳动者"合唱团。合唱团的成立,极大地提升了后勤服务集团员工的综合素质和艺术修养,提升后勤文化建设的层次。开展文体活动,充实职工的文化生活。建立后勤

服务集团职工活动中心，修建运动健身场所，配置了乒乓球台、单车等运动设备。推行工间操，陆续举行拔河比赛、乒乓球、羽毛球、篮球等比赛、职工万米接力赛等。举办集团迎新春文艺汇演、歌咏比赛等等。这些文体活动既陶冶了职工的情操、活跃了职工的业余文化生活，又展现了后勤员工团结拼搏、乐观向上的精神风貌。

2. 开展摄影比赛，制作宣传画册、宣传板，传播正能量。2014年集团举办了"美丽瞬间 放飞梦想"劳动者风采摄影大赛。大赛共收到287幅摄影作品，集团职工以自己独特的视角展现劳动者的风采，用细腻的镜头刻画出集团各单位的工作亮点和闪光点，记录了后勤职工辛勤劳动的场景和他们丰富的情感世界。2016年集团工会又举办了以"美丽校园、温馨服务"为主题的摄影比赛，报送的267幅摄影作品从不同方面展现了一线后勤工人为保障学校运行付出的辛勤劳动，用摄影这种形象的语言展示了校园的美丽风景。集团选择优秀作品精心制作了画册《印象》《风采》和宣传板，在全校进行巡展，宣传"爱校、奉献、实干、创新"的后勤精神，宣传集团平凡人的不平凡事迹。

（三）以人为本，确立员工主人翁地位，打造精神文化

后勤服务集团员工是服务集团的主体，基于这种认识，集团充分调动员工参与集团管理的积极性，发挥榜样的引领作用，凝聚人心，树立共同理想。

1. 开展"我为集团献计献策"合理化建议征集活动。为调动职工参与后勤民主管理的积极性，集团工会开展了"我为集团献计献策"有奖征集合理化建议活动。这项活动的开展得到集团员工的积极响应，从干部到普通群众结合本岗位的工作实际为集团优化管理献计献策，提出了多项有助于集团事业发展、有助于后勤文化建设开展、有助于提高服务质量和服务水平、有助于更好地服务师生的意见和建议。其中一些优秀的建议，例如"提升集团企业文化氛围、打造集团员工的后勤梦""贴近服务对象，创新服务手段，提升服务质量""提高编外人员工资待遇"等建议，集团已经陆续采纳。合理化建议征集活动提高了员工的主人翁意识，在集团内兴起了参与集团民主管理、发挥集体聪明才智、推进后勤精神文化建设之风。

2. 选树典型，实施榜样示范。先进的典型人物和典型事迹是集团精神、

管理理念生动形象的体现，具有很强的示范、辐射作用。集团注意在各类工勤人员中发掘、发现、培养、总结先进典型，大力宣传和表彰先进典型，引导广大职工向典型学习。我们在各类工勤人员中选出了王志江等先进典型，注意总结宣传他们的先进事迹，王志江先后被评为"长春市好市民"、"吉林好人"、吉林大学优秀共产党员。此外还选树了以高超厨艺、创新菜肴而在广东卫视《技行天下》决赛中荣获冠军的"创新哥"张治军；义务为师生剪发、修理雨伞，勤劳朴实的"南六大爷"杨海山；幽默风趣、快乐工作的"三教大爷"张达明等一批先进典型。

集团通过目标激励、榜样示范，引导员工积极工作、快乐工作，打造着独具特色的后勤文化，同时用后勤精神激发职工内在潜力，凝聚力量，鼓舞斗志，努力实现着"建设美丽安全温馨校园"的后勤梦。

3. 开展主题服务年活动，创新服务举措。为提升集团员工用心为全校师生服务的意识，保证服务质量、服务水平逐年提升，集团每年设立一个服务主题，2013 年确定为"创新服务年"，2014 年、2015 年、2016 年、2017 年、2018 年分别确立为"爱心服务年""精心服务年""温馨服务年""贴心服务年""暖心服务年"。为丰富集团主题服务年的活动内容，创新服务举措，集团开展了"关爱师生"百日优质服务竞赛、"十佳公寓楼"评选、流动红旗评比等系列竞赛。几年来，所属各单位制订推行文明用语及行为规范，员工工作的标准化、规范化程度明显提高。积极推出新的服务举措，将服务方式由"要我服务"向"我要服务"转变，将服务工作落实在师生提出要求之前。例如，饮食服务中心制订了"员工仪容仪表标准""员工行为准则"，推行文明服务用语。各餐厅推出为就餐者提供免费汤、免费茶水服务，为师生提供免费应急服务箱、雨伞等，开展免费为在校学生提供"送你一碗生日面"等活动，丰富教工餐厅的菜品等等。后勤集团的工作得到全校师生的认可。

（四）确立集团各种理念，并使之深入人心

——明确集团工作方针："精细化管理、超前式运作、主动性服务、信息化保障"，构筑与学校"双一流"建设相适应的一流的后勤服务保障体系。

——明确集团工作理念：快乐工作、快乐生活、快乐奉献、快乐创造。

这一理念已被员工记在心里，挂在嘴上，并落在每天的平凡工作中，成为无需提醒的自觉。

——明确领导理念：以服务为第一要务、以安全为第一责任、以师生评价和效益为第一业绩、以人力资源为第一资源。

——明确工作目标：建设学校满意、师生满意、员工满意的后勤服务集团。

——倡导后勤精神。后勤精神是后勤文化建设的核心。几年来，在集团发展建设中，已形成了"爱校、奉献、实干、创新"的后勤精神。几年来，集团领导通过各种形式，解析后勤精神，倡导后勤精神，努力用后勤精神激发员工内在潜力，凝聚力量，鼓舞斗志。

多年来，后勤服务集团通过各种渠道积极打造物质文化、行为文化、精神文化，努力实现着"建设美丽、安全、温馨的校园"的后勤梦，集团形象在学校师生中有较大提升，各项事业健康发展。

二、后勤文化建设展望

后勤文化建设是一项庞大的、复杂的系统工程，在今后的工作中要深入开展以下工作：

（一）做好文化建设的顶层设计

以习近平在全国宣传思想工作会议的重要讲话精神为指导，制定后勤服务集团文化建设实施方案，促进后勤员工在理想信念、价值理念、道德观念的团结一致，增强后勤文化的凝聚力和引领力。

（二）成立后勤文化建设实施机构

集团主要领导要作为后勤文化建设的领导者和推行者，党政工团齐抓共管后勤文化建设。

（三）抓好员工的行为养成教育，推进行为文化建设

后勤员工承担着学校服务育人的角色，集团要从提高文化知识、职业素质和创新能力等方面入手，通过开展职工的岗前培训、岗位技能培训、文化教育培训以及窗口人员服务形象、文明用语等方面的培训，规范职工的服务标准，提高职工的文化素质、职业技能和服务育人水平。

（四）创新文化建设的形式和载体，提升物质文化

在做好网站、多媒体、内部刊物建设的同时，做好视觉识别系统开发工作，制作反映后勤文化的宣传片、设计集团徽章等标识，推出集团服务品牌，运用物质形象建设的手段，营造集团文化建设氛围，提升集团整体形象。

多年来，吉林大学后勤服务集团通过"后勤梦与多维度的后勤文化建设"活动的开展，提高了吉林大学后勤服务集团员工对后勤文化的理解和认同，凝练了以后勤精神为灵魂的广大员工共同遵守的价值观，增强了后勤员工的凝聚力、向心力和集体荣誉感，为后勤服务集团各项事业的和谐发展营造良好的软环境。进入新时代，吉林大学后勤服务集团将以习近平新时代中国特色社会主义思想为指导，发挥后勤文化的引领作用，为吉林大学"双一流"建设提供一流的后勤服务保障。

在改革中诞生　在竞争中奋进

——上海教育超市连锁有限公司发展之路

王晓捷

党的十九大报告指出，进入中国特色社会主义新时代，我国社会主要矛盾已经转化为"人民日益增长的美好生活需要和不平衡不充分的发展之间的矛盾"。在新的形势下，在从教育大国走向教育强国的过程中，时代对后勤服务提出了许多新的要求，校园商贸同样面临着新的挑战和任务。上海教育超市连锁有限公司更应该不忘初心，牢记使命，砥砺前行，为践行新时代教育超市的使命而奋斗。

一、过去20年的发展历程

（一）政府主导，高校联动，后勤改革教育超市探新路

1998年4月8日，人民日报华东新闻版刊登了题目为"面向社会办后勤，轻装上阵抓教学，上海39所高校共组后勤公司，首家教育超市连锁店在交大开张"的文章，当天，上海教育超市交大店由龚学平副书记、周慕尧副市长亲手剪彩揭牌。乘着上海高校后勤社会化改革的春风，上海教育超市应运而生，成为上海高校后勤社会改革中的一项标志性工程。1999年7月，上海教育超市有限公司正式成立，是全国教育系统经工商登记注册的首家连锁经营商业企业，公司在创办的过程中，得到了各级领导的大力支持和肯定：1999年，市教委专门发文《关于在全市高校开设教育超市的若干意见》，为教育超市的快速发展与规范操作奠定了基础；1999年11月2日，全国高校第二次后勤工作会议在上海召开，会议期间，李岚清副总理视察复旦、交大两个教育超市，并在全国高校后勤工作会议上表扬了教育超市；原教育部长陈至立同

志也多次在全国高校后勤工作会议上肯定了上海教育超市的成绩，使上海教育超市的做法很快在全国高校中得到推广。

（二）服务教育，市场连锁，在发展中不断壮大

公司自成立以来，得到了上海高校师生普遍认可和欢迎，在短短的一年多时间里，全市22所高校里创办了26家教育超市门店，展现出一派欣欣向荣、生机盎然的发展势头。2006年9月，因连锁门店数已超过100家，公司正式更名为上海教育超市连锁有限公司。2007年2月，占地16亩的集办公、仓储、运输于一体的教育超市宝山基地投入使用。2007年7月，仓储系统、总部系统正式上线。2017年9月，根据市政府文件精神，上海教育超市随着母公司上海高校后勤服务股份有限公司管理关系一起划转至国资体系的锦江国际集团。

（三）保本微利，持续经营，国有资产保值增值

20年来，教育超市始终坚持立足校园，服务师生、服务教学、服务科研，认真贯彻"管理育人、服务育人、环境育人"的宗旨，全力以赴做好公益性保障服务。服务内容由单一到全面、服务规模由小变大，确保面向师生的主营业务保本微利，同时公司通过规模化运作、品牌宣传和推广向社会市场要效益，增加其他业务利润，提升公司整体业绩。公司注册资金500万元，至2017年底，共计回报股东红利922万元，已达公司注册资本的184%，2017年底所有者权益达2780万元，每股净资产5.56元；2005年自筹资金2800多万元，购置土地建设教育超市物流基地，为完善公司的供应链管理打下坚实基础，实现了国有资产的保值增值。至2017年底，共在36所高校、4所高中及政府机关、医院等单位开办85家连锁直营门店；2017年销售额达3亿元，员工470人，上缴利税总额1560万元，缴纳社保、公积金997万元。时任国家教育部长陈至立在第四次全国高校后勤社会化改革工作会议上指出"上海教育超市为社会提供了上千个就业岗位"，教育超市在服务教育的同时解决了就业问题。

20年来公司先后获得"上海高校后勤社会化改革先进单位""先进基层党组织""全国高校后勤服务优秀企业"等荣誉称号。连续被评为宝山区和上海市的"劳动关系和谐企业""平安示范单位"；自2006年起连续11年被评

为上海市 A 类财务会计信用单位；等等。

二、保持姓"教"特色，让利师生，体现公益性

（一）坚持品牌特色，质量第一

品牌是生命、是基础。教育超市在产品策略上以引进行业内一线品牌为主二线品牌为辅，零售以学生喜闻乐见的商品为主，求新求奇求特，团购以老师日常用品和教学用品为主，质优价廉，严格筛选供应商，严控商品质量关，做到"当天投诉当天处理"，加强品牌意识，和供应商一起努力维护好企业生命线。

（二）坚持平价经营、优惠服务

教育超市建立了校园零售市场的商品价格体系。20 年来在商品定价上始终做社会市场的跟跑者，做校园市场的引领者、平衡者，教育超市 60%～70% 的商品价格持平或低于社会超市，98% 的都低于或远低于便利店的价格，因此凡是有教育超市门店的学校，周边的商品价格会稳定在一个区域之间。比如 20 年前校园里最畅销的电信 201 卡，面值 30 元，小卖部售价 30 元，电信公司想了很多办法也不能让个体户降价，于是和教育超市合作，售价 19.5 元，让学生买得起，电话打得起，更一起推出"30＋N"的定向促销活动，教育超市一举销售 3 万多张，从此校园市场居高不下的 201 卡价格彻底降低下来。

（三）坚持学生参与，持续改进

服务师生是教育超市的初心。公司建立大学生勤工助学基地和创业实践基地，使之成为学生在课堂教育外的自我补充与拓展平台，岗位涉及理货、收银、店长助理等，让学生在实践过程中走进并认知社会，学会与人交流、相处，学会面对困难，磨炼意志。教育超市每年为大学生提供勤工助学时间 9000 多个小时，支付 20 余万元的专项经费。同时在学生参与和交流的过程中，不断了解学生需求变化，吸收学生新的理念，持续改进教育超市的服务方式和运作机制。

（四）坚持推陈出新，活跃气氛

让学生享受校园活动的欢乐。教育超市制订了完整的年度营销计划，根

据市场热点和学生消费特点进行调整和完善,携手供应商组织定向促销活动,每个节日、每个月都有促销商品,每年的秋季迎新就是教育超市的春节。例如教育超市和上海移动合作,连续 5 年在新生报到时充值 300 元的话费就送出一辆永久自行车,深受学生和家长的欢迎,累计送出约 10 万辆自行车。每年的"双 12"是实体店的狂欢节,教育超市和支付宝合作,开展"购 50 返 25"的促销活动,正好在大学生复习迎考阶段送上满满的福利。

三、深化内涵建设,在市场竞争中不断前行

学生群体是接受新事物、新业态、新理念、新模式的主力军。教育超市创办之初的许多校园商店多以个体经营的小卖部为主,所售商品来源复杂,财税监管和市场监管薄弱,其中不乏假冒伪劣商品和三无商品,商品价格无明码标价、随意性强、普遍偏高。近年来,伴随着消费升级,社会零售业水平不断提高和校园市场的不断开放,生源稳定、消费稳定的高校市场成为国内外品牌零售商和个体商户必争之地,全家、罗森、永辉、天猫等社会知名零售品牌陆续进驻校园,这些企业规模大,实力强,具备商品、运营、人员、财务、物流等管理体系,对标这些一流企业,对教育超市的发展既是挑战,更是机遇。如果 20 年前个体经营的小卖部是游击队,教育超市是正规军的话,那么现在如果我们原地踏步,不思进取的话,双方的位置将轮回,只有积极思变、主动迎变,才能践行新时代教育超市的使命。

(一)购物环境升级

聘请专业设计师、工程队打造教育超市 2.0 版门店,参考便利店模式,以商品的使用功能划分不同的区域,配以各种造型的灯具、吸顶式的空调、暖色调的货架、统一尺寸、色彩的冰柜及风幕柜,定制的收银台、背橱等,努力打造一个明亮整洁温馨的购物环境。也可不必百店一面,结合每个大学校园独特的文化和建筑风格,比如开在新闻出版社的门店,可采用徽派风格,和学校环境浑然一体。

(二)商品品种升级

教育超市的商品一直以普通大众消费的常温食品、日用品、学习用品为主,只能满足学生们基本所需,教育超市以 500 万元的注册资金承担 85 家直

营门店的运营，已经捉襟见肘，我们既缺产品研发、培训辅导，又缺冷链配送、设备采购，只有借船出海。随着品牌便利店鲜食商品供应的开放，教育超市和24鲜发挥各自资源优势合作推出鲜食，极大地满足了师生员工的所需，更在学校食堂三餐之间增加了一份选择，减少外卖在校园里带来的各种隐患。

（三）管理模式升级

借助互联网和微信，教育超市的管理模式由垂直化向扁平化的现代企业管理制度转变，由各部门组成大群，各门店组成小群，总经理、部门经理直接参与，商品动态、紧急团购、人员安排、会议通知等以最快最直接的方式处理，充分体现公开公平公正的管理原则，特别在安全问题上，消防安全、食品安全、人员安全、资金安全，每天一小报，每月一汇总，尽最大的可能消除隐患，降低、缩小各项事件发生的概率、范围和后果，以确保师生员工们的安全。

（四）营销方式升级

1. 增加科技含量，在教育超市门店中推广"无人""自助""人脸识别"等新技术增强体验感，吸引学生。

2. 增加文化元素，特别是中国优秀传统文化在年轻一代中的传播和传承。教育超市出资推动优秀剧目进校园，古筝表演等登台校园文化，提高了相关学生社团的艺术水准。

3. 增加"互联网+"，发展电商，整合碎片时间，提高服务效率，开展精准营销，方便师生生活。

四、以十九大精神为指引，努力践行新时代上海教育超市的使命

（一）坚持科技引领实业，实现"传统教超"向"智慧教超"的转变

科技日新月异，教育超市也将迈入新零售时代。教育超市的某些管理或服务功能可以运用科技的手段实现自助，比如电子货架，可以随时掌握学生购买情况，增减商品供应，调整商品结构。比如收银，由于学校特殊的作息时间，导致学生在课间休息时一窝蜂地涌入门店，采用自助收银的手段，由学生自己取商品自己付费，不需要收银员，既可以缩短等候时间，同时在大

学生脑海里树立诚信概念，实实在在地体验诚信、感知诚信，起到环境育人、服务育人、管理育人的目的。

（二）坚持以人为本，构建和谐劳动关系

关心员工，是一个企业应尽的义务和责任。加强公司凝聚力工程，加大对员工的素质培养、技能培训的投入，制定绩效考核机制，鼓励多劳多得，让员工们在良好的经济基础上找到做服务的尊重和快乐，一个有了自尊的员工才会更自觉地付出，才能发出内心的微笑，让他们觉得服务并不是件"低人一等"的工作，而是一份充满爱心和甘于奉献的工作。在教育超市创立之初采取低成本运作的模式，各方面都在摸着石子过河，既不能吸引人才，也不能留住人才，随着国家政策的调整，公司制度逐步健全、规范，很多员工安心留下来。近十年来，公司提供3000人次的就业岗位，缴纳社保4862万元，缴纳税金8130万元，同时培养了一批优秀人才，有输送到其他公司担任高管的，有在本公司逐步提升的，有自学成才成为业务骨干的，目前公司中高层管理团队大部分都是勤勤恳恳工作了十几年的员工。

（三）努力营造良好的服务环境

坚持以不牺牲师生员工利益为前提而进行市场开发和拓展，倡导公开公平公正的营商环境。学校的租金越贵，经营者的商品毛利越高、售价越高，同样的消费师生们支出的金额越大，看似学校增加了收入，其实失去的是师生们的民心，教育超市通过连锁经营，统一店招、统一服饰、统一进货、统一价格、统一结算、统一管理，不以单个门店的盈亏作为计算依据，升级硬件设备，做好微笑服务，想师生所想，通过各种促销活动让利给师生，最大限度提升师生员工们来教育超市购物的幸福感和满意度，从而提升了师生员工们对学校的幸福感和满意度。

（四）坚持做一个有爱心、有文化、有责任的企业

1. 爱心是服务教育、服务学生的基础。在大学生从学生向社会人的转变过程中，教育超市作为学校后勤的一分子承担着服务育人的重要功能。学生离开父母家人无微不至的怀抱，来到一个完全陌生的集体生活的环境中，有一个适应过程，需要的是类似家人般的关怀。我们关爱自己公司的员工，其目的就是让员工更有爱心去关照学生、服务学生，帮助他们尽早融入学校大

家庭中，更好地成长。

2. 树立生态文明的理念，实践绿色经营。"青山绿水就是金山银山"，教育超市在自己范围内尽可能地发挥作用，树立绿色、低碳、环保的发展理念，构建资源节约、环境友好的生产方式和消费模式，增强可持续发展能力。教育超市依靠学校、教委等各方支持在校园里积极推广二手书项目，创立"朝花夕拾"品牌，成为上海高校中唯一一家获得二手书经营资质的单位，把二手书市场规范化、标准化、市场化。从2009年至今共销售40万册二手教材教辅书，按3万册书相当于用去1500棵成年大树来计算，教育超市通过二手书循环利用的公益项目，挽救了2万棵成年大树的生命，让有限的资源，得到无限的循环，利在当代，功在千秋。

3. 精准扶贫，责无旁贷。教育超市依托上海、依托高校，在各级领导和学校的关心支持下有了20年的成长，理应以回报社会、回报学校为己任，积极响应习总书记"精准扶贫"的指示，加快引进民族地区、革命老区的商品。比如教育超市销售的安徽六安天僖土鸡蛋，既为老区商品的销售多了一个渠道，又为上海市民带来优质食品。我们要真抓实干，为全面建成小康社会尽一份绵薄之力。

一流的教育要有一流的后勤，一流的后勤要有一流的商贸，服务教育是我们的使命，师生认可是我们最大的光荣，因此我们要以舍我其谁的气概，以勇往直前的姿态投入到教育超市的新征程中，为建设美丽校园、实现一流教育的目标而努力！

公务车改革背景下的车辆服务新模式

——复旦大学后勤车队的战略角色转型探索

张 珣 韩 佳 郭浩敏

根据《中共中央办公厅、国务院办公厅〈关于全面推进公务用车制度改革的指导意见〉的通知》和教育部办公厅2016【5】号文《教育部直属高校和直属单位公务用车制度改革实施方案》的文件精神，全国高校于2016年开始了公务用车改革。但是因为高等院校是事业单位，性质上与党政机关有所不同，而且由于近年来高等教育事业发展较大，多校区办学情况大量存在，对于对外接待、通勤车辆和公务往来车辆的需求大幅度增长，这些都给车辆保障服务提出了更高的要求。这样，在国家压缩公务车相关开支的要求下如何做好车辆保障服务，就成了高校后勤服务部门所要面对的难题。为此，复旦大学的全资后勤企业——上海复旦后勤服务发展有限公司在这方面做了一些尝试和探索。本文就复旦后勤公司所做的改革探索做一综述性汇报。

一、公务用车改革的目标和各高校所遇到的问题

从各级领导机关所发布的文件中领会改革精神，本次公务用车改革要达到的目标是：

（一）取消一般公务车，公务活动出行实行社会化；

（二）实行以按规定报销公务交通费用为主，适度发放公务交通补贴或其他符合规定的社会化方式保障公务出行；

（三）从严核定保留车辆，从严配备定向化保障的公务用车；

（四）实现公务交通保障高效、费用节约、成本下降和管理规范。

从以上这些要实现的目标我们可以看到，这次公车改革首先是要保障公务出行，其次是在保障公务出行的基础上，从严控制车辆，甚至减少车辆。核心目的是要实现费用节约、下降和管理规范。这次公务车辆改革所要解决的问题就是长期以来公务车辆利用率低，开销大，公车私用，超范围配车所产生的巨大的浪费，腐败滋生。

但是在执行公务车改革过程中，高校都封存了很多超过国家机关公务用车规定的车辆，高校可用车辆大幅度减少。对此，后勤车队感觉服务压力很大，一方面可用车辆减少，另一方面学校发展对公务用车需求的总量在不断增加。后勤车队颇有"无米之炊"的感觉。针对这一现状，复旦大学后勤车队探索了新的途径来解决这一问题。

二、大部分高校后勤车队面临的困境

那么，公务车辆产生巨大的开支和浪费的原因是什么呢？经作者与同事们共同对全国40余所高校的实地及网上调研后，发现与经营性的商业汽车服务企业不同，政府机关和事业单位内的保障性车队普遍存在着两个高投入、低产出的黑洞。见图1和图2，分别示意如下：

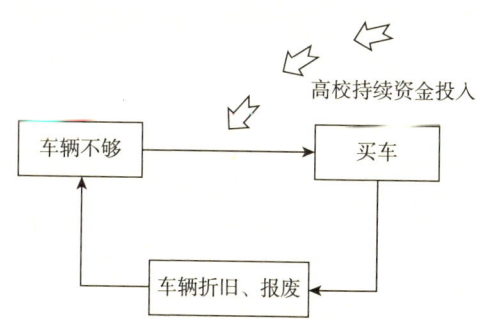

图1 资金黑洞：不断持续投入资金，车辆利用率低、产出低

大部分高校既希望后勤车队能够自负盈亏，又需要车队以低于市场公允价格的低价为本校服务，同时承担很多政策性保障责任，让后勤领导左右为难。

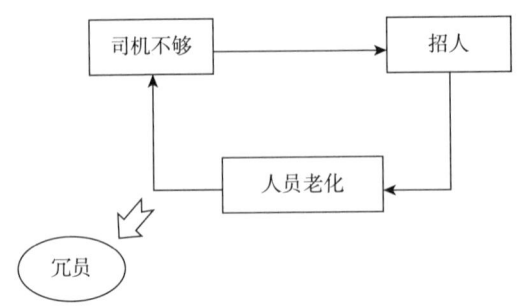

图 2　人员沉淀：不断制造冗余人员，缺少消化途径

以大客车为例：因为高校的寒暑假因素及没有对外服务资质，使得高校后勤车队的车辆基本都是本校自用，每年的营运天数仅仅为 220～250 天。而社会上的客运企业大客车每年的营运天数要达到 300～330 天。高校内小客车的利用率更加远远低于汽车租赁行业的平均水平。同时各院校又要求自己的后勤车队以较低的价格向校内用户提供运输服务。低价格和高空置率使得后勤车队无法达到经济收支平衡，不得不需要学校不断投入资金购买车辆。另外，车辆运输行业的安全性与人员素质关系很大，驾驶员是个特殊工种，工作非常固定，与其他工种的人员交流换岗很少。但是随着驾驶员年龄的增长，大多数驾驶员在还未到退休年龄时，就因为身体原因而不能继续从事驾驶员工作，从而产生人员分流安置难题。以上两种因素导致高校后勤车队成为后勤改革中的难点，一直困扰着各个高校的后勤集团。加之驾驶员这个特殊人群由于得天独厚的便利条件，能够与高校各方各面，特别是校级领导亲密接触，更给改革带来了额外的困难。这些因素相互叠加，纠缠在一起无法破解，车队改革自然成了后勤改革中的难点。

三、对复旦大学车辆服务市场需求的分析

为了破解复旦后勤车队的难题，改革之前，笔者与车队同仁一起对 2009 年、2010 年两年的实际车辆运输情况进行了数据分析，在剔除了 2010 年世博会影响因素后，分别对固定需求和动态变化需求进行统计，得到了以下两个需求曲线，见图 3 和图 4：

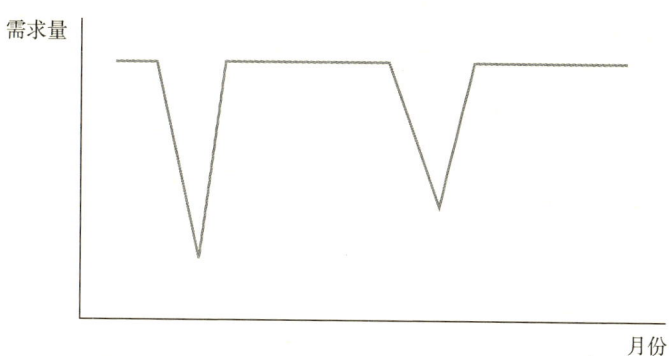

图 3　固定需求（校领导小班车、校区间班车）

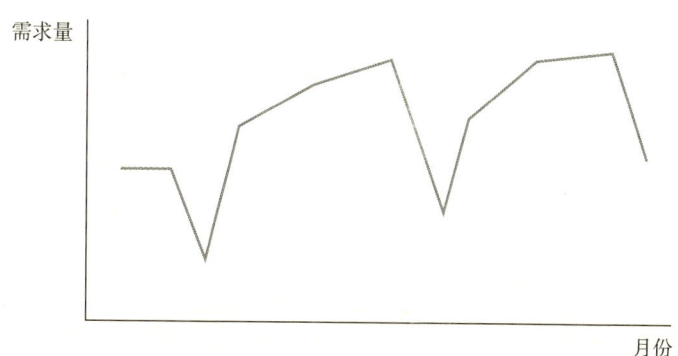

图 4　动态需求（会议、接待、学生活动等）曲线

以上曲线是对向复旦后勤车队提出用车需求的电话呼入数量进行统计，由此曲线已经很明显表示出实际需求是非常动态和波动的。而后勤车队的运力绝对是固定的，静态的。用固定的运能来服务波动的市场需求，不可能实现匹配。这种不匹配恰恰表现出了后勤车队服务的短板。

由以上对运能和对服务的两项需求分析，我们得出结论：继续以增加车队运能的方式来满足学校车辆需求的方法是永远无法破解这个难题的，必须转换观念，改变思路，建立后勤车队可以控制的动态运能蓄水池，用动态的运能去满足波动的市场需求。并且在保障学校基本用车需求，充分依靠动态运能蓄水池的前提下，适当配置自有车辆数量，以实现自有车辆经济平衡。

四、对复旦车队的改革实践

在明确以上改革方向之后,我们借鉴高校在重大活动中集中使用社会车辆的方法,在平时就使用社会车辆填补后勤车队的运能空缺,以社会客运公司为"蓄水池",实现动态调用车辆满足校内动态需求的目的。将后勤车队的战略定位从"单纯车辆供应者"改变为"车辆供应者 + 客运中介"。改革前后的校内客运模型可以如图 5 和图 6 表示:

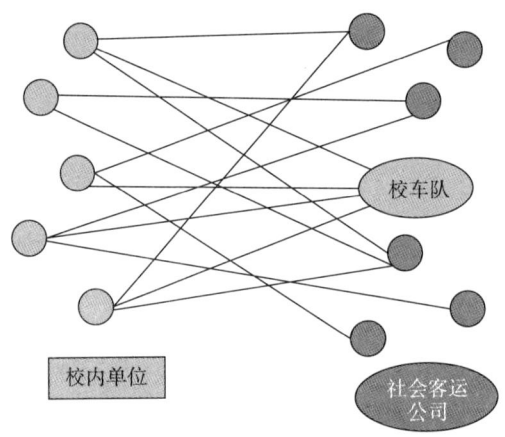

图 5 改革前,单纯车辆供应者

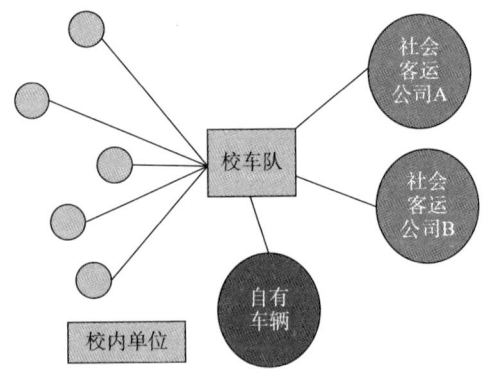

图 6 改革后,车辆供应者 + 客运中介

关于以上模型的说明:在改革之前,当发生后勤车队自有车辆不足以满

足需求时，师生只能自行到社会市场中去直接联系社会客运车辆，与这些社会客运公司直接发生交易，并且由师生自己去处理一切事务。在这种情况下，复旦后勤车队与其他社会客运公司处于同等竞争的环境之中。

而在改革之后，当发生自有运能不足以满足需求的时候，由复旦后勤车队去调动有协议关系、服务优质的社会客运企业的车辆来为复旦校内服务。师生只和复旦后勤车队发生关系，复旦后勤车队与社会客运公司进行财务结算。复旦后勤车队除了自有车辆参加运营之外，还增加了车辆信息中介、服务质量监督和财务结算途径等功能。

我们之所以采取这种改革途径，是因为这种改革模式具有以下优势：

（一）全部改革工作几乎完全局限在车队调度与财务职责范围以内，不影响师生用车，也不影响其他车队职工的工作，不产生额外的稳定难题和负面影响；

（二）车队调度室具备了"动态运能蓄水池"之后，对自有车辆和司机的依赖减少，反而使得对自有司机的管理更加容易；

（三）这样的改革方式即使不成功，也不会比原先的境地更糟糕。改革最大的困难是车队内部改变观念，而从车队外部观察不到具体的改革利益受损方。

改革思路明确后，复旦后勤公司做了大量细致的改革工作，几乎将车队从上到下，从内而外，每一个管理细节和管理流程都做了彻底的改变，历时4个月才基本完成了车队在客运方面的改革。其中的改革细节因具有太多的复旦大学本校因素和上海地方因素在内，具有强烈的特殊性而不具备普遍性。因此本文不进行展开阐述，仅说明一下改革之后所取得的成果。

（一）通过选择合适的社会客运企业，建立了总量达到14家专业运输公司，各种类型合计数千台车辆的动态运能蓄水池，复旦校内车辆市场的保障能力极大提高

1. 对复旦大学校内做到了"提前一定时间预约情况下无限量供应车辆"的承诺，2011年起至今，始终保持了对于提前一天车辆预约需求的100%满足率，无一遗漏。特别是保障了"上海论坛""Y20峰会"等高档次大型活动的用车需要（图7），用车频繁的单位已经养成了依赖后勤车队的用车

习惯。

图7 社会车辆企业与校车队共同为复旦大学开学典礼提供用车服务

2. 提供的车型档次和种类极大提升，车队里没有的车型也可以提供。

3. 引入租赁车服务类型用于公务车与私人需求。

4. 对班车、公务车调整的反应时间大大缩短，不再需要等购置新车后才可以增加班次，缩减班次也不造成成本损失。

（二）后勤车队自身运能得以充分发挥，效益增加，进退自如

在"无限量供应车辆"的广告效应和社会企业车辆整合后的拉动效应下，后勤车队的自有车辆出车辆次大幅度提升。同时车辆服务价格也得以与社会市场完全接轨。车队原先存在的自身经济平衡困难得以解决。而且因为对市场完全把握，前进有方向，后面有退路。车队既可以进行扩大，也可以进行缩编，二者都可以满足师生需求。后勤车队的营业额自改革转型前的不足500万元，提高到2017年的1400余万元。其中自营部分与社会力量提供各占50%。同时原先所没有向师生提供的车辆保险、汽车修理等服务项目营业额也不断攀升，已经达到1000余万元。

（三）车辆服务的满意度和安全性都得到了很大的提高

因为复旦后勤车队对合作的社会客运单位进行了深入的考察，原先师生

所面临的服务方面的困难都得以解决。师生对经过后勤公司挑选的企业都非常认可。

（四）继续保有并加强了后勤车队对复旦校内市场的影响力和服务能力——既提供了服务又没有放弃市场

因为复旦后勤车队汽车服务没有采取简单的一包了之的"承包"模式，而是应用了"供应链管理"的"专业化外包"模式，全部业务都由后勤车队掌握。对校内，所有运力都属于后勤车队，对外，后勤车队代表复旦大学师生。后勤车队在其中起到了核心的枢纽和控制作用。既实现了社会化提供服务，又没有被社会力量挤出去，反而获得了核心的地位。

五、复旦后勤车队改革的再思考

在改革之后，我们重新审视整个过程，我们认为此次改革实践对高校后勤社会化有了以下三点观念上的创新：

1. 面向灵活多变的市场，不能用旧的思路来解决问题。将"后勤社会化就是与社会企业分蛋糕"的传统思维模式改为"搭建平台，用心做好校内客服，发挥各自专长提供专业服务"的方式。变"直接服务商"为"系统整合者，公关、客服、渠道管理者，供应链管理者"等角色，而且社会效益和经济效益同样可以得到保障。

复旦后勤车队现在的角色既不同于以前所说的后勤社会化改革甲乙方分离后执行监督责任的甲方，又不是直接进行服务的传统意义上的乙方。而是一种既履行监督管理，又直接应对顾客服务需求，向顾客提供服务，但是又不直接从事服务工作的新角色。

2. 高校后勤服务已从成本导向转变为质量导向。高校内顾客评价后勤服务优劣的标准首先在于是否受到了良好的服务，而很少关注是谁做的，获得了多少利润。因此在除餐饮等少数公益性特别强的后勤服务领域之外，大部分服务业务可以与市场价格同步，以同价优质的服务来获取市场，而不能采取同质低价的策略。

3. 后勤服务中存在很多新的业务范畴，不能等领导布置，而要主动参与，积极创新服务方式（图8）。抛弃掉"这不是我的责任"这种事业单位惯常的部门分割想法,必须采取社会服务性企业所采取的"跨前主动服务,以送服务上门的形式"来争取客户,获取社会效益和经济利益。

图 8 复旦后勤车队引入社会企业拓展车辆维修业务

以校为主　内外结合
牢牢把握后勤安全主动权

——沙洲职业工学院后勤安全管理实践

张　圣　周晓炜

沙洲职业工学院是在改革开放春风中诞生的全国第一所县办大学。办学30多年来，学院坚持"根植张家港、融入张家港、服务张家港"的办学宗旨，办学规模、人才培养质量、服务地方能力不断提升，为地方经济社会发展做出了贡献。近年来，学院先后被评为"江苏省文明单位（校园）""江苏省高职院校后勤行业先进单位""江苏省高校文明食堂先进学校""江苏省高校文明宿舍先进学校""江苏省平安校园建设示范高校"等荣誉称号。

学院自创办以来，高度重视校园安全稳定工作，牢牢把握安全管理主动权，牢固树立"以人为本、安全第一，预防为主、综合治理"的安全管理指导方针，坚持"谁主管谁负责"的工作原则，对内构建完善安全管理网络，严格落实各项安全管理措施，强化防控长效机制，加大安全隐患排查力度；对外依托张家港市公安局、城管局、市场监督管理局、消防大队等有关部门，不断提高校园设施设备安全、食品安全、消防安全、人身安全的管控水平，有效维护了校园内外环境的安全、稳定、和谐，校园政治稳定、秩序良好，无火灾、交通、食品等重大责任事故的发生，确保了学院各项事业的顺利发展。在2017年10月江苏省教育厅组织的"省高校后勤安全管理检查"中，我院以小组第一获得"优秀"评价。

一、安全组织网格化，责任明确无死角

为做好校园安全工作，我院在认真学习《安全生产法》等法律法规和省

厅有关文件的基础上，重点抓好贯彻落实，从思想上使各职能部门、广大师生牢固树立"安全第一、稳定压倒一切"意识。通过建立"纵向到底、横向到边"安全网格化管理，实现对校园安全的系统化、科学化、动态化监管。

从纵向上，学院成立了安全生产领导小组，负责校园安全规划、指导、检查、修正。各系部成立相应组织，按照"党政同责、一岗双责"的责任追究体系，由各系、各部门第一责任人对本单位安全工作负总责。学院还在各系、各部门设立安全联络员与兼职安全管理员，在班级与学生公寓设立学生安全报告员，初步建立起三级安全工作网络，并明确职责，落实责任，从组织机构上保证了学院安全工作的顺利开展。

在横向上，我们把安全管理工作纳入学院长远规划和年度工作计划之中。每学期定期召开安全工作会议，分析学院安全工作形势、及时解决安全管理工作中的重大问题。学院在2015年即印发《安全稳定工作年度考核办法（试行）》，考核办法明确提出将安全工作与教育教学、科学研究、学生管理同部署、同落实、同考核，对学院安全管理工作流程、安全指标制定、安全工作实施、考核要求都作了明确。

每年年初，学院安全生产领导小组与各系、各部门签订《安全目标管理责任书》《消防安全责任书》，学院与教职工、后勤服务中心与员工、劳务核算点与员工均签订《安全责任书》。在明确责任的基础上，每年，我们还要对安全生产法律法规、标准规范、规章制度、操作规程的执行情况和适用情况进行检查、评估。通过把每个网点的安全做成闭环管理，切实推进安全管理工作制度化和规范化进程。

同时，我们还逐步健全安全稳定各项规章制度，进一步规范安全管理工作。在2014年搬入新校区以来，我们依照《安全法》《消防法》《食品安全法》等法律法规框架，先后制定、修订了学院"安全生产管理、安全稳定责任制管理"等一系列规章制度。各相关部门结合工作实际，也制订出各自工作岗位的安全稳定制度，并张贴于工作岗位醒目处，让员工熟悉掌握相关内容，增强安全稳定意识。我们还针对食堂、水电工、电梯操作、行车、施工管理等岗位制订安全操作规程，要求员工严格按照安全操作规程执行，防止安全事故发生。

二、思想引导、教育师生，安全维稳认识到位

（一）开好公共安全教育课程

学院将安全教育纳入学院教学管理体系和思想政治课程，借助新生入学教育、第二课堂等途径，把安全教育与专业教育、实践实习、心理健康教育等有机结合起来，按有关规定配齐心理健康教育师资。我们通过出版《大学生安全防范知识与技能》教材，并开设相关课程，以心理健康教育为主要内容的安全思想教育，以消防演练为主要内容的实践教育，以与公安、消防、交警等各部门共同携手开展法制教育为主要内容的协同教育，构筑起以安全教育课为核心的完整安全教育体系。

（二）掌握思想意识形态主阵地

我们要求广大教师坚持课堂讲授守纪律、公开言论守规矩，所有教育教学活动都不得出现违背党和国家大政方针、违背宪法法律、危害国家安全、破坏民族团结等的言行。学院结合岗位职责和不同类别教职工特点，以安全意识、政策法规、业务知识和技能训练等为基本内容，综合运用集中教育与自主学习、日常教育与专业培训相结合等方式，定期开展相关安全培训，促进教职工安全素质和能力的全面提高。

我们切实加强微博、微信、微视频、新闻客户端等新媒体管理，建立网络新媒体工作队伍；增强互联网思维，针对青年学生的特点，做好基于移动终端的宣传教育工作；利用互联网、微博客、微信，关注网情，分析舆情，善于引导，敢于发声，抵制各种不良声音和言论，传播社会正能量，做到：正（主旋律）、绿（去低俗）、热（关注点）、应（不回避）。

（三）点亮学生心灵之灯

我们高度重视学生心理健康筛查与干预，保证零危机事件发生。在每个年级都配备了学生心理气象员，每年3月会进行春季心理危机排查并进行班主任谈话和一对一帮扶，每年秋季会安排新生进行心理普查，测试结果异常的，根据情况采取疏导、治疗等措施。

（四）开展安全文化活动

我们通过多种途径、多种方式，构筑以预防为先的安全文化宣传体系。

我们将安全教育作为开学第一课最重要内容，利用开学典礼、新生军训对学生进行安全教育，强化学生安全意识。每年，我们定期开展消防知识培训、组织消防、疏散逃生演练等活动，切实提高广大师生的消防安全意识和突发事件处理的能力。我们还在重大节日、重要节点以多种渠道有针对性地开展安全宣传和管理。保卫处积极联系辖区派出所和警务室，在学生公寓区张贴警方提示标牌，根据社会治安形势及时发布预警信息并在校园网上公布，内容涉及防火、防盗、防诈骗、防传销等多种主题，切实提高学生的自我防范能力和遵章守纪的自觉性，使安全教育真正入脑入心。2015年，学院荣获江苏省第四届大学生安全知识竞赛一等奖。

三、后勤运行多样化，优势互补增活力

我们始终把后勤服务视为学院整体工作的重要组成部分，根据县级市的各类市场成熟度不够，县办大学办学规模不大等实际情况，因地制宜地提出"学校把控后勤管理为主；引入社会优质技术、人力资源为辅；学校职能部门、学生代表参与监管，实现优势互补、兼容并蓄"的运行模式。

学院承担后勤设施设备和运行经费的投入、理顺后勤服务中心组织构架设置、优化聘用人员队伍结构、加强对后勤服务工作的具体指导，加强对后勤服务保障、安全管理进行过程监控，确保学院工作设想与要求能在后勤得到全面贯彻落实。每年定期开展"后勤服务师生满意度调查"，以"责任目标、检查、考核、经济挂钩"等方式调动后勤条线工作人员的积极性，真正发挥"三服务两育人"作用，用优质的工作、便利的服务、创新的亮点赢得师生的尊重、提升保障的功能。

我们始终贯彻保障师生切身利益的服务方针，坚持主体食堂（大灶食堂）由自己来经营，坚持统一采购保证食品安全与原材料质量。一方面积极推行大灶食堂的改革创新。我们在食堂全面实施"7S"现场定置管理的基础上，推行"小组量化考核分配"，我们把大灶班分解成三个独立核算小组，（一个点心小组、一个大锅菜小组、一个风味小吃小组）。将原来核算到班变为现在的核算到组，从成本预算、利润控制、绩效分配作具体的规定。这样职能更加明确，分工更加专业化，相互配合更加紧密高效，小组之间形成良性竞争，

共同推动菜肴质量与品种的提高。另一方面在"美食广场"采取"劳务核算点"的方式：以窗口为单位，引进学生喜爱的饮食项目；由学校提供基本硬件、由中心集中牵头采购主要原料、由饮食服务部与服务商共同制订价格并控制利润率；服务商承担人力成本和技术支持、后勤服务中心和饮食服务部则加强监管，每半年进行考核，实行末位淘汰。三方合力丰富供应品种、提高服务质量、维持窗口稳定。对于统一扎口采购的米、面、油等大宗物品，采取三家以上询价比价、签订长期合同或每周更换等措施，确保原材料的物美价廉。

同时，我们采用了"学院主责、中心签约"的管理模式，后勤服务中心作为乙方每年向甲方承诺完成目标任务、达到工作要求、履行岗位职责。以"福利性、公益性"为原则，由中心主导引进优质的社会力量参与部分项目服务。而在公开招标过程中，我们充分考虑和尊重学生的意愿，邀请学生代表参与其中，让他们从学生的角度参与评判服务质量、拟定价格和优惠条件，这既能更好地满足学生的需求，也让学生直接了解后勤服务工作流程，我们先后在食堂大宗物资采购、美食广场、水果店、眼镜店、理发店、自助洗衣机、自动售货机、教学区免费直饮水等项目中都采用这一方式，体现了学生意愿，受到学生的广泛好评。

四、政校合作特色化，联防群治保平安

在工作中，我们始终贯彻办学宗旨，主动对接政府各职能部门，多多争取市里支持与帮助，依托与市里良好关系来补全我们专业化的"短板"。我们的新校区建设是当年张家港市政府实事工程之一，校园的基础建设施工、设施设备投建等由政府职能部门承担全额资金、组织相关招标采购、负责建筑施工安全防范及验收通过，良好的硬件设施为学生营造了平安可靠的校园环境。在新校区建设中，我们就高标准建立了高清监控网络；校园内交通设施齐备、标识清晰；消防设施完备，全部通过苏州市消防大队的检查；实验实训场所警示标识醒目到位、责任明确，安全生产划分全面规范；学生公寓安装有门禁设施；校园网络实现三大运营商同时有线、无线高速宽带接入，网络安全管控全面到位；强电管理、校园安保、监控、消防、电梯等项目，都

通过市政府招标平台交由有政府认可资质、服务能力强的专业公司实行外包服务。

在搬入新校区前,我们主动与张家港市公安局对接,在他们大力支持下,在新校区成立了沙工警务站,派驻2名民警、3名辅警。警务站每天24小时做好对校园周边治安的值班巡查,每季度进行一次周边治安环境集中整治。警务站通过建立班级工作群,及时发布预警信息。有效处理打架、校内交通事故等各类矛盾纠纷;有效解决传销、学生失联、不良贷款等复杂问题,对校园内违法行为形成有效震慑,近3年,学院案件发案率极低,警务站为师生的人身安全、交通安全撑起"保护伞",得到师生员工的信任。

搬入新校区后,我们还主动联系市城管局,成立了城管联合办公室。由城管队员进驻校园,集中整治校园周边非法流动饮食摊点、非法送盒饭等情况。有效解决了学院西校门外小商摊贩屡禁不止、环境脏乱差、阻塞交通等现象,为学院师生食品安全、出行安全提供有效保障。

我们还积极配合市场监督管理局来校对食堂的食品卫生及环境卫生的"飞行检查";联系市卫计委、卫生防疫站、医药学会对卫生所进行巡视指导、并请他们到校进行专业指导与专题宣传;主动与环卫、绿化园林沟通,加强校园环境整治力度,美化校园环境。这些举措既减轻了人力和技术的负担,也提升了我们后勤管理的工作质量。

通过依托公安局、城管局等政府职能部门的力量,有效解决校园安全、后勤服务保障在专业化、专门化的不足,共同形成合力,构筑起维护校园安全的保护网,防止一些不安全因素进入或影响校园,为校园安全稳定提供了保障。

主动适应高校教育改革
构建特色学生住宿体制

——浙江大学学生住宿体制改革与实践

王桂华　董　宏　蒙晓辉

学生公寓是学生日常生活与学习的重要场所，是高校后勤的重要组成部分，也是高等教育不可缺少的组成部分。新中国成立以来，高等学校开始建立自身的后勤工作体系，逐步形成了与我国高等教育的宗旨、任务相适应的高等学校后勤工作的管理目标、方针和原则，确立了高校后勤工作的地位。但由于中华人民共和国初期受苏联办学模式的影响，当时高校后勤的管理体制和运行机制与计划经济体制下政府包办高等教育的历史条件相适应，具有供给型和福利型的特征。经过 30 年的运行，虽然基本保证了高校的正常运转，但也形成了"一校一户办后勤、校校后勤办社会"的自我封闭体系，造成了管理上"等、靠、要"和服务上"统、包、管"的现象。

随着我国高校后勤管理社会化的推进，高校学生住宿社会化改革对高校后勤服务观念进行了更新，在学生住宿由学校包办转向由社会与学校共同管理，并逐步过渡到社会化管理的进程中，各高校从实际出发，因地而异，因校制宜，充分分析学校学生住宿的现状、改革的基础以及学校发展规划的要求，根据学校周边的环境条件等客观因素，总体规划，分步实施，精心操作，讲求实效，走出了一条适合各自学校发展、具有本校特色的学生住宿社会化改革之路。

一、高校学生住宿体制改革历史回顾

高校学生住宿体制改革，是伴随着国家经济体制改革和教育体制改革，不断探索、不断深化的。回顾高校后勤改革的历程，高校学生住宿管理体制改革大致经历了三个阶段。

（一）学生住宿体制改革的起步阶段（20 世纪 70 年代末到 80 年代初期）

高校恢复高考制度后，莘莘学子涌入大学校园，当时的大学生宿舍管理，基本上还是沿袭着老的管理模式。学生自带行李到校报到，宿舍管理工作人员，根据学生报到名单，将学生按照院系分类一一安排入住。

教育事业的发展和人们物质文化水平的提高，对学生宿舍管理工作也提出了一些新的要求，例如：学生入住后的卫生、安全问题；学生宿舍管理工作人员的职责及配备问题，都提到议事日程上来了。如何搞好学生宿舍管理工作，引起了高校各方面的关注与思考。

（二）学生住宿体制改革的发展阶段（20 世纪 80 年代初到 90 年代末）

从 20 世纪 80 年代中期开始，各高校在学生宿舍管理工作的职责、目标及管理体制等方面进行了改革，促使学生宿舍管理工作有了较大的发展。这一阶段具体有以下几个特点：

1. 从建制上将原先挂在有关部门的宿舍管理工作抽出来，成立了专门管理学生宿舍的部门，并配备了专职干部和工作人员来从事学生宿舍管理与服务工作。

2. 从入住形式上打破了沿袭多年学生自带行李的做法，在学生宿舍内配备了床上用品，生活用具等，极大地方便了学生（新生入校不用带行李），也整洁了宿舍的内务，受到各方面的好评。

3. 从管理职能上确立了管理育人、服务育人、导教育人的宗旨，不断提高宿舍管理人员素质和服务态度，为学生创造良好的宿舍环境。

（三）学生住宿体制改革的规范完善阶段（20 世纪 90 年代末至今）

20 世纪 90 年代末，全国刮起了高校后勤改革的春风，特别是 1999 年全国高校在上海召开后勤改革会议，对后勤社会化改革提出了新的要求，赋予了新的内容。学生宿舍管理体制改革经过起步、发展，进入了比较规范完善的阶段。学生宿舍管理工作取得经验的一部分院校，根据发展的需要和本校特点，将学校宿舍管理体制进一步完善，这里包括制度更加健全，内容更加丰富，基本上形成了比较规范的模式。其特点为：

1. 在体制上更为合理。高校后勤社会化的改革,首先明确了后勤管理的职责和范围,确定了学生宿舍管理是后勤管理的一部分。进行社会化改革的高校都将原有挂靠在学工部、房产处等其他部门管理的学生宿舍归口到整个学校的后勤系统中来。

2. 在人事管理上更为顺畅。学生宿舍管理归并学校后勤系统以后,人事系随之按照企业进行管理。人员的任用、晋升、工资待遇等也相应理顺了,对人的管理纳入了企业人事制度的轨道并与后勤系统其他企业的关系更为密切了。学生宿舍管理工作是需要多方帮助支持的,尤其是后勤各个职能部门,例如水电、维修等,这些部门都隶属学校后勤系统,按照企业化运作,在诸多问题的协调上也更加容易了。

3. 管理上更科学,大力推进公寓服务标准化建设,借用科技手段,推动智慧公寓的建设,使学生公寓服务更便捷、管理更科学,人性化的管理为学生营造整洁卫生、文明有序、人文温馨的住宿环境。

二、浙江大学学生住宿管理体制简介

浙江大学于1995年成立了学生宿舍管理处,是当时国内高校中最早实行学生宿舍专业化管理的事业单位。

1999年7月,浙江大学把学生宿舍管理体制改革提上议程,决定成立浙江大学学生宿舍管理服务中心,作为事业单位企业化管理的经济实体,独立核算,成本经营,受学校委托对全校学生宿舍进行全面管理。中心与学校是服务与被服务的甲乙方关系,各项工作自觉接受学校委托的有关部处的指导和监督。

2000年初,按照"成建制、带资源、整体剥离"的改革思路,学生宿舍管理服务中心正式剥离校行政机关,注册成立具有独立法人资格的国有独资企业——"浙江大学新宇物业发展有限公司",建立符合现代企业制度的法人治理结构。按照所有权与经营管理权两权分离的原则,公司实行自主经营、自负盈亏、自我约束、自我积累,通过收费服务对学生宿舍实施管理,负责独立筹资新建学生宿舍以及对旧宿舍的改造和维修,独立承担所有学生宿舍房产的运行成本。至此,浙江大学宿舍管理工作完成了由事业化体制向企业化体制的过渡。

2002年3月,在新宇物业发展有限公司的基础上,成立浙江大学新宇集团,形成了"以高校后勤为主导产业,相关产业协调发展,构建完整学校后勤产业链"的企业战略。根据高校后勤社会化改革会议的指示精神,在浙江省政府、杭州市政府、省教育厅以及有关部门的大力支持下,在学校的直接指导下,浙江大学新宇集团不断探索适合高校后勤产业发展的运行体制和管理机制,在实践中探索,在探索中实践,凭着领先的经营理念、敏锐的市场意识和强大的人才队伍,企业获得了源源不断的生命力和竞争力,"管理输出、体系复制",形成了高校后勤企业的特色发展模式。

2007年1月,新宇集团进行了股份制改造,注册成立"浙江浙大新宇集团有限公司"。如今的新宇集团已从一个50人规模的学校部处,发展成为一个有着1万多名员工、20多家成员企业的现代综合性企业集团。

三、浙江大学学生住宿体制的改革实践

新宇集团在企业发展战略的指引下,以学生公寓管理为主,促进高校后勤管理的规模发展,着力打造一流高校后勤管理服务体系;积极发展房地产业、旅游业,培育、巩固相关产业与高校后勤管理主导产业协调发展、相互支撑补充的经营体系;坚持以人为本的管理理念,优化运行机制、管理体制,打造新宇品牌。积极稳妥地进行着后勤社会化改革,进行了一系列的改革实践活动。

(一) 主动适应学校事业发展需要,畅通融资渠道,充分利用社会资源,加快发展

新宇集团实行自主经营、自负盈亏,解决学生住宿资源不足,切实改善学生住宿条件即成为首要任务。1999年1月,经过积极努力,达成了与企业的首个合作协议,争取到了第一批6000万元社会资金建设学生新公寓。新宇集团依据自身多年宿舍管理工作经验,了解学生需求和高校宿管工作特点,委派其旗下浙江恒业房地产开发公司自行开发兴建学生新公寓,新公寓的户型、家具等也全由公司自行组织设计,不仅有效控制了成本,而且使新公寓的建设更贴近管理工作实际、更符合学生身心成长的需要,从而一举成为国

内高校新公寓的样板，受到社会各界好评，为进一步发展打开了局面。此外，新宇集团还与浙江省农业银行、杭州市商业银行、浙江省工商银行等多家金融机构达成长期合作协议，赢得了雄厚的资金支持。

新公寓建设，学校没有投入一分钱，由新宇集团完全自行筹集，投入了资金近4亿元，共开发建设了新型学生公寓（带卫生间、阳台，通电话、宽带网络和有线电视）31万平方米，改造装修了旧学生宿舍18万平方米，浙大学子"安居乐学"工程提前完成。

（二）建设与管理一体化，思政与物业管理一体化，进一步丰富学生宿舍管理工作内涵

早在学生宿舍管理处成立之初，浙江大学就充分认识到宿舍育人功能的重要性，将其视为一块有待加强并且大有可为的学生思政工作阵地，经过多年总结积累，形成了思政工作与宿舍管理有效结合、相互促进的宿舍管理体制，使学生宿舍管理工作进一步为高校培养高素质人才服务。

在"教育、管理、服务"三位一体的育人理念下，紧密围绕办学规律和师生需求，切实加强学生宿舍管理、学生自我管理和网上思想政治工作，将"管物"（物业管理）与"管人"（思政教育）融合渗透，形成思政工作与宿舍管理有效结合、相互促进的宿舍管理体制。新宇集团管理队伍的统一性首先保证了宿管与思政工作双重要求的实现，在统一的领导下，各自分工、职责明确，教育督导、宿舍文化建设、网络建设、物质环境建设多管齐下，百花齐放，寝室文化节、学生宿舍综合纪实考评、党员示范寝室、文明寝室评比、生活学习咨询、学生公寓管理委员会、健身房、活动室……教育与管理结合，教育与服务结合，以硬件建设带动软件建设、以管理水平和思想教育水平的提高促物业发展，有效加强了学生的道德教育、基础文明教育和行为引导，通过营造"人人皆教育之人，处处皆教育之地"的浓郁氛围，极大丰富了学生宿舍管理工作的内涵，也进一步奠定了新宇集团腾飞和奋进的基石。

（三）立足校内市场，放眼校外市场，形成规模经营，打响浙大新宇品牌

在自身发展的同时，集团积极响应浙江省政府"要共建、要奉献"的号召，输出较为成熟的后勤管理模式，为省内其他高校代为进行专业化的后勤建设和管理。根据各高校具体情况，实行灵活的管理模式，既有投资、建设、

管理一条龙的，也有只投资不管理的，还有只管理不投资的；既有专管学生宿舍的，也有兼管宿舍和食堂，还有宿舍、食堂、超市、校园全面管理的，形成了丰富的高校后勤管理专业体系。目前已成功服务了浙江大学、南开大学、天津大学、中央财经大学、北京邮电大学、中国海洋大学、吉林建筑大学、上海应用技术大学等近200家各类型单位的后勤服务工作，服务人数160万人，服务范围遍及全国13个省市。

（四）立足主业，参与市场竞争，形成多元化经营格局

积极鼓励后勤企业不断扩大对外合作的广度与深度，努力扩大生存空间，向市场融入，寻求更多的经济增长点，提高竞争力，增强生存能力。在立足高校后勤的同时，新宇集团投资于旅游业和房地产业，成功地经营了浙江新宇城市酒店、浙江新宇商务宾馆、浙江恒业房地产开发公司等子公司，初步形成以服务为核心，高校后勤管理、旅游业、房地产业相互渗透、相辅相成的发展模式。朝着建立以"新宇"品牌为龙头，以专业公司为支柱，以产业化、集团化发展为方向，相关产业与高校后勤管理主导产业协调发展、相互支撑补充的经营格局方向发展。时至今日，集团已初步形成了模式多样化、业务立体化、管理标准化的完整业务体系和产业链。

（五）以现代企业制度为依据，重视企业规范化建设

集团成立之初，人员编制实行"老人老办法，新人新办法"的人事政策，转制分离前的事业编制人员，工资关系"冻结"后保留在学校，在集团双向选择后竞争上岗，统一实行企业工资、奖酬分配制度，除基础工资外，实行以岗定责，以责定薪，以绩效定待遇，实行社会化的劳动用工和社会保障体系。灵活的用人机制和公平竞争的人才环境使得一批素质高、懂管理、肯奉献的年轻干部被选拔到了管理岗位上，集团现职管理干部全部为本科以上学历，70%以上的管理骨干具有硕士以上学历，这支年轻专业的管理团队的建立，使企业管理工作创出了一条规范化、制度化、科学化的集约式管理路子。企业在发展过程中建立起了一套包括运营、人力资源、财务、行政等各项制度的全面、系统的管理体系，并通过制度理顺机制、规范程序，建构了科学的企业管理、决策机制。

新宇集团秉承"专业"的企业核心理念，积极实施标准化、专业化、精

细化管理，先后通过了 ISO9001 质量管理体系、IS014001 环境管理体系、OH-SAS18001 职业健康安全管理体系、ISO 50001：2011 能源管理体系国际标准认证，成为国内高校中最早通过体系认证的单位，全面提升了管理服务档次和水平，使各项工作向标准化、规范化、制度化、科学化迈进，建立起了符合国际质量要求的保障体系，更为集团的可持续发展提供了有力的保证。

新宇集团将继续秉承"奉献社会、体现价值"的企业理念，依靠良好的市场发展前景和强大的管理服务队伍，在夯实集团发展基础的同时，抓住机遇，开拓前进，努力建成治理规范、效益优良、受人尊重的现代服务领军企业，为中国高校后勤社会化改革贡献自己的一分力量。

高校餐饮的"中快模式"

李平金　李五星

中快餐饮集团遵循高校食堂经营要求和管理规范,不断创新管理理念,不断提高服务质量,是目前规模最大的高校餐饮连锁企业。

成立于 1994 年的中快餐饮集团,覆盖了国内各省、自治区(除西藏、台湾外)、直辖市高校食堂。包括清华大学、北京师范大学、天津大学、复旦大学、浙江理工大学、香港中文大学、中国科学技术大学等在内的全国 800 个学校食堂,共有员工 4 万余人,每天为 500 余万人次的大学生提供餐饮服务,多次受到中国教育后勤协会的表彰。

一、管理创新:把经验提升成标准,做行业规范的贡献者

中快餐饮集团是一个民营股份制企业,集团子公司、孙公司,实行层层控股。各子公司、孙公司都是独立的法人企业,独立承担经济法律责任。公司股东按注册资金比例利益共享、风险共担,经营管理讲求高效廉洁、团结协作、相互监督、务实肯干。

1. 实行财、物的垂管模式。集团对下属公司的财、物直接掌控。例如,中快控股的公司的财务是由集团总部财务部委派主办会计,其工作向集团财务部负责,不受所在公司经理爱憎影响,一切按财务制度办事,具备一定独立性,职级升降和业务奖惩由财务部组织考核评定;物资采购也是如此,各省市公司均有采购配送部,主要负责人由集团采购部委派,各省市公司经理对当地财务部、物资采购部的工作有下达工作任务权和工作质量监督权。

2. 推行高校食堂标准化管理体系。中快餐饮集团是中国教育后勤协会起

草《高校餐饮社会化服务（标准化）》的牵头单位，目前已通过专家复审，并已在辽宁省颁布施行。中快餐饮集团所辖的800余家食堂按照此规范，从安全防范要求到员工各岗位职责，从厨房设计到食品生产加工操作流程严格按照规范实行。同时，中快各公司还按照《中快食堂标准化方案》要求，优化了食堂硬件，规范了工作流程，强化了安全意识，使"五常管理"渗透到工作方方面面。云南公司、天津等公司，被省市政府教育部门邀请去做经验介绍。

3. 发挥党员在企业经营管理中的表率作用。中快党委现有党支部13个，有党员120余名，分布在集团总部及各省市公司中，大多担任店长、经理等职务。他们按照党委要求，设置"共产党员"岗位，提供正能量支撑。凡是要求员工做到的，党员自己以身作则，率先垂范，坚持做诚信经营、遵纪守法的标兵，做传帮带、扶贫帮困的标兵。每年开展1~2次爱党爱国、爱社会主义教育活动，开展校企合作、服务育人活动，受到校方和师生好评。

另外，中快餐饮集团在经营管理实践中不断改革创新，还总结出了一套科学高效的管理模式，包括股权激励、技术创新、竞争上岗、末位淘汰等。

二、服务创新：以食堂为基地，搭建服务育人的平台

中快餐饮集团主动与高校后勤部门配合，紧紧围绕"服务育人"的高校后勤工作宗旨，以提高服务质量为己任，开展适应大学生需要的活动，诚信服务莘莘学子，激励更多的学生拥有回报社会的品德和本领。

现阶段在校的大学生大多为"95后"的青年，绝大多数家庭为学生提供了足够的生活费用，缺少节约的观念，看不起普通的体力劳动者。

中快餐饮公司与学校后勤、学校团委、学生会合作，组织大学生分期分批到食堂参观做饭菜的过程，组织学生帮厨劳动，亲身感受厨房劳动的辛苦，使他们从肢体上感知"谁知盘中餐，粒粒皆辛苦"，自觉响应食堂就餐的"光盘行动"。抵制浪费，提倡节省，热爱劳动，互相帮助，弘扬美德。

中快公司的每个食堂除厨师和管理岗位外，其他岗位均可腾出一部分（小的食堂可腾出3~5个以上岗位，大的食堂可腾出10个左右岗位），提供在校大学生尤其是贫困生实习，为他们走出校门自主创业培养心理素质和团

结协作的劳动品质。只要不影响上课学习，新生和老生均可来实习，有的实习生专在开饭高峰期来帮忙售卖饭菜等。凡是来食堂实习的大学生均免费就餐，每月有数百元到1千元的薪酬。学生在食堂实习劳动，收获不仅是报酬，更多是培养了热爱劳动者，珍惜劳动成果的观念。

三、营销创新：树立高校餐饮品牌，用实例业绩扩展市场

中快餐饮集团在与各地高校的食堂合作中，融会贯通各地的饮食文化，在把握传统的八大菜系为主导的菜品精髓基础上，继承和发展全国30余个省市的300余种地方特色菜品。

1. 用工匠精神打造中快餐饮产品和品牌。24年来，中快经营的高校食堂产品，在数以百亿计人次的师生品尝中，不断推陈出新，独具特色。面对来自五湖四海、四面八方的师生，中快餐饮集团继承和发展当地饮食文化，创新适应高校学生的餐饮产品，筛选出了适合大江南北高校食堂的《中快品牌菜》（30道）、《中快早点》（20种），同时，食堂产品售卖从窗口点菜的单一模式，扩大到顾客自助模式和自选模式、美食城模式、外卖模式等。

2. 打造网红餐厅引领高校食堂经营。在华南农业大学西园三楼打造一家网红餐厅，宽敞明亮的用餐环境，S型设计的吧台，淡黄色的木制餐椅，室内有台球桌免费使用，露天有大LED显示屏任人歌唱……最重要的是菜品好、种类多、价格便宜，深受华南农业大学师生喜爱，完全打破了人们对食堂的偏见。中快餐饮集团所经营的高校食堂打造的网红餐厅，还有浙江理工大学的玫瑰园餐厅、南昌大学的天健园餐厅、陕西科大的米阅餐厅等，不断满足大学生就餐的新需求。

3. 借助"互联网+"以促进食堂产品销售。针对当前高校大学生们喜爱追求个性和创意的意识较强的特点，中快餐饮集团在高校食堂利用网络和新媒体，食堂利用公众号，为就餐的师生提供食堂近期新厨师、新菜品、新活动的信息，增强食堂与就餐学生的互动，并通过网站的资讯，在求职招聘、就业指导、美食教学、旅游攻略等方面，为大学生需求提供帮助，以此聚集食堂人气，加大饮食产品促销力度。

4. 强化市场拓展手段，注重会议的营销方式。除以往的市场业务员网站

查询、电话咨询、上门洽谈、跟踪服务等市场拓展营销手段外，中快餐饮集团还采取了"会议＋实例"的营销方式来拓展市场。在省市高校后勤召开餐饮工作会议结束前，邀请参会的校长、后勤处（后勤集团）负责人到中快高校食堂参观考察，请该校的主管副校长、后勤领导亲自介绍中快工作业绩，了解卫生环境，饭菜价格，服务态度。请与会者到就餐的大学生中随机询问，并亲口品尝食堂饭菜的质量。通过参会的主管校长、后勤领导实地看、听、问、尝等亲身体验，许多学校有意把食堂交给中快公司承包托管。中快各省市公司普遍采用这种市场营销方式，使市场拓展规模，保持每年增幅20%以上。

四、合作创新：从单一承包经营迈向企业与学校合资经营

中快餐饮集团在承包经营高校食堂餐饮业务过程中，还探索出了与高校合资合作，共同经营管理高校食堂的新路，由此形成了高校后勤与中快省市公司共同参股经营管理高校食堂的新模式。

中快餐饮集团与南昌大学后勤服务集团的合资合作就是一例。

南昌大学是江西省唯一一所"211工程"重点建设大学，在校师生有5.5万余人，新老校园共有食堂15个，其中11个食堂由中快餐饮集团与南昌大学后勤集团合资的昌健餐饮有限公司经营管理，昌健餐饮有限公司的股份是中快餐饮集团占52%，南昌大学后勤集团占48%。

校企合资合作模式的优势：

1. 有利于高校餐饮的经营稳定。避免了社会餐饮企业进入与退出时，食堂饭菜质量不稳定，饭菜价格波动大的现象。

2. 有利于节省运营成本。南大后勤只派了2名人员到昌健公司上班：1名副经理和1名主办会计，主抓食堂监管和公司财物，可腾出人员从事教学工作或开展后勤其他工作；中快餐饮则负责食堂的生产加工、经营管理的所有环节，使食堂工作做到了"专业的人做专业的事"。

3. 有利于掌握经营情况。南大后勤每天都看到有"昌健公司"采购报表，每天知晓营业额，对运营成本和公司盈亏了如指掌，能及时调控几万学生的伙食情况。

南昌大学后勤集团与中快餐饮集团合资合作模式运行 10 年来，南大的饮食安全事故为零，中快食堂的菜品是江西省内高校食堂最好的，性价比最高，多次得到省教育厅的表扬，原江西省委书记孟建柱在视察南昌大学的中快食堂时给予了高度评价。中快餐饮集团还与南昌大学签订合作协议，共同开发营养快餐，为中国教育餐饮做出新的贡献。

中快餐饮与高校后勤共同出资合作经营管理高校食堂的模式，目前不仅有南昌大学在实行，还有湖南大学等高校也在推行。

在高校后勤餐饮社会化改革历程中，中快餐饮集团励精图治，勇于创新，先后成为中国烹饪协会理事、中国教育后勤协会常务理事和伙专会副秘书长，先后荣获了"中国团膳著名品牌企业""中国团膳满意品牌企业""全国团膳质量、服务双十佳单位""中国团餐十大品牌""全国绿色餐饮企业""中国高校伙专会先进单位"。

乘社会化改革之东风　开拓企业发展新天地
——以山东明德物业管理集团发展为例

马　敏

山东明德物业管理集团有限公司成立于2004年，是国家一级资质企业，中国物业管理协会副会长单位，中国教育后勤协会物业管理专业委员会秘书长单位，山东省房地产业协会副会长单位，山东省公共关系协会会长单位。经过十多年的发展，目前，公司业务涉及大学城、医院、产业园、城乡环卫一体化、高档住宅区、写字楼、机关办公楼等多种物业业态，服务项目遍及山东17地市及全国24个省、直辖市、自治区，在管项目400多个。

明德物业管理集团目前在全国管理了北京理工大学、首都师范大学、中国矿业大学、河北工业大学、东北师范大学、南京农业大学、合肥工业大学、安徽大学、山东大学、华中科技大学、吉林大学、西安电子科技大学、宁夏大学等140余所高校，是目前国内管理高校最多的物业管理企业。2017年，明德物业管理集团荣膺"全国校园物业服务百强单位（企业）第一名"。2018年，明德物业管理集团保持"全国物业管理企业综合实力20强"，并获得"中国教育物业服务优秀企业"称号。

《礼记·大学篇》开篇："大学之道，在明明德，在亲民，在止于至善。"明德物业取其"明德"二字命名，更以此为企业的核心价值观，与大学结下了不解之缘。从2005年服务于山东师范大学开始，明德物业深耕校园物业服务，乘着中国教育后勤社会化改革的东风快速发展，在行业内率先提出"大物业"的理念，定位"学苑管家"，经过10多年发展积淀，服务项目遍及山东省17地市及全国24个省、直辖市、自治区。

至善之文化，至贤之人才，至诚之服务，至尊之标准，创至上之"明德"。

一、亲民而至善　专业成就"学苑管家"

2005 年，明德物业接管第一个高校项目——山东师范大学，从此进入高校后勤物业管理领域。伴随着高校后勤社会化改革的大潮，明德物业深入研究高校物业需求，凭借着先发优势，快速发展，至今已布局全国 24 个省、直辖市、自治区，服务于 140 余所高校。其中，山东师范大学项目已服务 14 年，很多高校服务项目在 10 年以上。

《大学》所谓"在亲民"，即"作新民"，苟日新，日日新，又日新。秉承创新精神，明德物业不断深耕高校市场，与时俱进，率先提出"大物业"概念，以"管理数字化、服务专业化、流程标准化、操作机械化"为企业发展战略，提供"物业＋专业"的"学苑管家"服务。

随着互联网、物联网技术的不断发展，明德将先进技术引入校园物业管理领域，打造"明德云管理平台"。从内部管理来说，通过总部集成指挥中心实现与各项目服务中心的远程对接、实时监控。从现场管理来说，明德搭建智慧校园服务平台，依托物联网、云计算、移动互联网、社交网络、大数据等关键技术支持，打造"智慧校园 APP 平台"，满足维修、投诉、消费、查询等需求。同时，明德不断为校园引进智能设备，如可以提供 24 小时废品回收服务的"点点回收"机，实现自动称重、微信付费功能，提高垃圾分类回收率。

明德大力推动校园物业机械化操作，通过配备各型清扫设备、救生艇、无人巡逻机、巡逻平衡车等，实现保洁、秩序维护等岗位的机械化操作，大大提高工作效率，传统物业的扎实服务结合现代化的技术手段，得到校方的高度认可。目前明德黑龙江城市公司服务的高校扫雪项目已经全部实现机械化操作。

一流企业做标准。明德致力打造管理各环节的标准化，让日常服务量化、细化、可视化、扁平化，并通过"三会一课"制度，宣贯标准，通过品质巡查，落实标准化。2014 年，明德物业发布企业标准，成为山东省内首家面向社会发布企业标准的物业服务企业。

明德物业通过"物业＋专业"的发展理念，为学校提供"大物业"服务，除日常的保洁、秩序维护、工程维修、绿化等物业服务外，通过酒店管理、餐饮服务、电梯维保、智慧停车、商贸等专业公司，满足校园的各种需求。

二、格物而致知　引领制定行业标准

格物致知，发扬匠人精神。明德物业成立之初，刘德明董事长就提出"一生只做一件事"，聚焦校园物业，"超值服务、精益求精"的企业服务精神。明德物业始终致力于标准化建设，2014年率先发布企业标准，2017年通过国家级服务业标准化试点单位验收，是山东省首家、全国第二家通过国家级验收的物业服务企业。

除了企业内部标准化建设，明德物业承担社会责任，大力推动行业标准化建设。集团董事长刘德明担任中国物业管理协会标准化工作委员会委员，同时，担任中国教育后勤协会标准化工作委员会委员。

受山东省住建厅、省质监局委托，明德物业负责起草的《山东省高校物业管理服务标准》《山东省中小学物业管理服务标准》已经颁布。2016年，明德物业参与济南市物业管理协会团体标准编写，作为组长单位编写《物业项目管理权更迭规范》《物业项目招投标规范》，并受邀参加《物业入住管理规范》《装饰装修管理规范》《客户服务规范》三项济南市团体标准研讨会。

2016年，明德物业参与中国物业管理协会标准化工作委员会工作，作为高校企业联盟轮值主席单位，主导编写的《物业管理指南——高校物业》已经正式面向社会发布。目前，明德物业已承接中国物业管理协会委托，负责起草《高校物业服务基本要求》团体标准。

2017年12月，明德物业作为中国教育后勤协会物业管理专业委员会秘书长单位，牵头成立高校物业管理团体标准编撰组，开启团体标准起草工作。

三、心正而身修　不忘"教育"之初心

秉承"大学之道，在明明德，在亲民，在止于至善"的核心价值观，坚持"为教学服务、为科研服务、为师生服务"和"服务育人、管理育人、环境育人"高校后勤服务宗旨，明德物业致力于打造中国高校物业管理第一品

牌，以"亲情化管理，个性化服务"为师生提供服务，赢得广泛认可。

不忘初心，方得始终。明德物业服务校园，更将服务延伸到育人中，积极开展校企合作，产教融合。秉承"人才至上"的理念，明德物业先后与曲阜师范大学、山西吕梁学院、山东青年政治学院、济南职业学院、山东英才学院、山西大学、太原城市职业学院等建立了良好的校企合作关系。明德集团在部分高校开设"明德物业班"，为学生提供实训基地，实施"订单式教育""零距离就业"，学校也为公司输送品学兼优的学生，为公司人才梯队建设奠定了良好的基础，校企合作良性循环。

此外，明德集团还在曲阜师范大学、吕梁学院等设立"明德奖学金"，激励奋发有为的学子，回报高校，回报社会。

"大学之道，在明明德，在亲民，在止于至善。""明德"是明德集团的企业核心价值观，以高尚之品德，创新之精神，追求更好之境界。刘德明董事长说，"明德物业提供的不仅仅是服务，更是文明。企业员工必须是有道德的人，才可能创造文明"。

弘扬"明德"文化，长存感恩之心，在明德物业十多年的发展历程中，高层管理团队及重要技术岗位稳定而有力地发挥着重要的作用，"德为先，才为后"的人才理念为明德集团奠定了稳固的发展基础。

传播"明德"文化，打造"大道明德""学苑管家"两大品牌，明德物业致力于做中国高校物业服务第一品牌，公司先后荣获"中国物业行业突出贡献品牌企业""中国物业管理行业标杆企业""省级重合同守信用企业""山东省服务名牌""山东省消费者满意单位""山东省著名商标"等荣誉称号。在中国教育后勤协会的"全国校园物业服务百强单位"排名中，名列企业第一名，在全国物业服务综合实力百强企业排名中名列第二十位。

"好风凭借力，送我上青云"，伴随着高校后勤社会化改革大潮，明德物业得益于高校后勤市场的不断开放，从小到大不断成长。走进新时代，顺应新趋势，追求至善之目标，作为物业服务企业，明德物业将不忘为高校服务的初心、牢记企业使命，迎接新的机遇和挑战，进一步提高服务标准、提升服务质量，让校园生活更美好。

新媒体在高校后勤工作中的应用

——中国海洋大学后勤信息化建设之路

吴 丽 吴 琼 隋美丽 聂帅帅

近年来,伴随着移动互联网技术的创新发展,以移动终端、电脑终端为书写工具,以网站、微博、微信、APP 为关联载体,具有即时性、开放性、交互性等特性的新媒体大行其道。在易于接受新鲜事物的高校,新媒体与后勤工作的融合,既是时代发展的必然,也给后勤服务管理带来了新的机遇与挑战,最重要的是为高校后勤工作的创新与变革开启了一扇窗。

一、新媒体是新形势下高校后勤工作开展的必然选择

(一)新媒体是高校后勤信息化建设的重要组成

自 2014 年始,教育部发展规划司已连续组织召开了两届中国教育后勤互联网大会。2015 年 12 月,在珠海召开的第二届会议上发布了《教育后勤"互联网+"行动计划(2015-2020)》。计划明确指出:"通过互联网+,有效实现校园服务管理模式的转型升级,提高效率、效益和质量,是教育后勤事业发展的必然选择。"在这一传统后勤向现代后勤转型的过程中,新媒体成为各高校建设智慧后勤绕不开的选择,瞬时间,以网站、微博、微信、APP 为代表的新媒体平台成为高校后勤信息化建设的主体。以中国海洋大学为例,自 2012 年始,该校启动了后勤信息化建设,并陆续推出了后勤服务大厅、数字后勤服务大厅网站、后勤一号通、后勤微信公众号和移动后勤 APP,历时三年时间,构建形成了以新媒体为主要载体的"线上"与"线下"深度融合的"五位一体"高校后勤信息化运行新格局。

(二)学生公共参与意识和权利表达诉求的提高

在新媒体技术迅猛发展的当下,学生纷纷借助于微信、微博、QQ、论

坛、贴吧等移动和网络平台来表达观点、提出诉求或维护权益。而对于与他们学习、生活休戚相关的后勤服务工作，他们不再是被动地接受，而是愈发的想主动参与进来，增强存在感。因此，新媒体渠道就理所当然地成为高校后勤征集学生意见，提升服务质量、改进工作的重要信息来源与互动平台。在中国海大数字后勤服务大厅网站、后勤微信公众号、移动后勤 APP 等新媒体平台，每天都能收到数十条关于提升后勤服务质量、改进后勤工作方法的建议和维修申报、失物招领等各类求助咨询信息，在新生报到或毕业生离校等高峰时段每天信息录入量甚至达数百条。

二、新媒体与高校后勤工作有效结合的条件

（一）与时俱进的思想观念是前提

长期以来，人们对高校后勤工作的理解存在误区，感性地认为后勤就是负责做饭、安排住宿、打扫卫生等。殊不知，当下迅速发展的新媒体技术为高校后勤工作的创新提供了契机。要想实现新媒体与高校后勤工作的有效结合，首先要解放思想，与时俱进，勇于接受新媒体这一新鲜事物，为己所用，使其成为高校后勤工作不断跃升和突破的助推器。在后勤信息化建设方面，中国海洋大学于 2012 年在借鉴陕西师范大学、青岛市市政公用局 12319 服务热线管理中心等单位先进经验的基础上，积极作为、勇于推进，既为中国海洋大学后勤事业发展赢得了宝贵机遇，也扭转了以往后勤工作的观念，形成了高校后勤信息化建设的新思路。

（二）专业敬业的人才队伍是关键

在后勤新媒体队伍建设上，目前各高校普遍采取的方式有两种：一是人才引进，二是自己培养。前者因熟知新媒体运营规律，上手较快，遇到技术难题能迎刃而解，缺点是对后勤业务不够熟练；后者熟悉后勤工作开展流程，但在新媒体宣传策略、操作技巧和故障排除上经验不足。为确保新媒体技术与后勤工作无缝衔接，并实现可持续发展，中国海洋大学后勤集团成立了由总经理任组长的信息化建设领导小组，并设立了运行部，形成了一支 20 余人的工作团队，负责后勤集团各新媒体平台的管理、运行和维护。

（三）健全完善的制度体系是保障

从长远考虑，要想实现新媒体与高校后勤工作的深度融合，一开始就要

"立足当下、科学谋划、放眼长远、找准定位"，并制定出台新媒体发展实施方案、预算支出方案等系列规章制度，构建起健全完善的制度体系，避免朝令夕改等"短期流变"现象发生。在工作开展中，中国海洋大学先后制定实施了《后勤集团信息化建设实施方案》《后勤集团信息系统安全管理制度》《后勤集团综合服务平台管理规定》《后勤集团微信公众平台管理制度》等近十项工作制度，为后勤信息化建设持续推进保驾护航。

（四）全校师生的广泛参与是核心

如今的高校师生大部分都是新媒体用户，他们习惯于在新媒体平台上阐发观点、表达意见，针对工作、学习、生活中的见闻和感受进行吐槽、点评、分享。所以，高校后勤新媒体平台首先要做好宣传，吸引广大师生关注和参与进来，建立起忠实粉丝群。同时，还要做好引导和管理，引导他们科学理性发言，为后勤工作建言献策，也要及时加强对垃圾、不良信息的清理。中国海洋大学数字后勤服务大厅网站、后勤微信公众号和移动后勤APP共计吸引了数万师生注册，师生皆可通过这些新媒体平台对后勤工作的开展提出建议或者进行投诉，后勤工作人员会认真阅读每一条信息，并及时给予回应。

（五）优质高效的管理服务是基石

新媒体技术为高校后勤打造了新颖的"线上"服务模式，拓展了后勤服务的渠道，其最主要的作用还是体现在传递信息、收集建议方面。这一平台发展的好与坏，最终还是要靠优质高效的"线下"服务来支撑，如果"线上"说得很好，现实工作却做得很差的话，就很难令师生信服，用户就会放弃对新媒体平台的关注，最终将不利于后勤事业的发展。中国海洋大学后勤集团坚持"线上"和"线下"两手抓，两手都要硬，依托新媒体平台，在畅通信息发布和沟通渠道的同时，积极提升后勤服务质量和水平，如维修大提速、餐饮大变样、住宿环境大改善等，赢得了师生的肯定与赞许。

三、新媒体在高校后勤工作中的作用发挥

（一）高校后勤信息精准传播的有效通道

新媒体具有即时、分众、精确、交互的特点，高校后勤管理者可以借助该平台实现一对多的传播，把各类服务信息及时准确的传递给广大师生，还

可以对师生关心的话题进行及时回复与解答，既节约时间、提高效率，又避免了信息的误传、漏传。中国海洋大学自开展后勤信息化建设以来，通过各种新媒体平台第一时间把各类与师生学习、工作和生活息息相关的信息传递出去，如停水、停电等，不仅方便快捷，而且十分精准，避免了遗漏和延迟。

（二）高校后勤特色文化建设的阵地

大部分高校后勤新媒体平台不仅开设有维修申报、通知公告等服务性栏目，还设有新闻宣传、文化园地等宣传性栏目，这些栏目通过讲述后勤人物故事、总结后勤发展成就、开展后勤特色活动等来凝练后勤文化，成为展示本校后勤形象的窗口。中国海洋大学数字后勤服务大厅网站、后勤微信公众号和移动后勤APP都开设有新闻、文化版块，并推出了"后勤人物故事""读书角""安全小贴士""美食天地"等文化公益栏目，日积月累逐渐成为涵养中国海大后勤文化、展示中国海大后勤形象的重要窗口。

（三）高校后勤联系师生服务育人的重要平台

高校后勤工作引入新媒体技术，首先为后勤员工学习掌握新媒体技术提供了契机，借助于此，锻炼培养了一支既知晓后勤服务管理技能，又精通新媒体运营技术的人才队伍。同时，因为在校学生的广泛参与，日积月累、潜移默化中影响了学生的价值观和行为方式，践行了高校后勤服务育人、管理育人的工作宗旨。中国海洋大学后勤集团目前已形成了一支20余人的信息化人才队伍，其中计算机相关专业8人，高级职称1人，中级职称7人。此外还有多名学生兼职人员，也积极参与后勤微信公众号、后勤微博等新媒体平台的运作，日积月累中他们不仅掌握了新媒体技术，也加深了对中国海大后勤文化的认知与理解。

（四）高校后勤事业发展的智慧之源

高校后勤的服务对象是在校师生，令他们满意是高校后勤工作开展的使命和追求，这就要及时准确地掌握师生的诉求和建议。鉴于此，高校后勤新媒体平台大部分开设了服务监督、建言献策栏目，管理人员可以时时与广大师生进行交流互动，听取他们对于后勤工作开展的意见和建议。中国海洋大学的数字后勤服务大厅网站、后勤微信公众号和移动后勤APP皆有建言献策和监督投诉类栏目，每天都能收到数十条关于改进后勤工作的意见和建议，其中不少金点子被采纳，切实改进提升了后勤服务工作；同时，看到自己的意见被采纳，也在一定程度上激发了广大师生通过新媒体渠道提出建议的热情和积极性。

四、新媒体在高校后勤工作应用中存在的不足

（一）专业人才匮乏是制约高校后勤新媒体发展的瓶颈

面对新媒体技术与高校后勤工作融合这一新命题，各高校主要依靠少数后勤员工摸索自学，既不成体系，还容易走偏，耗费了大量的时间精力，结果却不能令人满意。而面向社会公开招聘新媒体运营人才，因为薪资待遇、工作环境等与社会上的大型IT企业相比存在差距，很难招来高级技术人才。有时甚至出现，自己单位培养出来的新媒体人才，跳槽到其他单位工作的尴尬局面。所以说，既懂新媒体运营技能，又熟悉后勤业务流程的复合型人才的缺失已成为制约高校后勤新媒体工作开展的"瓶颈"。

（二）行业规范缺失是造成高校后勤新媒体良莠不齐的主因

因为新媒体的开设门槛较低，高校后勤领域缺乏统一的管理规范，除了有"官微""官网"外，一些后勤集团的二级单位甚至个别员工也开通了自媒体，时不时地发布各类与后勤工作有关的信息。这些良莠不齐的自媒体，不仅导致信息传递不准确，甚至还会传递虚假信息，进而让师生产生误读。既损害了高校后勤的形象，也不利于工作的长期开展。

（三）重视程度不足是导致高校后勤新媒体发展缓慢的根本

无论是人才匮乏，还是行业规范缺失，归根结底是重视程度不足。这主要源于部分高校后勤从业人员的思想认识不到位，还停留在传统后勤的发展模式之下，没有认清高校后勤信息化建设的紧迫性和必要性，以及新媒体对改善高校后勤工作的便捷性。惟有解放思想、认清形势，加以重视，在人力、物力、财力上加大投入，才能抓住机遇，实现高校后勤工作的新跨越。

加强智慧后勤建设　开拓后勤服务新局面

中国石油大学（华东）

中国石油大学（华东）智慧后勤建设，先后完成以管理功能为主的能源监管平台建设，以服务为主的数字平台建设和移动平台建设，目前正在推进以体验和互动为主的品智后勤平台建设。品智后勤即通过上品的管理，更便捷、更贴心、更有人情味的服务打造满足师生日益增长的工作、学习、生活需要的卓越后勤体系，主要由支撑体系、管理体系、服务体系、移动端4部分组成。

支撑体系建设主要通过与信息化建设处和其他部处的良好合作，获取学校各业务平台的数据，完成后勤数据仓库建设，并将后勤业务系统数据返送回学校数据中心，实现了后勤数据的统一性和唯一性；完成后勤业务服务平台与数字石大的统一认证，广大师生只需凭借学号或工号和数字石大密码登录一次，就可完成在后勤平台与学校平台的直接跳转。

管理体系建设：

1. 覆盖学校水电气暖等能耗数据的节能监管平台建设，实现实时监测、记录、分析，实现了建筑分类分项能耗计量，并开展部分楼宇电耗三级分户计量，通过数据查询统计、能耗追溯、评估审计、诊断评判等提高了学校能源管理效益，并为学校能源管理提供科学决策的依据。

2. 开展节能控制平台建设，对学校供暖系统和供冷系统自动优化运行控制。该平台充分运用气候补偿技术、分时分区控温技术、人体舒适性理论、在线故障诊断技术和数据挖掘技术等技术手段，并同步完成换热站节能控制改造，建筑物供暖、冷源、空调末端节能控制改造和高能耗水泵更换等配套工程。通过节能监测、控制和配套节能改造，2016年人均综合能耗仍维持在

2012 年水平并略有降低，单位建筑面积能耗较 2012 年下降 13.25%，生均能耗较 2012 年下降 5.62%。以 2012 年能耗标准测算，2013~2016 年节约能源总费用为 1105.43 万元，节能效益明显。

3. 通过餐饮管理系统和自主研发的学生餐饮安全管理系统两大平台建设打造食品安全溯源体系，确定了采购、验收、加工、保存等环节的关键点，利用数据分析和农药残留快速检测仪等先进的检测技术对影响食品安全的关键控制点进行前置监控和纠偏措施，实现对食品安全事件的预判和前置处理，最大限度的保障食品安全。

4. 整合了多部门的数据信息，从空间和时间二个维度对学生住宿情况进行描绘的学生公寓管理系统。及时掌控住宿和床位信息，实现学校、片区、楼宇三级管理数据统一；根据学校学生管理需要，实现按类别智能分配，提高工作效率和数据准确性；与学校迎新系统完成对接，新生入校之前就可了解自己的住宿信息。

5. 数字绿色校园信息系统，通过精确测绘，绿地的形状和绿地内路径得以准确的展示，并根据养护计划自动推送养护内容，进行养护提醒，收集、展示已完成养护信息。该系统的使用，基本摸清了我校绿化信息的家底，解决了有什么、有多少、在哪里的问题；逐步构建起精细化的绿地养护管理流程，解决了怎么管、什么时间管、管得怎么样的问题；改变了我校绿化工作模式，由原来的粗放型管理转变为精准化养护。

服务体系依托后勤实体服务大厅，再造后勤服务流程，并开展实体服务与网上服务相融合的线上线下服务新模式，以"数据跑腿代替师生跑路"，实现后勤事务一站式办理；通过数据收集、分析，打造从事后处理到早期干预的智能后勤服务体系。以报修服务平台为例，通过维修内容流程化，维修进度可视化，维修监管层级化，实现了维修限时、监管闭环的良好服务运行体系。同时，借助直观的工作量统计体系，配套制定了相应奖惩机制，奖勤罚懒，极大提高了员工的工作积极性和维修服务质量。在原有电话、现场报修的基础上，开拓了 PC 端、移动 APP 端、移动微信端等多种报修途径，实现了师生多途径报修、维修工手机接单、楼管员网上验收反馈的新报修模式。2017 年全年维修量近 86 000 单。同时，学校还开展了展现后勤动态、推送动态信息的后勤数字服务大厅建设；与师生的良好互动，实现服务需求受理、投诉受理与处理、服务质量监督监管的后勤服务监督平台建设；展现餐饮工作、推送特色菜品的餐饮服务平台建设；医疗服务自主挂号、缴费系统，门诊、B 超排队叫号系统，教工体检电子档案为一体的校园医疗服务平台等一系列服务师生信息平台建设。

在这些管理、服务网络版平台的基础上，学校积极开展移动端建设，先后完成了移动后勤 APP，师生通过下载安装，即可通过统一身份认证进入，随时随地享受报修服务、监督考评等后勤服务。完成后勤微信企业号建设，推出了展示后勤工作、倡导绿色理念等的微观后勤版块；推出了新生住宿查询、微信报修、网上售电、后勤事务在线申请等的后勤微服务版块；推出了"@后勤我想说"的后勤服务互动版块，并与学校官微实现关联。

绿色校园建设的实践与探索

临沂大学

临沂大学牢固树立并切实贯彻创新、协调、绿色、开放、共享的发展理念，紧紧围绕着"一二三四五"的后勤保障工作思路持续健康的发展：一是围绕让师生满意的工作目标；二是突出育人、责任两条主线；三是处理好服务和育人、市场和公益、监管和廉洁三种关系；四是强化四化建设，即后勤服务的社会化、后勤管理的智慧化、考核评价的标准化、队伍建设的专业化；五是实现五大愿景，即大后勤格局、大保障体系、大服务理念、大工匠精神、大教育情怀。

一、持续深化后勤改革

经过17年逐步推进后勤改革，我们主要从改革的层面"深"、市场经营管理服务方向"准"、改革理念"新"、管理机制"活"、后勤保障运行步子"稳"这五个方面上下功夫。目前，临沂大学后勤服务项目已经完全实现社会化，按照"小机关、大服务、社会化"的格局，形成了适应学校发展的新型后勤保障模式，进入了全国高校后勤社会化改革的第一梯队。在基本完成社会化改革的背景下，后勤事业将不断推进，进一步深化后勤管理体制和运行机制改革，建立"管理标准体系、质量监管体系、能源节约体系、餐饮服务体系及校园文化体系"等保障体系，从而实现后勤服务保障的"社会化服务、市场化运作、刚性化预算、生态化校园、精细化管理"。

我们深知大学的主要功能是人才培养，我校非常注重校园环境的内涵提升，使其达到绿化美化与育人的双重效果，主要通过建设生态校园、智慧校园、人文校园和文明校园，为育人创造良好的环境和条件。

二、绿色校园建设的实践与探索

临沂大学是山东省直属管理的综合性大学，前身是 1941 年抗大一分校和滨海区委共同创办的滨海建国学院，2010 年 11 月 26 日更名为临沂大学。目前，学校设有 24 个学院，4 个校级研究院所，2 个分校区。现有 88 个本科专业，涵盖 11 大学科门类，全日制在校生 42 000 余人，教职工 2700 余人。临沂大学目前所在的主校区是临沂市委市政府实行交钥匙工程，投资 33 个亿支持建设的，校园占地 6200 余亩，是目前国内单体校园面积最大的大学之一。2003 年，在新校区开工建设之初，学校就坚持高起点规划、高标准建设，目前主校区建设工程已经圆满收官。在校区建设的过程中，我们始终坚持绿色校园的建设理念，努力把学校建设成为环境优美、设施先进、书香浓厚的高雅文明校园。我们主要做了以下五个方面的工作：

（一）将校园绿化与自然景观有机结合，建设生态校园

我校校园绿化以绿色理念为核心，绿色文化为灵魂，绿色环境为基础，体现绿色生态和以人为本的理念，围绕"做亮主轴线、做优核心面、做精修读点"，打造以"金红绿蓝"为主体的可持续发展的生态绿色校园。其中，"金色"代表临沂大学人文与历史的文化景观，"红色"代表革命与传统的文化景观，"绿色"代表生态与活力的文化景观，"蓝色"代表开放与包容的文化景观。

围绕打造金色景观，充分体现典型沂蒙乡土树种特色，校园选用银杏作为骨干树种，混播四季青草坪作为底色。重视绿化人文景观设计，突出临沂地方历史文化，合理布置景观亭、景观桥、雕塑、奇石、假山和垂直绿化等多处小景观、修读点和休闲地，如沂滨抒怀、孔子群雕以及校牌石、校风石、校训石、希望石等。校园纵向主干道以临沂籍的 4 个圣人命名，如书圣路、算圣路、智圣路、兵圣路等，同时以学校校训"明义、锐思、弘毅、致远"命名了 4 条横向主干道，临沂大学的校训也都出自临沂籍的古代圣贤典籍。图书馆设计为形似山体的集中式建筑，灵感来自于沂蒙山特有的岱崮地貌，既富有时代气息，又是体现沂蒙历史文化特征的标志性建筑。图书馆项目荣获国家建设工程最高奖——鲁班奖，2016 年我校图书馆与北京大学未名湖、

清华大学水木清华等同获十大最美校园地标。

围绕打造红色景观，我们将校史馆改造成为红色馆，该项目荣获全国高校校园文化建设优秀成果奖。在校园内设计了"支前"红色雕塑群、将军园（迟浩田将军在我校植树）。建设了红色大剧院、滨海湖、星海广场等具有红色印记的校园设施和景观，这些都标记了学校的红色源头。特别是我们坚持服务沂蒙的办学宗旨，学校的"一馆三中心"（图书馆、实验中心、艺术中心、体育中心）等教育教学资源与社会共享，面向市民开放，为市民提供了良好的教育教学基地和休闲游憩环境，学校真正成为"沂蒙革命老区人民自己的大学"。

围绕打造绿色景观，我们依托现有自然环境条件巧妙构思，绿地布局均衡，功能合理，校园特色景观突出，生态效益优良。中央区域打造绿化核心景观，根据不同的地势和区域特点，分布建植了15个主题园区和修读点，如桂园、松园、樟园、水杉园、银杏林、生态湿地等，合理布置花圃、花坛、雕塑、奇石、假山等景观，栽种了5000余株古树名木，多种多样的植物群落，错落有致，使校园不同区域景色各异，一步一景，具有极高的观赏性，呈现出浓浓绿意和无限生机。

围绕打造蓝色景观，校区景观规划采用大面积中央绿地布局方式，在校区中央形成70公顷的核心绿地。在保留原有山丘自然风貌的同时，适当增加一些人造山体，围绕艺术中心、高尔夫球练习场、管理服务中心、公共教学区和教育学院建筑群区域形成30万平方米的环形水系，并使中心环形水系与祊河以及周边水系连通，形成一个完整的山水生态格局，间或建设了剑桥、水原亭等园林建筑景观，并建设了环校园的生态护校河建设，护校河与祊河水系相通，与内环水系交相辉映，纳入校园整体绿化方案，打造了自然和谐的校园生态绿化系统。

目前，我校绿化用地面积110万平方米，绿地率为66.3%，绿化覆盖率达67.93%，校园内水系面积达30万平方米，现有花木230余种。校园内青山碧水相连，蓝天白楼辉映，鸟语花香邀约，一派生机盎然的景色。2016年，学校荣获全国绿化模范单位。

（二）将节约型校园与新技术有机结合，建设智慧校园

科学技术和高新设备是创建绿色智慧校园的基础。临沂大学校园面积大，

在校师生数量多，能耗总量庞大。在新校区建设与启用期间，学校规划建设和后勤部门科学规划，合理设计，重视新技术和新设备的应用和推广，加强节约型校园建设。自 2011 年以来，累计投资 6244 万元用于节能设施设备的改造提升和节能新技术的推广应用，积极主动地挖掘节能潜力，取得了较好的节能效果。如教学区冲洗阀、学生浴室智能控制设备、节水器具和设施改造等。节能改造提升主要在供热设施改造、智能照明节电控制系统、图书馆内 JZJD 系列智能用电管理系统的使用等。自 2011 年以来，仅绿色照明灯具的使用，每年节约经费 280 余万元。

我校建设了校园建筑节能监管平台，通过平台实时采集、远程监测校内水、电、燃气等各类能耗状况，针对发现的能源浪费现象，及时提出整改意见。目前，该系统已覆盖到了全校所有建筑，并接入到我校数字化校园建设平台中进行统一管理和监控，全校能耗总量在师生保持增长的情况下降低了 10%。

配好建设大美临沂、美化城市环境、节能减排等工作，我校对建筑节能及可再生能源进行了科学利用。利用政府财政拨补建筑节能项目，投入 991 万元，对家属区 749 户、7.5 万平方米的旧建筑外墙、门窗保温、供热管网等进行了改造；学校新建留学生公寓采用了中德合作模式，是山东省《被动式低能耗房屋应用研究》的示范项目，此项目省住建厅奖补 1045 万元。采用节能设计、围护技术、空调节能、照明节能、自动监测、绿色建筑技术和节能材料等国际先进绿色技术，综合利用日照、采光、自然通风、室温控制等措施，实现绿色节能建筑。在可再生能源利用方面，我们安装太阳能路灯 293 盏，采用合同能源管理模式，引入社会资金 2000 多万元对学生生活区进行了太阳能洗浴工程改造，学生宿舍安装了 1100 平方米的太阳能集热系统和 95 台空气源热泵。

根据国务院、环保部、住建部等有关黑臭水体治理要求，我校与临沂市政合作，启动了双岭路水系规划建设项目，总投资约 8000 万元。这一项目运用了最新的黑水处理技术，不仅能使学校以及周边地区汛期排洪泄洪更加顺畅，把黑臭水体变成汩汩清流，还能在校园周围形成安全屏障，呈现出河畅、水清、岸绿的生态水系景观。

我校强化数字化校园建设，实施校园网有线无线一体化，实现多校区全覆盖，推进全网移动办公自动化和智慧校园建设。建立校园管理信息共享平台，建设学校数据中心，将校园内的各个系统和应用网络连接在一起，实施统一的管理与控制，数字化校园建设取得了重大进展，获批山东省首批教育信息化试点单位。

（三）将校园文化与办学理念有机结合，建设人文校园

临沂大学新校区（主校区）坐落于临沂市西北近郊生态区、秀丽的祊河岸边，设计建筑总面积150万平方米。在大学规划建设中，通过国际招标定标，委托曾经设计过斯坦福大学新校区的美国EDSA公司编制临沂大学修建性详细规划，该规划通过临沂市人大会议审议通过，确保规划执行的法律效力和延续性。

规划设计的指导思想是：贯穿临沂大学的办学宗旨，挖掘构成校园空间的各项要素，集蒙山沂水之精华，承3000年琅琊文明，营造学术文化氛围浓厚，自然、人文环境和谐的生态化校园。

规划设计的理念是：千年大计，百年领先，以人为本；大学作为"城市之肺"，林木覆盖、植被茂盛，公共园林、大水体、多起伏；注重了大学的开放性与城市发展的协调，即大学与社会资源的共享，临沂大学整个校园没有围墙，面向周边社区开放，体现了开放式办学的理念；建筑风格体现世界建筑经典与潮流，吸收临沂民情与传统，体现时代性和沂蒙文化神韵。

规划设计的原则是：①以教育环境为中心，坚持以人为本，高起点、高标准地规划建设具有良好的人文环境与物质环境的大学校园；②坚持生态规划原则，充分利用规划用地基址及其周边地区良好的生态环境基础，营造一个充分融入自然、有效保护自然的大学校园；③坚持弹性规划的原则，创建一套有利于分期建设的衍生体系，保证临沂大学建设的有序发展；④坚持整体化的大景观规划原则，融建筑、规划、景观为一体，在统一使用土地资源的基础上，形成临沂大学整体化的空间特色。

（四）将校园建设与教书育人有机结合，建设文明校园

我校坚持环境育人理念，依靠先进文化影响和引领师生价值追求和行为，将校园绿化作为"育人工程"来抓，注重抓好校园文化建设，提升校园文化

层次，让大学里一砖一瓦、一草一木都承载着人才培养的功能，自2004年以来共投入资金9870余万元用校园于绿化提升。

我校坚持"百年校园"理念，坚持需求和问题导向，针对师生反映集中的道路高峰期拥堵、校园林荫道少、缺乏可进入式园林和休读点少等问题，在广泛调研基础上，实施道路贯通、林荫道、片林提升和休读点"四项工程"，真正把校园环境与育人功能有机结合，为师生创造优美舒适的学习休闲环境。

我校注重加强绿化宣传工作，利用校刊、广播、橱窗、标语、新媒体等手段宣传园林绿化、义务植树的重要意义，使绿色环境保护理念深入人心。每年植树节组织市民和校友来校共同植树，挂牌认领树木。自2009年以来，临沂市林业局等部门、校友为学校捐赠树木2万余株，价值200余万元。

（五）以产学研融合，规划建设"农校对接示范园"，保障饮食安全

特别是在保障师生餐饮服务方面，在山东省教育厅、临沂市政府的指导和支持下，争取"农校对接"惠民政策，形成了符合区域特点的"农校对接"模式，建设了"农校对接示范园区"。

1. 根据中共中央、国务院2010年1号文件"重点扶持农产品生产基地与大型连锁超市、学校产销对接，减少流通环节，降低流通成本"精神和国务院五部委"协调农民菜园子与高校菜篮子之间直接对接，让农产品直接走进高校餐桌"的工作要求，我校先后组织考察了江苏、山东的粮食、蔬菜生产基地，坚持"以临沂大学主导、临沂市政府支持、企业化运作"形式，确定在临沂市兰山区农副产品及蔬菜生产基地建设"农校对接示范园区"，通过招商确定成立山东鼎益生态农业有限公司来承担建设经营临沂大学"农校对接"示范园区，"农校对接"示范园区采取学校有力监管、企业化管理、市场化运行的新型模式，并深入探索出长效运作机制和可复制运行模式。该园区于2013年2月完成了规划设计、土地流转并投入运营。

2. "农校对接示范园区"规划和实施。我校"农校对接示范园区"计划投资2.1亿元（远期投资8.5亿元），规划用地4200亩，辐射带动周边30万亩高效农业发展，吸纳本地劳动就业2万人，年度创造产值13亿元，年度实现农民增收3.6亿元。目前已经签约种植、养殖基地10万亩，待冷链物流产

业园建设完成运行，需要签约种植、养殖基地30万亩，所有基地完全按照"农校对接"食品安全标准体系进行生产种植，能够为150万学生和200万市民提供新鲜安全的农产品和副食品供应服务。项目解决了学生餐桌食品安全问题，实现了供给学校食堂原材料价格低于市场批发价，还能够保障农民合理稳定增收。

"农校对接"项目开展至今，在临沂已经为100余所学校和50多家企事业单位提供优质安全的农产品及其他食堂原材料供应，为10万师生和市民提供新鲜安全的蔬菜和副食供应服务。"农校通物联网"电商APP系统现已上线，全产业链已成功注册"好食材""鼎益""食安餐桌""校园菜"商标，已完成黄瓜、辣椒、西红柿、食用菌等常用蔬菜绿色产品认证。

我校注重校园绿化与学科建设的有机结合，在校园内建设了"水土保持与环境保育"省级重点实验室，建设了模拟降雨大厅。农林学院、药学院规划在校园内建设教学科研实习为一体的实验基地。在学生课程体系中设置了绿色通识教育，将绿色发展教育融入教材和课堂，将建设节约型校园的理念纳入人才培养全过程，同时结合全国节能周、光盘行动和三节（节电节水节粮）等一系列活动，在全校营造弘扬艰苦奋斗、勤俭节约、反对浪费的良好氛围。

提升高校能源维修服务效能的探索

——山东理工大学能源中心水电维修改革实践

张永宝　王成业

学校后勤维修工作是学校后勤工作的热点、焦点、难点，直接关乎学校师生员工的幸福感、获得感，自2016年4月份我校水电暖维修职能调整到能源管理中心以来，山东理工大学高度重视维修工作，能源管理中心在学校后勤管理处领导下，围绕着办师生满意的维修服务积极探索，做了大量的工作：加强员工的技能培训，提升员工服务师生的技能；健全服务标准，全面落实首访责任制、限时办结制和保修责任制，推行网格化管理和目标区域管理；重在维保，强调修旧利废，做好节约大文章；加大信息化研究和建设，依托微信报修、理工能源微信公众号平台，提升信息化维修服务水平和效能；加强员工爱岗敬业的教育，筑牢为师生服务的思想；积极与学校财务对接，实现师生维修服务、水电充值、供暖缴费的微信、支付宝、校园一卡通支付方式的转变；完善发挥师生第三方评价监督作用，与学校相关部门、学院联动，加强服务监管，完善服务评价标准，能源维修服务更加规范，营造师生理解维修工作、支持维修工作的良好互动局面；发挥能源管理中心党支部的战斗堡垒和党员的模范带头作用，发掘先进事迹，讲好维修人的故事，弘扬正能量；关心维修员工学习生活，解决一线维修员工的后顾之忧。

一、建章立制，助推维修服务效能工作的提升

根据学校"工作深化落实年"和后勤处标准化建设的要求，以提升学校广大师生员工对维修工作的满意度为目标，围绕建立能源服务标准化、程序化的长效监督考核机制，持续改进能源服务，全面提升能源服务质量和服务

品质。

（一）建立健全维修服务标准体系，修订完善维修服务及考核标准

根据中心承担的服务项目，对现行的维修服务制度和标准进行一次全面梳理，构建科学合理、层次分明、满足需要的维修标准体系框架，编制能够有效运行的维修标准体系清单。依据现行的国家标准、行业标准、地方标准及法律法规，围绕师生能源服务需求，修订完善能源管理和维修服务标准，同时形成可量化的能源维修服务考核评价标准，并将上述内容装订成册，形成5万余字《山东理工大学能源管理中心水电暖维护维修作业指导书》供员工学习使用。

（二）组织服务标准的实施，创建"理工能源"维修服务品牌

立足于规范服务行为，提高服务质量，制订各项服务标准、各服务环节标准的落实措施。员工按岗位服务流程、标准、规范开展各项能源维修服务工作，从接受服务任务到完成服务任务，严格遵守《水电暖维护维修作业指导书》中列入服务标准体系清单各项标准，确保全过程每个环节标准落实到位。组织岗位员工开展《水电暖维护维修作业指导书》服务标准的学习贯标培训，使员工了解、熟悉并掌握岗位服务标准规范和操作规程，提高执行标准的意识，增强执行标准的自觉性。积极参加后勤处"标准提升服务质量行动"，树立"理工能源"良好的服务形象，打造山东理工大学"理工能源"过硬的服务品牌。

（三）开展标准实施检查考核，制定持续改进措施

建立服务标准实施情况的检查、考核机制，定期组织各项标准落实情况检查，及时通报服务标准实施情况，并对服务标准实施进行自我评价。建立持续改进的工作机制，根据能源维修服务标准实施检查情况，及时进行指导，对标准实施过程中发现的问题及时进行修订和完善。定期总结维修服务标准落实工作中的方法、经验，并加以推广应用，促进维修服务标准的改进完善和服务质量的不断提升。

二、提升维修服务效能的主要做法与成效

针对我校维修职工队伍构成的复杂性，围绕政治上关心、技术上培养、

生活上照顾、权益上保护、精神上人文关怀,建立健全工作机制,紧紧围绕提升维修服务效能开展工作,员工以良好的精神状态和饱满的工作热情投入到提升维修服务效能工作中,树立"我之所在、就是理工能源"思想观念,时时处处发扬学校后勤人优良的工作作风,不断提升服务的品质,打造服务品牌,形成"凡事有章可循、凡事有人负责、凡事有人监督、凡事有据可查"的工作机制,积淀"让标准成为习惯、让习惯符合标准、让遵守成为自觉"的文化氛围,为学校师生员工提供便利高效的维修服务,增强全校师生对能源维修服务工作幸福感和获得感。2018年4月份,组织中心各部门负责人专题研讨活动,围绕"师生对能源服务的要求和期望是什么""本岗位的优质服务标准是什么""如何提高能源服务效能"等专题开展广泛深入的讨论。5月份结合师生对维修服务反映热点问题及本部门的管理服务目标,适应新形势下师生员工对能源服务的新需求,修订完善各服务项目服务流程、服务标准、服务行为规范以及制订各项服务标准、各服务环节标准的落实措施,形成可量化的能源服务考核评价表。6月份开展活动宣传,实行承诺服务。利用网站、微信、APP、宣传栏等各种途径公示维修服务分片保管的责任人、责任区、服务承诺、服务标准和监督方式等主要内容,主动接受广大师生员工的监督。强化培训,提高人员素质水平。加强中心维修服务队伍培训,定期组织业务学习及岗位技能培训。通过外出观摩学习、竞赛研讨等多种方式加强内外部交流活动,借鉴先进经验,交流部门活动成果,开阔服务视野,提升维修服务质量。

(一)建立用户投诉处理"靶向化"工作机制,力求对师生服务的无缝连接

2018年上半年,中心班子成员带领维修部门的主管先后到学校校医院、交通学院、电气学院、资环学院、理学院、温光武教授团队、学生大红炉创业中心、体育学院教师和东校区继续教育学院、东校区公寓管理部、国际学术交流中心、工程实训中心、奥星公司、离退休工作处二科等部门进行了走访,面对面征求对维修服务的意见建议,听取师生对维修服务的建议、意见和诉求,自觉接受师生监督。对"后勤服务标准化建设活动监督服务热线"反映的问题和转接的维修任务,认真做好用户来电来访登记工作,及时对维

修质量回访反馈；并在后勤服务大厅的平台设置咨询建议模块功能，便于师生投诉和维修质量评价，中心设立投诉热线，建立反应快速、督办有力、服务到位的投诉处理机制，随时接待师生有关能源服务的咨询、反馈或投诉，力争第一时间解决师生员工提出的问题。通过搭建多种形式的沟通平台，通过走访、座谈、问卷调查等调研方式，全面准确了解维修工作的实情，发现差距、找出措施、即知即改。

（二）加强《山东理工大学能源管理中心水电暖维护维修作业指导书》的落实执行，不断强化技能知识培训，进一步提高维修服务效能

加强中心已出台的《水电暖维护维修作业指导书》的落实执行，并通过不同维修岗位组织相关维修人员参加维修业务的学习和技能比武活动，营造维修员工深化学习岗位技能和实际操作能力浓厚氛围，充分调动维修人员技能学习主动性和积极性，进一步提高维修人员业务水平，维修业务量和维修服务水平大幅提升。据统计，仅今年上半年学校能源维修累计及时完成日常零星维修共计55 756项。维修更换电表、计量模块261个，处理计量故障196项次。上半年西校区公共区域应急性水、电、暖抢修施工47项次；瑞贤园和博大花园生活区应急性抢修任务31项次施工任务（截止到6月15日），高标准做好水电暖设备维修维保工作，确保校园供水供电供暖（冷）设施完好，安全稳定运转。

（三）创新工作，修旧利废工作取得成效

在中心在调研过程中集中反映用水用能设施零星维修过程中，存在"以换替修"的情况，造成维修材料的浪费和维修成本增加，中心因势利导，在维修部门开展了修旧利废大行动，在日常零星维修过程中，有针对性地对延时阀、水龙头进行拆解更换密封垫、弹簧、盖帽，进行维修，在保证维修质量的同时，有效控制维修成本的开支，维修部王忠斌发挥专业特长，主动请缨，对图书馆制冷机组控制面板受损原件进行了修理，为学校节省资金1万余元；供冷方面，深挖节能运行潜力，根据室外温度及天气情况，适时调整供冷运行负荷，避免出现浪费现象的发生，有效提升供冷质量，降低运行成本。中心工程部、维修部联合成立能源管理部应急维保小组，主动承担维保或抢修任务，从而有效减少中心维保抢修工程费用的支出。

（四）在调研期间其他工作开展情况

调研期间还对学生反映的面临电动车充电难的问题进行现场调研，在广泛听取师生意见和论证的基础上，报送电动自行车充电桩规划方案；针对教学楼缺少师生学习交流的场所，报送学校教学楼"学吧"建设规划方案。在社会服务项目上，2号研究生公寓的社会综合服务项目施行定期和不定期服务质量和服务水平监督，针对日常维修维护和学生投诉问题进行监督落实、整改情况督查；既有学生公寓和教学楼等师生集中区直饮水 BOT 项目的有序开展和实施。

（五）建立第三方监督评价机制

自 2017 年 10 月份，我们组建了学生公寓能源服务信息督查队伍并建立与学生沟通工作微信群，形成第三方监督机制，对学校的全部学生公寓内的能源报修情况、服务质量实现了第三方监督的全面涵盖。

（六）进一步完善微信报修和评价功能

在维修信息化水平建设上，中心信息技术部通过"山东理工能源"微信公众号和开发设计手机 APP 应用，使我校师生可以利用手机完成宿舍用电情况查询和网上报修及上传报修现场图片，并且维修完成后，还可以对本次维修的时效、维修的效果和维修人员的服务态度进行量化评价。另外，对能源服务（维修）的咨询建议或者投诉通过微信公众号直接进行反馈和师生互动。

三、提升维修服务效能工作的思考与展望

（一）继续强化维修制度监督及落实机制

在实际维修服务的过程中，仍存在个别维修员工言行举止不得体、服务流程不规范、维修技能不熟练等问题，需进一步加强维修服务规范监督机制，要继续加强员工的爱岗敬业的教育，筑牢为师生服务的思想，在确保维修质量的前提下，继续从制度层面探讨深化维修效能提升工作。以监督促落实、以监督促提升，以监督创品牌，进一步提升服务质量和服务水平。

（二）借助"互联网+"，进一步提高维修信息化的水平和服务效能

在完善能源服务报修服务平台、持续为师生提供网上服务的基础上，拓展服务功能，加大维修信息研究和建设水平，借微信保修、理工微信公众号

平台，提升信息化维修服务水平和效能，进一步提高能源维修服务水平和能源维修质量，通过有效的管理手段，有组织、有计划地进行业务学习深造和技能比武活动，强化自身维修服务水平。

（三）落实"修旧利废"活动，提升维修服务效能

修旧利废作为中心提升维修服务效能的一项重要的常态化工作去落实，做好节约大文章。不断开展进行节约资源和资源循环利用教育，强调节约资源、开展修旧利费的重要性，提高员工开展修旧利费的积极性，营造"节约光荣、浪费可耻"的浓厚氛围。

（四）关注师生的关切，办师生满意的维修服务

全面落实首访责任制限时办结制和保修责任制，推行网格化管理和目标区域管理，采取各班组内部每日自查、部门每周检查、工作小组每月量化督查；多手段、多举措提升中心能源维修服务效能。对于师生关心关注的事，做到件件有回音、事事有落实，确保服务质量和水平进一步的提升。

（五）建立完善的奖励机制

以标准化、规范化管理为手段，提高维修服务品质和师生对维修工作的满意度，弘扬工匠精神，营造精益求精的氛围，全面提升服务质量和服务品质，建立创新卓越、安全生产、维修服务标兵等单项奖，表彰对能源维修服务工作做出贡献的优秀团体和职工。帮助员工正确认识自身劳动价值，克服大部分在苦脏累一线工作而产生的自卑情绪，意识到作为维修员工，不仅是自己岗位的主人翁，更是高校后勤工作的主人翁，应当自觉以主人翁的态度从事劳动，获得广大师生的尊重。

点滴入手 立德树人
构建教育、管理、服务三位一体育人模式
——青岛滨海学院学生公寓育人模式探索与实践

乔海祥 黄 敏 贾中华

高校学生公寓是大学生生活、学习、娱乐的重要场所，是加强和改进大学生思想政治教育、践行社会主义核心价值观、提高大学生综合素质的重要阵地，是大学生实现"自我管理、自我教育、自我服务"，相互交流、互相影响的重要平台。青岛滨海学院自1992年建校以来就把对学生的思想政治工作和日常行为管理作为头等大事来抓，把加强和改进学生公寓的管理作为学校的重要任务和主要责任。1999年全国高等学校后勤社会化改革工作会议召开后，后勤社会化改革在全国普遍推开，学校以此为契机，立足办学实际，以立德树人为根本任务，以全面提升学生综合素质为目标，遵循思想政治工作规律和学生成长规律，从点滴入手，推进德育生活化，大胆革新管理模式，创新工作机制，不断提高思想政治教育工作的针对性、实效性，在构建学生公寓教育、管理、服务三位一体的育人模式过程中积极探索与实践，大大促进了学校思想政治教育工作。

一、初心与使命

党的十九大报告把努力办好人民满意的教育放在提高保障和改善民生水平之首，做出了坚持优先发展教育事业的战略决策，体现了党中央对教育事业的高度重视，也是国家教育战略的延续与提升。《高等教育法》明确规定：高等教育的任务是培养具有社会责任感、创新精神和实践能力的高级专门人才，发展科学技术文化，促进社会主义现代化建设。不断提高大学生综合素

质、实现教育目标是高等教育深化改革的迫切任务，是发展社会主义市场经济的客观要求。大学生综合素质提升是一项系统工程，涉及学生在校期间的方方面面，学生公寓管理就是其中的一个重要环节。

2002年国家教育部下发《关于进一步加强高等学校学生公寓管理的若干意见》（教发〔2002〕6号），明确指出：改进和加强学生公寓的管理是高等学校的重要任务和主要责任，把对学生的思想政治工作和日常行为管理作为高等学校的一件大事来抓。可见加强高校学生公寓管理对于学生、学校和整个社会来说都是非常重要的。

（一）有利于学生成长

大学生在公寓里，思想最活跃、交往最频繁、信息最通畅、行为最放松。一个良好的公寓环境，有利于大学生持有正确的"三观"，有利于他们养成良好的习惯，发展个性、及时进行心理调节。因此，加强高校学生公寓管理，培育优良的公寓文化，形成和谐的生活氛围，有利于大学生健康成长。

（二）有利于学校发展

高校学生公寓管理是实现培养大学生成才的整个教育过程的重要组成部分和支持系统。学生公寓环境的好坏直接影响到学生的身心健康，对学生道德修养的提高、高尚情操的养成和价值观的形成都起着不可忽视的作用。学生公寓管理与教育教学工作紧密联系在一起，是有机的统一体，担负着学生思想教育和精神文明建设的重担，成为检验和衡量高校思想政治教育工作的一把尺子，综合反映学校的教育和管理效果。因此，加强高校学生公寓管理，是学校提高人才培养质量的重要保障之一，能够促进高校科学、健康发展。

（三）有利于社会稳定

为切实加强高校学生住宿管理，教育部先后印发了《教育部关于切实加强高校学生住宿管理的通知》（教社政〔2004〕6号）和《教育部办公厅关于进一步加强高校学生住宿管理的通知》（教社政厅〔2005〕4号），提出了明确的要求。2007年教育部办公厅下发《关于进一步做好高校学生住宿管理的通知》（教思政厅〔2007〕4号），明确指出：学生宿舍和公寓是开展大学生思想政治教育的重要阵地，要充分发挥现有学生工作体系的作用，充分发挥学生的积极性和主动性，以宿舍和公寓为阵地，开展丰富多彩的思想政治教育活动，为学生成长、成才营造良好的环境和氛围。可见，加强高校学生公寓管理工作，有利于践行社会主义核心价值观，促进社会和谐稳定。

二、做法与实践

（一）教育——加强思想政治教育，凸显学生公寓教育职能

1. 加强学生公寓管理队伍建设，在学生公寓配备三支队伍，即专职辅导员队伍、专职管理员队伍、学生公寓自律委员会队伍，提升育人实效。

（1）专职辅导员是高学历、高水平的思想政治工作者，主要负责学生在公寓期间的思想政治教育工作，是公寓管理的主要责任人。通过定期培训和工作指导，不断提高辅导员工作能力和思想水平，增强责任意识和敬业精神，在学生公寓深入开展思想政治教育，筑牢学生工作的育人阵地。

（2）专职管理员主要协助辅导员老师负责学生在公寓期间的日常生活管理，坚持与学生同吃、同住，能够深入学生生活一线，可以准确掌握学生思想状态，了解学生需求，以最大程度发现问题、解决问题。通过管理员辛勤的劳动、热情的服务，并以身作则的对学生进行言传身教，促进大学生树立正确的人生观。

（3）学生公寓自律委员会是学生自发形成的参与公寓民主管理的学生干部组织，对学生公寓情况了如指掌，对公寓学生感受深有体会，充分发挥学生干部在公寓管理中的双重身份和主体作用，变他律为自律，可以起到事半功倍的效果，同时也充分体现了"自我教育、自我管理、自我服务"的良好局面。

2. 将学生在公寓内的日常表现纳入思想品德课考核。为了能够全面考核学生的思想品德课成绩，学校以《高等学校学生行为准则》为主要依据结合我校实际研究制定了《思想品德课考核方法》，该《方法》对学生思想品德课成绩及其个人行为表现进行全面考核，其中"思想品德课"理论成绩占总成绩的40%，"思想道德行为表现"成绩占总成绩的60%，"思想道德行为表现"根据学生在校包括公寓内的全方位的日常行为表现采取加分和减分，制定了专门的《日常行为表现加减分细则》，配套开发了专门的学生日常行为表现网上记录软件系统和纸质诚信档案，以引导学生道德认识和道德行为相一

致，达到知行统一。

3. 学校始终坚持把学生在公寓的表现与学生的综合测评相挂钩，公寓管理实行星级制管理，根据每日对学生宿舍的检查分数进行考核，一月内考核良好为四星级宿舍，优秀为五星级宿舍，定期考核，不达标者给予撤星并需重新申请考核，被评为星级宿舍的学生每个学期都会在综合测评中加分，学校党委要求学生入党时所在宿舍必须达到四星级以上；为了凸显对公寓管理工作的重要性，学校评选各种先进，如省级优秀学生干部、团干部甚至发展党员，公寓科均单列指标，极大地调动了公寓学生干部的工作积极性。

4. 学校坚持办大学就是办文化，在公寓内积极营造走廊文化、宿舍文化，建有专门的宣传栏、板报、喷绘等，内容均以弘扬社会主旋律为宗旨，并努力贴近学生生活实际，设有天气预报、温馨提示、好人好事、师生风采等专栏，并经常更新，整体设计布置效果和谐、美观，充分体现环境育人；公寓积极组织开展"我爱我家"征文比赛、叠军被大赛等，重点打造一年一度的公寓文化节品牌活动，深受学生喜爱。

（二）管理——坚持科学管理，推动学生公寓管理规范化、制度化

1. 学校注重公寓管理制度建设，结合实际工作先后出台了《学生公寓管理办法》《公寓节水节电制度》《公寓治安管理制度》《公寓维修管理制度》《公寓家居管理制度》《公寓检查奖惩制度》《公寓卫生管理制度》《公寓管理人员考评制度》《辅导员入住宿舍考评制度》等多项制度，如：卫生管理方面实行星级管理制，要求宿舍卫生达到"五净""六条线""三平整""两分明""无异味"等要求，要求明确，方便考核，易于管理，确保学生公寓管理规范化、制度化。

2. 学校结合实际制定了《星级宿舍评选标准》《学生进出公寓规定》《毕业生公寓管理规定》《公寓违纪处理条例》等一整套规章制度、行为规范。用制度规范约束学生在公寓的行为，促进学生公寓建立正常的生活秩序，为学生开展正常的学习、生活提供良好的育人环境，保证教育教学的顺利进行。

3. 公寓管理坚持把安全放在管理首位，明确规定了公寓"十不准"。通过报告会、宣传视频等方式定期对学生进行安全教育，每季度学生公寓均会统一组织一次学生防火、防意外事故的安全逃生自救演习；公寓辅导员和管理

员每天在公寓内进行安全巡查，每月检查一次消防器材，发现问题及时报修确保消防设施设备处于完备状态；公寓科定期组织公寓辅导员、公寓管理员和学生进行培训，要求熟练掌握消防器材的使用方法，熟悉有关报案、报警电话号码，每个公寓楼内都张贴了消防疏散示意图以及应急电话，每个宿舍均有逃生路线示意图，确保各项应急预案落到实处。

（三）服务——强化倾心服务，体现学生公寓管理人性化、个性化

1. 物质设施现代化。随着经济条件的改善，生活水平的提高，学生公寓也需要引入现代化设施设备。每间宿舍 6～8 人，除了配备床、书桌、书架、壁橱外，每间宿舍均由独立卫生间，实现了无线网络全覆盖、24 小时冷热直饮水供应等，每个公寓楼设有值班室、活动室、会客室、心理咨询室等，配有电话、智能控电设施，安装了进出监控和门禁系统，进一步落实公寓的服务定位，改善学生学习生活条件，提高学生生活质量，创造良好生活环境。

2. 服务功能多样化。学生公寓不仅要有优雅的自然环境、现代的物质设施，要需要为学生提供多样化的服务，满足学生不同需要。每个学生公寓均给学生备有维修工具、针线盒、温度计、创可贴、失物认领、温馨提示等便民项目；公寓内有洗衣设施、供暖设施，公寓内外均有晾晒衣服设施；维修方面，做到了小型维修当日完成，中型维修 3 日内完成，大型维修限时完成，定期对公寓内外进行消毒、投放药物，防止虫害，确保公寓内无蟑螂、蚊蝇、鼠害。通过全方位、多样化服务，为学生创造了一个高雅、温馨、宜居的生活环境。

3. 信息交流便捷化。在信息技术飞速发展的今天，互联网作为主流媒体已经成为人们生活中传播信息的重要手段，在公寓管理过程中积极引入 QQ、飞信、博客、微博、微信等新媒体，在公寓老师、学生干部、宿舍长和学生之间构建交流平台，搭建沟通桥梁，提升服务实效，充分发挥新媒体在学生公寓管理过程中注入正能量的积极作用。

4. 衍生服务个性化。为了满足部分学生在毕业之际选择继续深造，学校专门建成考研公寓楼，每个宿舍内均由单独的自习室，并延长公寓熄灯时间，保证学生拥有充沛的学习时间，为考研学生营造了良好的生活环境和浓厚的学习氛围，为学生的个性发展和充分发展搭建了良好的平台。

三、亮点与成效

（一）表彰奖励

2010年，韩华英被评为第三届山东省高校优秀辅导员；2013年，韩华英、申凤霞、王宏云、王萌被评为"山东省高校学生公寓管理工作先进个人"，学校被评为"山东省普通高校学生宿舍管理工作优秀单位"；2014年，崔庆玲获山东省"公寓管理服务感动人物"；2016年，《构建三位一体大学生公寓管理模式的实践与探索》荣获山东省高校学生教育与管理工作优秀科研成果二等奖和山东省思想政治教育优秀成果二等奖，《大学生网络偏差行为心理危机预防及其引导机制探析》荣获青岛高校心理健康教育研究优秀成果二等奖。

（二）科研成果

近年来，公寓科18名辅导员老师向学校德育年会提交论文32篇，获奖24篇，校外发表论文14篇。2016年，申报的青岛市高校工委基层党建创新工程项目《加强公寓党支部建设　打造公寓三位一体育人模式》顺利结项；2017年，学生公寓党建创新项目《党建引领　党员带动　构建教育、管理、服务三位一体育人模式》入选山东省高校工委《加强和改进大学生思想政治教育优秀工作案例集》；2018年，申报的《民办高校学生党建工作规范化模式研究》获批青岛市社科规划项目，另完成校级科研课题4项；2018年，公寓科在总结工作经验的基础上先后编撰了《学生公寓安全工作指导手册》《学生公寓文化建设指导手册》《学生公寓主题教育指导手册》等工作手册。

（三）宣传推广

近五年来，学校通过建设新媒体平台和组织参与各类大赛积极宣传学生公寓教育、管理、服务三位一体育人模式，效果显著。2014年，参加山东省高校学生公寓征文评选活动，《我的宿舍我的家》荣获一等奖，《情"结"寓所》荣获二等奖，《我的公寓我的家》荣获三等奖；参加共青团山东省委"走下网络、走出宿舍、走向操场"活动，诚德公寓425宿舍成功入围"中国大学生百炼之星"提名奖；2015年，启用"青岛滨海学生公寓"微信公众号，目前关注量达2万余人，日阅读转载量近千；2017年，参加山东省高校后勤协会"公寓的故事"主题宿舍文化活动，音乐剧《滨海的他》荣获二等奖，微视频《军被大比拼》荣获三等奖，学校荣获优秀组织奖；2018年，学校共计产生6个"考研满堂红"宿舍。

学生公寓管理工作是高校正常运行的重要条件，也是做好大学生思想政治教育工作的重要阵地，青岛滨海学院主动出击、大胆探索、积极实践，锤炼队伍、搭建平台、建设品牌，构建了符合学生实际、契合自身发展的学生公寓育人模式，为深入开展大学生思想政治教育工作奠定了坚实的基础。

并驾齐驱　精心办好师生满意食堂

——潍坊学院食堂改革实践

温学洪

教育部《关于深化高校后勤社会化改革的若干意见》中指出，到2020年，在我国大部分地区建立起"市场提供服务、学校自主选择"比较完善的新型高校后勤保障体系，基本实现高校后勤服务的社会化、市场化、专业化、现代化。

潍坊学院总务处积极探索和实践后勤社会化改革，充分发挥市场在学校资源配置中的作用，逐步引进具有信誉良好、规模适度、管理规范的社会企业，参与伙食、物业、绿化、水电等的经营。2017年，学校立足自身实际，采用社会化托管方式，率先对餐饮经营进行社会化改革。

一、改革前后基本情况

学校主校区目前现有3栋独体建筑，下设5个经营单元，为全校22 000余名师生提供餐饮服务。饮食服务中心现有编制内员工20人。其中，55岁以上的7人，50~54岁的4人，49岁以下的9人。

建校以来，我校餐厅一直沿用"自办基本大伙为主，特色窗口经营为辅"的经营管理模式，基本大伙满足了绝大多数学生的就餐需求，40余家特色窗口为不同地域、不同饮食习惯学生的消费需求提供了服务。近年来，随着高等教育改革的不断深化，广大师生对餐饮高质量服务、多元化要求不断提高，原来服务管理理念、饭菜花色品种、就餐环境等等已明显滞后。因此，积极探索餐饮经营管理新模式，加快餐饮社会化改革步伐迫在眉睫。

2017年5月，经山东盛和招标代理有限公司面向社会公开招标，安徽合肥黄山大厦酒店管理集团有限公司和山东林趣餐饮有限公司分别取得第一餐厅和第二餐厅3楼为期8年的委托经营权。利用整个暑假，两家公司累计投资1000余万元，对两个餐厅进行了全方位改造装修，使整个餐厅面貌发生了翻天覆地的变化。8月27日，两家新餐厅正式运营。目前新餐厅得到广大师生一致好评，成为潍坊学院一张亮丽的名片，许多学校和公司同仁先后来访参观交流。第二餐厅1楼、2楼和第三餐厅仍按自营模式进行。

二、因地制宜，实践符合自身发展的模式

在餐饮社会化改革进程中，学校认真贯彻落实教育部高校后勤社会化改革工作的指导方针，充分结合学校实际，提出了"先行试点，逐步推开，分步进行，保持稳定"的原则。目前，我校食堂管理经营有两种方式：社会化托管模式和自营模式。

（一）统筹规划，发展与稳定同步进行

餐饮社会化改革过程中，我校结合自身实际，注重统筹规划，加强顶层设计，采取先行试点，发展与稳定同步推进方式进行。妥善处理改革过程中的各种复杂问题。在餐饮社会化托管前，餐厅在编职工6名，非编制30名员工，学校采取积极稳妥的措施，拓宽消化渠道，在改革过程中实现了平稳过渡，维护了学校的稳定。

（二）两种经营方式共存，相互促进，共同提高

经过一年的运营，两家社会餐饮企业倾心打造区域样板餐厅，用心经营，精细服务，使餐厅面貌焕然一新，就餐环境更好，饭菜花样品种更多，菜品味道更美，专业化程度更高。通过引进社会餐饮企业，也极大促进了自营餐厅的发展，自营餐厅倍感经营压力，积极探索适合自身发展的经营路子。一年来，自营餐厅主动寻标对标，积极研究我校新引进餐饮公司经营思路和模式，力求实现"跟跑""并跑"到"弯道超车"。积极采取"请进来、走出去""外派跟踪管理"等方法提高自身餐饮管理服务水平。近年，利用外出学习调研等机会，先后考察了十几家餐饮管理知名度较高的兄弟院校，交流学习先进经验和做法。今年上半年，与中膳·鲁道餐饮公司等多家企业对接，并在其帮助指导下，全面实施"6S""6D"标准化管理法。"6S""6D"管理

模式，极大提高了餐厅规范化、科学化水平，管理服务效果明显。在大家的努力下，我校第三餐厅被山东省学校后勤协会评为"全省高校示范餐厅"。学校被评为"2017年度高校伙食管理先进单位"。

通过一年的实践，自管餐厅和托管餐厅优势互补，两驾马车并驾齐驱，实现了社会效益和经济效益双丰收。托管和自营餐厅在服务上的共同提高，提高了学生在校就餐率，校外小摊点就餐人数和订外卖学生人数大幅减少，为学生就餐安全提供了有力保障。

三、开阔思路，积极规避用工风险

单纯采取社会化托管餐厅管理模式，存在以下突出矛盾：一是编制内人员无法安排。2018年3月份，我校引进物业、公寓社会化托管；2015年学校岗位聘任时，进行公务车车改……均存在"少岗"现象，而餐厅在编人员又更不合适分流到教学部门"登台讲课"。即使人员只减不增情况，多余人员也至少需要5～10年以退休方式消化。二是目前餐厅非编制人员用工费用也由餐厅支付。同时，学校只担负餐厅编制人员档案工资发放，而绩效工资从经营收入中列支，为尽量减轻学校经费压力，使教育经费更好为教学、科研服务，因此也需适当创造收益。再者，餐厅人员也有多年管理和所属岗位实践经验，也是一笔宝贵财富，需要他们更好发挥光和热。

目前，我校餐厅管理人员由编制人员担任，普通服务人员（非编制人员）采取劳务合同派遣模式竞聘。这样餐厅管理部门与劳务公司直接对接，既达到"管办分离"的目的，又规避了用工带来的诸多风险，探索和实践出符合学校餐饮管理发展的用人模式。

四、监管督查，实行末位淘汰模式

伴随着餐饮社会化改革的成功实践，为保证在合同期内让餐饮公司履约尽责，加强对他们的监管摆上了重要日程。为此我们专门制定了《学生食堂餐饮服务监督与评价办法》，建立由政府主管部门、学校后勤部门、饮食服务中心、服务对象和各餐厅组成的五位一体的监管模式，形成对餐厅全方位、多层次、无缝隙的监督管理，同时也避免餐饮管理部门"既当运动员，又当裁判员"现象。对存在恶意竞争行为、遭投诉查实造成较大负面影响、出现食物中毒等情况的窗口单位采取"一票否决制",启动退出机制。每学年末,根据检查监管统计成绩,进行科学化合理化综合考评,对末尾1~2家窗口进行淘汰。通过这些措施全方位全过程地提高了服务质量,提升了各经营业户的工作积极性和创造活力。

改革创新永远在路上。为使广大师生进一步增强获得感、幸福感、安全感,总务处将积极向兄弟高校同仁学习,以"功成不必在我、功成必定有我"的心态,积极推进后勤社会化改革,在新时代,有新担当新作为,为全校师生提供更满意的、更高质量的餐饮服务。

坚持"三服务四育人"理念 努力提高学生公寓文化建设水平

——西安外国语大学公寓文化创新与实践

刘鹏博 雷蕾 王一翔

中共中央、国务院《关于加强和改进大学生政治思想工作的意见》中对于高校校园文化建设提出了权威和指导性意见，教育部在《关于进一步加强高等学校学生公寓管理的若干规定》中明确指出，学生公寓是学生日程生活与学习的重要场所，是课堂之外对大学生进行思想政治教育工作和素质教育的重要阵地。

公寓文化建设是高校大学生思想政治教育的重要阵地和窗口，是高校校园文化建设的重要组成部分，也是高校育人的重要途径和手段之一。学生宿舍作为学校的第二课堂和育人阵地，和谐向上的宿舍文化对学生的意识观念、道德行为、价值理念等方面具有积极的引导作用，促进学生全面发展与健康成才。

在近几年的工作实践中，学生处公寓管理中心本着"以学生为本，为学生服务"的工作宗旨，始终坚持"服务学校发展、服务教学科研、服务学生生活"的"三服务"和"管理育人、服务育人、环境育人、文化育人"的"四育人"工作理念，通过标准化、精细化、科学化、人性化、数字化的管理模式，通过开展贴近学生生活的宿舍文化活动，努力提高了学生公寓文化育人的软实力，形成了富有特色的工作成绩，现总结如下：

一、宿舍文化建设工作的思路与目标

（一）工作思路

我校的宿舍文化建设主要是以学生为主体，以宿舍区域为主要活动空间，根据学校的实际情况，通过了解学生的思想特点和生活习惯，对学生的宿舍生活进行科学有效地管理并完善宿舍管理机制，提供优质的、智慧化的服务，组织学生开展宿舍文化节活动，营造具有时代气息的新生活。

（二）工作目标

通过服务学校发展、服务教学科研、服务学生生活的工作实践，充分发挥学生公寓管理育人、服务育人、环境育人、文化育人的阵地作用，努力提高学生公寓文化建设水平，让学生公寓逐渐成为学生休息生活的便利场所，成为各种时尚信息、社会潮流、思想文化碰撞的新地带。

二、宿舍文化建设工作的集体实践

（一）将日常管理工作制度化、科学化，体现公寓"管理育人"的新功能

1. 制定新制度，规范日常管理工作。2016～2018年，学生处公寓管理中心共制定和修订了《学生公寓管理规定》《学生晚归夜出检查制度》《学生公寓防火防盗安全检查制度》《学生公寓安全通道月检查制度》《自助洗衣房管理制度》等18项工作制度，使公寓管理工作有章可循、有人负责、有据可查、有人监督。

2. 培训新内容，提升管理人员工作水平。公寓管理中心每周召开管理人员和服务工作例会，树立新目标，传达新任务；中心每月召开东西区服务人员业务培训会，就识别公寓楼内推销人员、诈骗人员进行案例培训；联合保卫处每学期组织灭火器使用培训和消防演练；每年组织管理人员参加全国标准化公寓建设专题培训会和全省公寓专业委员会年会，定期走访考察兄弟高校的公寓管理工作。通过培训学习、考察和交流，使管理和服务人员逐渐掌握了新的工作方法和技能。

3. 提高新效率，科学划分工作板块。公寓管理中心根据工作内容，将工作科学的划分为"安全工作""人事工作""日常管理""资产管理""维修工作""学生工作""公寓制度与文化宣传工作""数字化建设"等8项工作，每项工作由公寓管理中心专人负责，保证了各项工作的顺利进行。

（二）将"文明宿舍"创建工作标准化、常态化，突出公寓"环境育人"新理念

根据学校文明校园建设的总体要求，为进一步巩固我校"文明校园""平

安校园"创建成果,充分利用宿舍这一重要育人平台,加强和改进大学生思想政治教育工作,为广大同学营造文明、优雅、舒适的生活学习环境。学生处、保卫处、校团委、校学生宿舍管理委员会每年 4～12 月在全校开展"文明宿舍"创建评选活动,下发了创建工作具体实施标准和检查细则,使创建工作贯穿一整年,更加标准化、常态化。

通过开展"文明宿舍"创建评选活动,使创建工作和思想政治教育相结合,和安全稳定工作相结合,和学风建设相结合,和宿舍文化建设相结合,和卫生健康工作相结合,和学生文明习惯养成相结合。将精神文明建设和思想道德建设融入文明宿舍创建工作当中去,营造了一个"健康、整洁、和谐、安全"的宿舍氛围。

(三)将公寓物业服务工作精细化、数字化,彰显公寓"服务育人"新风貌

在信息化时代高速发展的今天,公寓物业服务工作也与时俱进,紧追时代发展的步伐,"数字化公寓"的建设也是公寓建设的目标。数字化公寓是利用信息互通和信息共享将学生、校园设施、校园情景和资源智能连接在一起的校园系统。通过对数据的智能分析,制定数据分析报告,根据分析学生的喜好和习惯,建立数据分析系统,对学生的生活进行个性化管理,更有利于实现平安校园。

我校使用数字化公寓管理系统,学生公寓报修通过 PC 端和手机端上传维修项目,通过管理员受理派工到维修工,实现了学生足不出户即可完成报修,并能够对维修工做出评价。报修平台能够快速准确地统计出各公寓楼的报修数量以及已完成和未完成的数据,以便更快更有效地服务学生。宿舍的智能控电系统和门禁刷卡系统,确保学生们的安全用电和学生出入宿舍的安全,防止校外人员的进入,提高了宿舍的安全。2016 年起,学校引入"新生选房"系统,让新生自己选择自己的宿舍和床位。在此基础上,学校又于 2017 年引入"选床上用品"系统,学生在网上选购床上用品后,公寓将床品按照宿舍号配置到楼内,简化了新生报到程序,实现了新生报到"拎包入住"学生公寓。精细化的服务和数字化的工作流程,彰显了公寓"服务育人"的新风貌。

（四）指导学生组织开展宿舍文化活动品牌化、大众化，构建公寓"文化育人"新课堂

为了提高学生参与宿舍管理和宿舍文化建设的力度，我校成立了学生宿舍管理委员会，宿管会是由我校学生处、校团委领导，学生处公寓管理中心具体指导的校级学生组织，以"自我管理、自我教育、自我服务"为宗旨，秉承"三做"育人理念，服务全校大学生。宿管会的成立，使宿舍文化的管理有了依靠，有了制约性，维护学生宿舍的正常秩序。宿管会成员能够积极主动地参与宿舍安全管理、卫生检查与文明监督工作，热情地为广大同学服务，努力与学生一起创造具有特色的宿舍文化。

几年来，宿管会已经成功举办了宿舍文化节、宿舍安全知识竞赛、主题征文比赛、舍歌大赛和宿舍夜跑接力赛等学生活动和公寓员工劳动技能大赛以及"最美阿姨"评选等公寓员工活动，形成了自己的活动品牌。这些品牌活动的举办，也逐渐构建起公寓"文化育人"的新课堂。

三、宿舍文化建设工作的成效及展望

通过我校对宿舍文化的建设，在宿管会和学生的共同努力下，我校宿舍管理方面已经构成完整的、科学地管理机制，使学生的宿舍生活井然有序、安全方便。开展的宿舍文化节活动内容丰富、凸显特色，学生的参与热情高涨，形成了团结向上的宿舍文化。宿舍文化节活动中员工所参加的中华经典诵读大赛和"最美阿姨"的评选活动受到学生的热捧，活动视频相继在"微博""快手""抖音"等媒体上传播，获取了社会的广泛赞誉。

勤奋好学、积极上进、团结友爱的宿舍文化活动，对生活在其中的每个成员产生了正面积极的影响。在参与"文明宿舍""优秀宿舍长"的评选过程中，他们体验了欢乐和辛苦，锻炼了创新和动手能力，培养了团队精神和和谐的人际关系，增强了集体荣誉感，形成了比学赶帮的良好学风，有效地促进了学生的成长成才。

在宿舍文化的建设中，我们将进一步总结经验，发展创新，加大特色宿舍文化的建设。注重充分发挥学生自我教育、自我管理、自我服务的主体作用，坚持"信赖学生、依靠学生、老师指导、学生自主"的工作方针，利用

青年学生富有激情和活力,追求个性和新鲜事物的特点,充分调动广大学生的积极性、主动性和创造性,在学校校园文化建设总体方案的指导下,发挥学生主观能动性,使积极参与宿舍文化活动成为大学生喜欢的、自发的文化建设行为。同时,进一步结合学生教育管理和专业学习特点,开拓创新,使学校寝室文化建设更具特色,更有亮点,收到文化育人的实效,促进学生健康成长和全面发展。

高校后勤改革发展大事记

(1979~2018年)

党的十一届三中全会以来的40年,是我国改革开放踏上伟大复兴征程的40年,是落实教育强国战略使高等教育获得迅猛发展的40年,是高校后勤走社会化之路实现从传统管理到现代服务的40年。

40年来,高校后勤栉风沐雨、革故鼎新、坚守责任、科学管理,构建了新时代高校后勤保障体系,提供了安全、高效、公益性、多样化的后勤服务,满足了师生日益增长的生活需求,促进了学校的健康发展,为我国高等教育事业以崭新姿态屹立于世界之林做出了巨大贡献。

本《大事记》力图全面、真实、简明、重点地记录我国高校后勤40年的光辉历程,再现高校后勤人解放思想、知行合一、燃烧激情、无私奉献的群贤风采,从而展示后勤历史、彰显时代精神、汲取经验、启迪智慧。本《大事记》以时间先后为序,真实记录从1979年至2018年9月我国高校后勤40年的发展简史,内容涵盖政策法规、政府文件、领导讲话、教育行政部门文件、重要会议、重要活动、开放市场、改革典型、协会发展、理论成果、专业培训及大型表彰等。不忘初心,方得始终。期望本《大事记》能够起到保存史料、考据研究、以史为鉴、继往开来的作用。

本《大事记》的资料来源于中国教育后勤协会秘书处、《高校后勤研究》杂志社、中国院校后勤信息网、中国教育后勤协会伙食管理专业委员会、中国教育后勤协会公寓管理专业委员会、上海市学校后勤协会、相关领导、高校领导及编者数十年高校后勤工作经历,众人拾柴,得以结集。在此,对提供相关资料的张柳华、王富、朱宝铜、黎玖高、卢彩晨、李英华、李异军、王清埃、马丹、何珊、成冠润、胡征宇、徐金强、卢挺海、姜群瑛、李春启、于宁、刘鹤老师以及承担大量具体工作的范勇昊老师表示衷心感谢！

本《大事记》由《高校后勤研究》杂志副总编赵相华执笔，总字数3.6万字，字里行间，凸显了高校后勤穿越40个流金岁月托起的辉煌，记录了在特定历史时空的后勤英雄们以敢为人先的改革实践和心系教育的科学管理取得的骄人业绩，见证了高校后勤因社会化改革而实现旧貌变新颜的华丽转身。对此，历史应当铭记。

本《大事记》整编过程中，由于时间跨度长、后勤专业多、史料难全、内容庞杂、信息量大，且编者水平有限，取材编辑难免挂一漏万，不妥之处，敬请批评、指正和谅解。

1979 年

上海同济大学借鉴企业经营管理经验，实行按食堂营业额核拨管理费的部分经济核算制半企业化管理办法，初步改革了传统的经验管理，即在福利性办伙前提下实行经费任务承包（经费由学校按食堂营业额的一定比例核拨），通过部分引进企业化管理的定额生产、绩效挂钩、自主用工、奖金分配、经费包干机制，克服管理体制上吃"大锅饭"的弊端，打破"铁饭碗"平均分配方式，在奖金分配方面建立人定岗、岗定责、责定分按分计奖的分配制度，贯彻了多劳多得的分配原则，将炊管人员的责、权、利结合起来，大大激励了炊管人员办好食堂的积极性，提高了劳动生产率和办伙水平，在饭菜质量、花样品种、服务态度等方面，都有显著提高，满足了不同层次消费者的需求，改革的效益极为明显。同济大学率先在全国走出了高校后勤改革的第一步，影响广泛，意义重大。

南京大学校长匡亚明首次提出"后勤服务工作实现社会化"的意见，成为高校后勤社会化改革的理论起点。

上海高等学校后勤试行单个部门的半企业化管理改革，探索后勤改革的方法和路子。

1980 年

3月，北京大学在伙食部门实行半企业化管理承包，克服"干多干少一个样，干和不干一个样"的平均主义，开始试行"包干经济责任制"，炊管人员每半年奖金分为7元、10元和15元三等。逐步建立和完善单项定额承包。打响了北方高校后勤改革的第一枪，很快就在北京高校推广试行，起到了立竿见影的改革效果，提高了师生对伙食的满意率。

北京市高教局在中央民族学院召开了"北京高校伙食工作会议"，会上请中央民族学院、北京大学等高校，介绍了他们的改革经验，加快了高校膳食改革的步伐，推动了高校后勤改革，很快形成了以伙食为中心的总务后勤改革热潮。

南开大学对一些食堂进行半企业化管理改革试点。

武汉水利电力学院伙食部门开始实行半企业化管理方法下的单项经济承包责任制。

上海高等学校推行后勤部门的半企业化经济责任制改革，处于半企业化管理起始阶段。

在近两年来的改革实践基础上，各地高校把"包"字引进后勤部门，以经济承包责任制作为改革的核心内容。改革了封闭式的学校包办后勤的做法，改革中注重体现高校后勤部门具有的第三产业的经营服务性和学校教育性的双重性质。

1981 年

2月，北京市高教局下发《切实改善高等学校的教学和生活条件》文件，积极推广了北京大学、清华大学、北京师范大学、北京财贸学院等院校食堂试行经济管理、开展劳动竞赛、实行奖励制度的经验。这项改革很快推广到其他院校，而且也扩展到高校后勤的其他部门。

北京林学院（现北京林业大学）开始实行伙食半企业化管理，进行伙食项目经营承包管理改革。按食堂营业额提取伙食管理费。伙食科开始有奖金，拥有自主分配权，奖金在 10 元以内分档按分值发放。伙食科还有临时工使用权，临时工占比近 50%，很好地调动了炊管人员积极性。饭菜花色品种明显增加，改进了服务质量，提高了办伙质量，受到师生好评，令学校领导满意。

湖北省教育厅颁发《湖北省高等学校食堂半企业化管理试行办法》，全面推进高校食堂管理改革。

南京大学实行水电费由总务处向学校定额承包，责任到人，节约提奖的管理办法。

3月2日，胡耀邦总书记在《哈工大学生体质下降发病率上升》的材料上批示："南翔同志：前天小平同我们（先念、紫阳、依林同志）几人谈话时谈到他很关心学校生活管理不善，我认为这是学校历来没有搞好的一个大问题。请你们讨论一下，要拿出具体措施来。其中最主要的一条，就是部里和学校领导要把管好这件事当作大、中学校一件大事来抓，破除一切畏难情绪，学会走群体路线，不要只是要求上面改善条件（当然无法解决的上面要支持），只要有这个革命干劲和毅力，事情总可以办得好一些。"

上海高等学校后勤的改革，处于消化、完善半企业化管理改革阶段。

1982 年

上海科技大学对车队管理进行改革，将每月平均发放的综合奖改为按行车里程发放公里奖，以此调动驾驶员工作积极性，提高出车率和主动性，服务质量明显提高。

中国矿业大学开始实行伙食单项经济承包，取得了明显的社会效益和经济效益。学校支付的伙食管理费占年营业额的 20.1%。

9月，北京大学膳食处又进一步完善细化了其改革方案，推出了三级包干经济责任制。其他高校膳食管理改革，借鉴北京大学的经验，绝大多数都实行了经费包干制。办法大体有三类：一是按食堂营业额总收入的 20%～25%，由学校核拨膳食管理费；二是学生食堂按学生注册人数，教工食堂按月回收的饭菜票，每 25 斤粮、13 元钱折为一个就餐人，学校按每个就餐人每月 3～

3.5元核拨膳食管理费，基本做法与北京大学相似；三是以各食堂（包括学生和教工食堂），回收粮票27斤、钱票12元，折为一个就餐人，学校按每人每月3元核拨膳食管理费。北京工业大学用此法。三类办法中，膳食管理费的开支范围大同小异，主要包括工资、奖金、加班费、劳保用品费、清洁用品费、办公费、福利费、百元以下的炊具购置费等十项开支。对学生食堂，严格要求不得以营利为目的，除学校提供房屋、设施外，按直接成本核算；其他餐厅可以自主经营、独立核算、放开价格，水、电、煤气实行计表收费或部分收费。

1983 年

10月28日，团中央送中央一份材料，胡耀邦总书记批示："给建秀同志。从材料上看，许多学校的官僚主义严重，伙食不好，管理人员问题很多，对学生思想情况和表现不好的人更不了解，如此等等。请你和教育部同志说一下，是否和全国学校打个招呼，要努力改进才好。如果要和全国大专学校打招呼，只有教育部出面恐怕不行，你可用中央书记处名义加进去。"

11月，"陕西省高等院校总务管理学会"成立，秘书处设在陕西师范大学总务处。

上海高校普遍实行后勤单项服务的半企业化管理。

北京市高教局重视高校后勤队伍培训，先后举办了食堂管理员培训班、采购员研讨班、会计培训班、电工班和总务处长管理学培训班。在高教局带动下，北京高校重点抓了科级以下干部培训。

同济大学总务处进行全面的经济承包，并向学校负责，完成全年生活后勤的各项任务。经过测算，总务处1983年全年开支（包括工资、福利费、公务费、奖金等）为86万元。

1984 年

北京林学院从行政干部和教师中选配7位本科文化同志到总务处分别担

任处长及各部门科长,由于他们思想解放、工作朴实、调查研究、依靠群众,强有力地推进了学校后勤经济承包责任制改革,建立完善了后勤管理规章制度,后勤改革的社会效益、经济效益十分明显,尤其伙食工作异军突起,一跃成为高校同行中的亮点。

同年,北京部分高校也为后勤配备了大量得力大学文化干部,改善了后勤队伍结构,有力助推了在京高校后勤经济承包责任制改革。

1月15日,中共中央办公厅、国务院办公厅联合颁发《关于加强高等院校食堂工作的报告》([1984]2号文件),要求:"所有高等院校的党政领导,都要把群众生活问题列入议事日程,首先要切切实实抓好食堂,配备得力干部,解决好师生员工的吃饭问题,力争使食堂工作尽快有个明显的改进。"这是中华人民共和国成立以来第一次以高校伙食为专题内容的中央文件。

北京市高教局召开高校伙食工作会议,传达落实中央文件精神,副市长陈昊苏到会讲话。

江苏省高校开展创建"文明食堂"活动,省高教局专门建立"总务办公室",有专人负责高校后勤、伙食工作。

国务院批准教育部成立总务司,加强对全国高校后勤改革的具体指导和协调,促进高校后勤改革的深入发展。

北京、天津、辽宁、四川、重庆、陕西、新疆等区域性"高校后勤研究会"相继成立。

西南地区《高校后勤》杂志创刊,四川省高校后勤研究会等主办,编辑部设在重庆师范学院总务处。

清华、北大提出"优质服务、服务育人"和"管理育人",后来归纳为"三服务两育人"宗旨。

同济大学总务处进行经济承包责任制改革,实行后勤经费任务大包干。

北京高校后勤管理改革空前高涨,促使许多高校由单科、单项承包向多科多项、多形式、多层次的承包扩展。

北京大学实行后勤管理体制改革。原则是:①权力下放,各司其职,该科管的处里不要包办代替,该处管理的总务长们不要包办代替。分清职责,愈是上级愈应该趋向宏观管理。②对于服务性质的基层单位,凡有可能实行企业管理的都实行企业管理,在经济上实行自主经营,独立核算,自负盈亏。有创收的单位在核定上交盈余份额后,节余归基层。③科以下干部实行聘任制。④加强宏观管理与控制。

同济大学总务处的全面经济承包效益显著,完成了承包70万元,并上缴创收40万元,实际上学校只开支30万元,完成了全年生活后勤的各项任务。实行经济承包责任制后,总务处按财务要求组织独立财务核算,财务处则对总务处的财务工作进行业务指导和监督。总务处制订处、科及有关组的职责和岗位责任制,并定出各单位的核算方案。

上海高等学校后勤的改革进行到经济承包责任制范围不断扩大的阶段。范围扩大表现在两个方面:一是有10所学校由单项承包、多项承包发展到以总务处为单位的"大承包"(以同济大学为代表);二是少数由部分承包发展到基本上全面承包。

西安交通大学办起了西苑小吃部、东苑实验餐厅、一堂二制的教工食堂小炒部、实验二餐厅、副食品生产供应部、教工生活服务部、副业厂等7个个人承包微利服务的试点,自负盈亏、独立核算,为师生员工的生活提供了方便。实践证明,个人承包试点,是基本成功的,它改变了学校办传统的、单一的、福利型食堂的格局。

1985 年

年初,武汉水利电力学院对后勤管理体制进行了改革。其主要做法:一是实行"政企"分开,"两权分享",把总务后勤工作按其职能划分为计划管理服务型和生产经营型两个部分。形成经济承包明确的甲乙方关系。总务处代表学校(甲方)向生活服务公司(乙方)就生产任务,财务预、决算和服务质量进行计划管理,宏观调控,监督服务;生活服务公司则具体负责组织生产、经营、供应等。二是"三权下放"。学校下放生产经营、人事、财务三方面的自主权于生活服务公司,使其真正成为自主经营、独立核算、自负盈亏的相对独立的经济实体,便于在内部用社会企业的管理方式进行管理。开展对外服务"以外养内",逐步减少学校事业费的开支,最终实现不要学校经费的目的。

5月27日，《中共中央关于教育体制改革的决定》中指出："高等学校后勤服务工作的改革，对于保证教育改革的顺利进行，极为重要。改革的方向是实行社会化。学校所在地方的党政领导机关要把解决好这个问题的责任担当起来。"

5月起，上海、江苏、广东、辽宁、湖北、江西、贵州等区域性"高校后勤研究会"相继成立。

10月15日，国家教委总务司编印《高等学校后勤工作经验选编（一）》，发到全国高校。

11月，在华中工学院成立"中国高校伙食处长联席会"，为中国高校伙食专业委员会的后继和迅猛发展点燃了星星之火。

11月3日，中国高校后勤管理研究会在北京召开成立大会。会议推选国家教委副主任刘忠德担任第一届理事会理事长、常务副理事长卜中和（上海市高教局副局长）、秘书长张子元（上海市高教局计财处副处长），决定第一届理事会由复旦大学为主办单位。

11月5日，国家教委、共青团中央、全国教育工会在北京联合召开"全国高等学校先进食堂、先进个人表彰大会"，李鹏副总理出席会议并发表重要讲话，国家教委刘忠德副主任作大会主题报告。

中国矿业大学开始实行后勤经费和任务全面承包，取得了显著的社会效益和经济效益，后勤工作为学校教育、科研和师生员工生活提供了基本需要。

在北京市高教局的指导下，由清华大学、北京理工大学、北京经济学院等伙食部门发起，16所院校参加，成立了"北京高校伙食采购信息中心"。

北方工业大学食堂被评为全国先进食堂。北京日报、光明日报、中国食品报等7家报社都先后进行了报道。同年12月24日，北京市副市长孙孚凌在北方工业大学主持召开北京高校伙食工作现场会。会上北方工业大学总务处副处长秦荣枝作出"抓好十个环节、办好高校食堂"的汇报。副市长孙孚凌作了总结。此次会议，对于推动北京高校伙食改革，起了很大作用。

北京理工大学、北方工业大学、北京航空航天大学、北京工业大学等25所院校，先后实行了总务后勤任务、经费、人员、管理四位一体的大承包。

当时，北京高校后勤管理研究会的研究课题，主要集中在膳食管理改革上，比如：如何从福利型向有偿服务型转变；如何加强伙食的成本核算；膳食管理如何引入竞争机制；等等。开展对社会服务，开办经营性餐厅、引进风味小吃等。通过"微利"服务，增加创收，来弥补学校的经费不足和提高职工待遇。

同济大学总务处核定全承包金额80万元，年终上缴创收80万元。

1986年

3月，国家教委干部司和总务司联合在北京师范大学教育管理学院举办了首届中国高校伙食管理改革研讨班。国家教委副主任杨海波、干部司副司长郭鑫、总务司副司长李辉东，出席了开学典礼并讲话，国家教委副主任刘忠德出席结业典礼并讲话。研讨班期间，学员集体编撰了我国第一部高校伙食管理干部培训教材——《全国高校伙食管理讲授提纲》。

3月27日，中国高校后勤管理研究会在华南师范大学召开一届一次常务理事扩大会议，决定创办两刊：《中国高校后勤研究》《中国高校后勤通讯》。

4月1日，受国家教委委托在中央教育行政学院开设高校后勤领导干部第一期研讨班，研讨班的主题是"高校后勤管理改革"，91名院校领导参加，国家教委副主任杨海波、朱开轩、彭佩分别做专题报告，刘忠德副主任召开学员座谈会。

8月，来自9所院校的28名伙食管理工作者在哈尔滨工业大学召开了中国高校伙食处长联席会成立大会暨第一次年会，选举华中工学院膳食处潘昌志为会长。大会通过了《中国高校伙食处长联席会章程》《关于高校采购供应工作的意见》《关于高校聘用临时工管理试行办法》《关于高校伙食财务管理的几项规定》《关于高校开展营养配餐工作的意见》等几个文件。

8月6日，高校伙食专业委员会成立，秘书处设在华中科技大学。

10月，中国科技大学主办的《大学后勤》创刊，联系全国100多位专家学者，开创了以专家学者为主体研究大学后勤管理理论研究的先河。

10月11日，国家教委根据中美教育交流协议，派出"高校行政考察团"

赴美国考察，代表团成员由教委直属 7 所大学和总务司、外事局 10 人组成，历时 3 周考察美国 13 所不同类型的大学，还访问了全美行政财务校长协会 NACUBO 和全美高校后勤管理协会 APPA。

11 月，《中国高校后勤研究》在上海创刊（季刊），兼办《中国高校后勤通讯》（半月刊），会刊编辑部设在复旦大学，复旦大学孙保太总务长担任主编，国家教委刘忠德副主任撰写发刊词，刊名为全国人大副委员长、复旦大学一级教授周谷城亲笔题字。

12 月，以复旦大学汪幼兰副校长为首的中国高校后勤代表团考察法国大学生事务中心，考察报告详细介绍了法国大学后勤组织机构与管理、服务内容（住宿、膳食、文化娱乐、咨询接待国际交流、其他社会服务）和服务对象。

1987 年

1 月，国家教委将《中国高校行政考察团赴美考察报告》转发全国各省市区教育厅（教委、高教局）和高校供参考。

7 月，来自 13 所重点院校的 41 名伙食管理工作者在大连工学院召开了中国高校伙食处长联席会第二次年会。大会确定了"三服务、两育人"为高校伙食工作的根本宗旨。

11 月，中国高校后勤管理研究会完成对全国 186 所各种不同类型和规模的高校后勤部门实际用工情况的调查，统计数据表明临时工与在编员工比例是 1∶1，说明国家教委 1985 年颁发的《普通高校人员编制试行办法》规定的工勤人员比例已经不能适应实际需要，亟须进行用工制度改革。

11 月 11 日，中国高校后勤管理研究会在厦门大学召开秘书长会议，研究完善高校后勤承包责任制等问题。

12 月 10 日，国家教委副主任刘忠德在全国高校后勤会议上发表讲话，就解决后勤部门知识分子专业技术职务及对应待遇表态：为了逐步建立一支稳定的、适应高校后勤科学管理需要的队伍，应该合理地解决他们的职务和对应待遇问题。

1988 年

4月15日，由中国8所高校后勤副校长、总务长组成的中国高校后勤管理代表团一行9人，对联邦德国进行考察访问。西北工业大学肖一璋副校长和《光明日报》随团记者陈文奎都分别发表文章介绍德国高校伙食、住宿、贷学金、咨询娱乐情况。

7月，在东北工学院召开了中国高校伙食处长联席会第三次年会暨中国高校伙食管理研究会成立大会。大会就高校普及营养配餐、规范伙食财务、强化成本核算、引入间接成本、制定临时工招聘使用办法等问题进行了深入研讨。本次大会修改了章程，启用"中国高校伙食管理研究会"的名称。

11月11日，国家教委副主任刘忠德为全国高校后勤会议题辞"为高校后勤管理学科的建设共同努力"。

11月15日，中国高教学会后勤管理研究会在同济大学召开一届二次年会，听取理事会工作报告、修改研究会章程、选举产生第二届理事会，确定：名誉理事长刘忠德（国务院副秘书长），理事长张玉池（国家教委行政司司长），常务副理事长石荣（天津市高教局副局长），秘书长韩英（天津市高教局行政处处长）。决定第二届理事会由天津大学为主办单位。

12月15日，《中国高校后勤通讯》刊登第一届理事会评选的23名先进工作者、15名优秀办刊人员名单，公布评选优秀论文结果：一等奖6篇、二等奖15篇、三等奖36篇。

1989 年

1月，《中国高校后勤研究》编辑部随学会秘书处转移到天津，编辑部设在天津大学，天津大学副校长陈关裔担任主编；国家教委副主任何东昌、刘忠德分别为会刊题辞。

4月10日，在西安交通大学召开常务理事扩大会议，确定理论研究课题，要求进一步加强理论和实践的研究，以指导和推动高校后勤改革。

5月，由许新东担任主编，杨佳民、杨兆英担任副主编的《高等学校伙食管理》在南京东南大学出版发行。

9月，全国普通高校开始收学费200元/生·年、收住宿费10~15元/生·年（每间住8~10人）。因此，1989年被称为"中国高校收费改革元年"。

11月，在重庆大学召开了中国高校伙食管理研究会第一次年会。大会就如何进一步推进高校伙食改革、如何端正在社会主义初级阶段高校办伙的指导思想、如何加强中国高校伙食管理研究会组织建设等几个问题进行广泛研讨并达成共识。

12月，"高校后勤队伍情况调查组"完成对全国96所高校（其中北京79所，外地17所）总务系统的伙食、车队、房产、宿舍管理、医务、幼儿园、维修、水暖、水电等后勤队伍状况进行调查。调查表明，后勤人员约占学生总数的10.7%，证明国家教委文件规定的后勤人员与在校生比例1:25远远不能适应需要。

1990年

6月13日，全国高等学校后勤工作会议暨表彰会在武汉市召开。102所高校和505名后勤工作者受到国家教委的表彰。会议向从事高校后勤工作30年的老同志颁发荣誉证书和证章。

7月31日，国家教委办公厅公布表彰全国高等学校后勤工作先进集体和先进个人的决定和名单。

8月，在兰州大学召开了中国高校伙食管理研究会第二次年会。国家教委条件装备司司长蒋景华、副司长李辉东，甘肃省政府副秘书长魏庆同，甘肃省教委主任王松山，兰州大学校长胡之清等领导出席会议并讲话。会上，蒋景华司长做工作报告，李辉东副司长做了大会总结。会后，新华社记者陈秀明同志在1990年8月13日《光明日报》上发表了《高校伙食工作发生很大变化》一文，全面介绍全国高校伙食改革和发展的巨大成绩和突出贡献。

10月，中国高教学会后勤管理研究会召开第二届年会，听取理事会工作报告，选举产生第三届理事会，确定：理事长蒋景华（国家教委条件装备司司长)、常务副理事长马淑珍(北京市高教局副局长)，秘书长裴全(清华大学副总务长)。决定第三届理事会由中国人民大学为主办单位。

1991 年

2月，《中国高校后勤研究》编辑部转移到北京，编辑部设在中国人民大学，中国人民大学总务长杨佳民担任主编，原北京大学干部冯序鹏研究员任副主编。国家教委副主任何东昌为《中国高校后勤研究》题辞"高效、优质、服务育人"。《中国高校后勤研究》(1991年第1期)新版本在中国人民大学发行，封面题字为启功先生亲笔。

3月，由祭彦加、胡长龙主编的《高校后勤管理实用技术丛书·校园绿化》一书在经济管理出版社出版发行。

3月20日，中国高教学会后勤管理研究会在中山大学召开第三届一次理事长、秘书长联席会议，批准成立伙食管理专业委员会和思想政治工作专业委员会。

5月，在清华大学召开中国高校伙食管理研究会第三次会长、秘书长工作会议。会议就中国高校伙食管理研究会集体加入中国高教学会后勤管理研究会形成统一意见，通过中国高校伙食管理研究会更名为"中国高校伙食专业委员会"(简称为中国高校"伙专会")的决定。

11月，在南京大学召开了中国高校伙食管理研究会第三次年会暨中国高校伙食专业委员会成立大会。国家教委条件装备司副司长李辉东、高校处处长王富，江苏省教委副主任胡星善出席会议并讲话。大会一致通过中国高校伙食管理研究会集体加入中国高教学会后勤管理研究会的提议，正式启用"中国高校伙食专业委员会"的名称(简称为中国高校"伙专会")，并通过了成立中国高校"伙专会"和各省级高校"伙专会"两级组织机构的决定。大会选举潘昌志为中国高校伙食专业委员会主任。

11月15日，在南京大学召开中国高校伙食专业委员会成立大会。

11月20日，国家教委条件装备司、中国高教学会后勤管理研究会在清华大学召开高校后勤"服务育人、管理育人"研讨会。国家教委朱开轩副主任、条件装备司蒋景华司长到会作重要讲话。

1992 年

3月10日，受国家教委条件装备司委托，中国人民大学教育培训中心举办第二期"高校后勤行政管理专业证书教学班"开学典礼，根据教学计划安排开设10门课程计800学时，学制一年半，经考试合格发给《专业证书》。与此同时，全国30个省市区，陆续开办高校后勤管理中专、大专学历培训班和专业技术证书培训班。

4月8日，在中山大学召开思想政治专业委员会成立大会，会议推选清华大学钱锡康同志担任专业委员会主任。

4月，由南开大学、西北工业大学、新疆大学、上海外国语学院发起，联合全国17所高校、83位后勤专业人员，历时4年编印《高等学校后勤管理工作规范》（上、中、下册）正式发行，为提高后勤管理科学化、规范化、专业化水平做出重要贡献。

6月16日，中共中央、国务院颁发《关于加快发展第三产业的决定》（中发［1992］5号）指出：逐步改变机关、企事业单位办社会的状况，为改革开放在更广阔的领域向纵深发展创造更好的条件。鼓励社会服务组织承揽机关和企事业单位的后勤服务、退休人员管理和其他事务性工作。打破"大而全""小而全"的封闭式自我服务体系，使上述工作逐步实现社会化。中共中央、国务院的决定，为促进社会企业发展、推进高校后勤社会化注入了新的动力。

9月，根据中国高教学会后勤管理研究会第三届第二次常务理事扩大会议决定，确定《中国高校后勤研究》固定在北京，从1993年月起改为双月刊；《中国高校后勤通讯》随学会迁移，从1993年1月1日起随学会转移到湖北省。

10月10日，中国高教学会后勤管理研究会在北京召开第三届理事会换届会议，选举产生第四届理事会，确定：理事长韩南鹏（湖北省副省长），常务副理事长李辉轩（湖北省教委副主任），秘书长沈晓春（湖北省教委学校后勤管理处副处长）。决定第四届理事会由华中师范大学为主办单位。

11月，在贵州师范大学召开中国高校"伙专会"第一届一次大会。贵州省教委党组书记兼副主任万方亮、副主任金正宇，国家教委条件装备司高校处处长王富出席开幕式并讲话。

11月9日，在北京大学召开房地产管理专业委员会成立大会。

1993 年

2月13日，中共中央、国务院颁发《中国教育改革和发展纲要》（中发〔1993〕3号）指出：学校的后勤工作，应通过改革逐步实现社会化。

5月25日，在中国科技大学召开中国高校"伙专会"第一届二次主任、秘书长工作会议。会议探讨了如何办好基本大伙和开展多层次服务等伙食改革过程中所遇到的问题。

6月，冯序鹏任《中国高校后勤研究》常务副主编，冯序鹏在《中国高校后勤研究》编辑部工作直到2011年，对办刊贡献明显。

6月，北京市高等教育局发布《关于深化北京高等学校后勤改革的意见》（京高教办〔1993〕32号）。

6月29日，受国家教委条件装备司委托、由中国人民大学承办的"高校后勤、行管成人高等教育专业证书班"在中国人民大学举行毕业典礼。

7月，中国科技大学孙显元、蔡有智担任主编，李滨、王广训担任副主编的《大学后勤管理学》一书出版发行。

7月，中国高校"伙专会"会刊《中国高校伙食简报》（现《中国高校伙食通讯》）正式创刊，在华中理工大学正式成立《中国高校伙食简报》编辑部，作为协会的常设机构，并聘请华中理工大学（现华中科技大学）膳食处党总支书记彭常让同志为会刊主编。

1994 年

7月18日，国务院颁发《关于深化城镇住房制度改革的决定》（国发

[1994] 43 号）指出：把各单位建设、分配、维修、管理住房的体制改变为社会化、专业化运行的体制；把住房实物福利分配的方式改变为以按劳分配为主的货币的工资分配方式。

9月，"高校后勤管理"作为一门学科、专业正式列入国家教委招生目录，在中国人民大学正式开学。

10月18日，中国高教学会后勤管理研究会在中南民族学院召开第四届理事会换届会议，选举产生第五届理事会，确定：理事长张容明（辽宁省副省长），常务副理事长朱恩田（辽宁省教委副主任），秘书长张祥财（辽宁省教委后勤办主任）。决定第五届理事会由辽宁大学为主办单位。

11月，在厦门大学召开了中国高校"伙专会"第一届三次大会暨换届大会，选举西安交通大学王有志为主任。

1995年

10月，在浙江大学召开了中国高校"伙专会"第二届一次大会。国家教委条件装备司副司长王富、浙江省高校工委书记、省教委主任陈文韶，浙江大学党委书记梁树德、校长潘云鹤、副校长卜凡孝出席开幕式并讲话。大会正式提出高校伙食工作的"四基"建设（即基本伙食、基本队伍、基础管理、基础设施建设），通过了中国高校伙食专业委员会成立10周年庆祝大会筹备方案。

11月16日，在上海召开中国高教学会后勤管理研究会成立10周年庆祝大会，参观考察了11所高校后勤工作的情况。时任上海市委书记的陈至立同志和教育部副部长参加大会并发表重要讲话。大会对研究会10年的工作进行了全面总结，对正处在改革关键时期所遇到的热点、难点、重点问题进行深入研讨，提出"九五"期间高校后勤社会化改革要重点解决的问题、高校后勤工作指导方针、目标及主要任务。

中国高教学会后勤管理研究会成立10周年时统计，全国高校后勤期刊有22种，10年间出版高校后勤理论专著有45部，连同论文集有100多部，获得省级教育部门、全国高校后勤研究会三等奖以上表彰的论文196篇。

1996 年

5月21日，北京市教委秘书长王伟在北京高校后勤会议上介绍李岚清副总理主管教育以来针对高校后勤工作的具体指示："教育资源既不足又浪费，这两个问题同时存在""看来制约高教发展的主要问题是后勤""后勤是制约高教发展的瓶颈""不解决浪费问题，多投入也解决不了问题"。

10月，中国高校"伙专会"成立10周年庆祝大会筹备工作会在清华大学召开。国家教委条件装备司副司长王富到会并讲话。

11月20日，中国高教学会后勤管理研究会在辽宁大学召开第五届理事会换届会议，选举产生第六届理事会，确定：理事长王富（国家教委条件装备司副司长），常务副理事长薛耀佛（陕西省教委副主任），秘书长赵普选（陕西省教委后勤处副处长）。决定第六届理事会由西北工业大学为主办单位。

1997 年

1月，杨佳民不再担任《中国高校后勤研究》主编，由北京航空航天大学副总务长吕民担任《中国高校后勤研究》主编。

1月，在哈尔滨工业大学召开了中国高校"伙专会"第二届二次大会暨成立10周年庆祝大会。国家教委条件装备司副司长王富，黑龙江省教委主任张惠芳，哈尔滨工业大学党委书记吴林、副校长谭铭文出席开幕式并讲话。大会全面总结了中国高校"伙专会"成立10年来的工作和显著成绩，表彰了张必兴等79名中国高校"伙专会"先进工作者和104篇优秀论文。

9月，学生住宿费提高到每生每学年300～500元，实行公寓化管理的报物价部门核准执行，缓解了困扰高校的办学经费严重不足的矛盾。

10月，由湖北省教委组织的"湖北省高校'标准化食堂'评估验收专家组"，对华中理工大学（现华中科技大学）4个食堂进行了首次全面评估、论证和授牌，在高校餐饮行业产生了广泛而深远的影响。

11月，在华中理工大学召开了中国高校"伙专会"第二届三次大会暨换届大会。华中理工大学校长周济，国家教委条件装备司副司长王富，全国政协常务委员翦天聪，湖北省教委副主任陈传德出席开幕式并讲话。大会通过了以省级高校"伙专会"为单位在全国高校范围内开展创建"标准化食堂"活动的决定，健全了除港、澳、台以外全国31个省级（自治区、直辖市）高校"伙专会"的两级组织机构。大会宣布中国高校"伙专会"换届，选举华中理工大学膳食处龚守相为主任。

1998 年

4月，中国高校"伙专会"会刊《中国高校伙食简报》正式更名为《中国高校伙食通讯》，对办刊宗旨、宣传定位、版式设计、栏目编排做了全方位的调整和改进，从而使会刊整体水平再上一个新台阶。

4月8日，上海高校后勤服务股份有限公司成立。

7月3日，国务院《关于进一步深化住房制度改革加快住房建设的通知》（国发［1998］23号）指出：1998年下半年开始停止住房实物分配，逐步实行住房分配货币化。停止住房实物分配后，新建经济适用住房原则上只售不租。全面推行和不断完善住房公积金制度。从此，教职工住房全面社会化，长期困扰高校后勤的突破矛盾彻底解决。

10月，中国高校"伙专会"制定了行业文件《关于加强高校伙食成本核算的意见》，这个文件成为高校办伙从单纯姓"教"，向既注重伙食教育属性也注重伙食经济属性过渡的一个指导性文件，对推动高校伙食改革发展，进一步解放思想、大胆实践提供了理论指导和操作依据。

11月26日，中国高教学会后勤管理研究会在西北工业大学召开第六届理事会换届会议，选举产生第七届理事会，产生了新的领导班子，确定：名誉理事长韩进（教育部发展规划司司长）、王富（教育部教学仪器研究所党委书记、常务副所长）、王可植（四川省教委主任），理事长周旺去（四川省教委副主任），常务副理事长唐志成（四川师范大学副校长），秘书长李福金（四川省教委后勤处长）（2000年底李福金退休后，由四川省教育厅后勤产业处副处长胡晓明接任）。决定第七届理事会由四川师范大学承办。

12月，北京航空航天大学副总务长吕民不再担任《中国高校后勤研究》主编，由北京理工大学副校长侯光明担任《中国高校后勤研究》主编。

1999 年

6月13日，中共中央、国务院颁发《关于深化教育改革全面推进素质教育的决定》（中发［1999］9号）强调：深化学校内部管理体制改革……加大学校后勤改革力度，逐步剥离学校后勤系统，推动后勤工作社会化，鼓励社会力量为学校提供后勤服务，发展教育产业。

11月3日，国务院办公厅在上海召开第一次全国高校后勤社会化改革工作会议。会议对全国高校后勤社会化改革工作进行了全面动员和部署，提出了用三年左右的时间基本完成高校后勤社会化改革的目标。李岚清副总理到会并发表重要讲话，陈至立部长从高校的现状指出了高校后勤改革的重要性和紧迫性。上海会议的召开，使我国高校后勤社会化改革进入新阶段，高校后勤社会化改革迅速在全国全面展开。

12月，教育部、国家计委、财政部、建设部、人民银行、税务总局联合组成"全国高校后勤社会化改革部际协调办公室"，在全国范围内积极开展对高校后勤社会化的指导、协调和督办工作，多次到各地进行调查研究。部际协调办公室研究确定2000年三项重点工作：一是完成各省、自治区、直辖市三年高校后勤社会化改革的总体规划；二是基本实现高校后勤服务经营人员、相应资源及操作运行与学校行政管理系统的规范剥离；三是以学生公寓和相应后勤服务设施建设为突破口，推动整个改革。

12月24日，北京市人民政府办公厅印发《北京高等学校后勤社会化改革规划的通知》（京政办发［1999］91号），全面推进北京高校后勤社会化改革。

2000 年

1月5日，在四川省教育学术交流中心召开中国高教学会后勤管理分会七届二次理事长、秘书长扩大会议，传达国务院办公厅于1999年11月在上海召开的全国高等学校后勤社会化改革工作会议精神，交流第三次全国教育工作会议与上海会议后全国各地高校后勤社会化改革进展情况与典型经验。

1月14日，国务院办公厅转发教育部、国家计委、财政部、建设部、人民银行、税务总局《关于进一步加快高等学校后勤社会化改革的意见》（国办发［2000］1号），该文件对中国高校后勤社会化改革具有里程碑意义，标志中国高校后勤社会化改革进入实质性阶段。

2月28日，财政部、国家税务总局发布《关于高校后勤社会化改革有关税收政策的通知》（财税字［2000］25号）。对从高校行政部门分离出来，具有法人资格实行独立核算的后勤经济实体，提出了8项税收减免优惠政策，规定从2000年1月1日起执行，有效期为2002年年底前。

7月11日，在四川大学召开了中国高校"伙专会"第三届三次大会暨换届大会。四川省教育厅副厅长周国良，四川大学党委书记兼校长卢铁成、副校长李志强，四川师范大学副校长唐志成等领导出席开幕式并讲话。大会表彰了中国高校"伙专会"先进工作者、优秀论文和优秀通讯员，选举产生了新一届领导班子成员，龚守相任主任。

8月1日，教育部、国家民委发布《关于在各级各类学校设置清真食堂、清真灶有关问题的通知》（教民［2000］13号）。全国高校认真执行。

12月19日，第二次全国高校后勤社会化改革工作会议在武汉召开。李岚清副总理到会并讲话，陈至立部长在会上指出：后勤社会化改革态度要坚定，力度要大，重点是加快学生公寓的建设并提出打主体攻坚战问题。

2001年

2月10日，教育部《关于大学生公寓建设标准问题的若干意见》（教发［2001］12号），要求各地政府统筹规划，积极组织，大力推进以社会化方式建设学生公寓，争取用3年左右的时间，实现"四二一目标"（本科生4人一间，硕士生2人一间，博士生1人一间）。

6月26日，中国高教学会后勤管理分会在华南理工大学举办"全国百所大学后勤经济实体论坛",讨论了后勤实体如何扩大规模、理顺产权关系、机制创新、法人注册和规范经营等问题。

7月22日,全国高校"物业管理专业部"在深圳大学成立,讨论通过了《中国高校物业管理专业委员会章程》,选举迟广庆为主任。

10月24日,中国高教学会后勤管理分会在贵阳举办了"第一届全国高校后勤实体(集团)发展战略论坛",就高校后勤实体(集团)良性发展所需的政策环境进行了重点探讨。此次会议对高校后勤实体(集团)发展起到了积极的推动作用。

7月25日,中国高教学会后勤管理分会"学生公寓专业部"在青岛成立,会议选举了"寓专部"委员、常委、正副主任、正副秘书长,通过了工作条例及工作计划。中国海洋大学为主办单位。

12月8日,第三次全国高校后勤社会化改革工作会议在西安召开。李岚清副总理在会议上再一次明确了各级政府和高等学校在高校后勤社会化改革中的作用。陈至立部长要求改革要把握方向,处理好改革过程中的各种新问题和新矛盾,保证改革顺利健康地推进。

12月23日,中国高教学会后勤管理分会在南宁举办了"全国高校后勤资产管理运营和产权制度改革方案设计操作实务高级研修班"。该研修班使高校后勤对产权制度及其改革、后勤资产运营有了较系统的了解,推动高校后勤社会化改革的深入开展。

2002年

1月9日,在四川师范大学召开中国高教学会后勤管理分会第七届理事会换届会议,通过新的章程,选举产生第八届理事会,产生了新的领导班子:名誉理事长韩进(教育部发展规划司司长),理事长陈传德(湖北省教育厅副厅长),常务副理事长李海婴(武汉理工大学副校长),秘书长沈晓春(武汉职业技术学院副院长)。决定第八届理事会由武汉理工大学为主办单位。

4月,在省高校后勤研究会基础上,黑龙江成立全国第一家省级高校后勤协会，注册成为一级社团法人。

4月，"伙专会"通过会刊连续下发了《关于征集"中国高校标准化食堂评估标准"的通知》和《关于开展"中国高校百佳食堂风采录"征集活动的通知》两个文件，以期制定全国通用性食堂评估体系和树立样板食堂。

5月14日，北京市教育委员会制定《关于在全市高校开展创建标准化学生食堂的通知》（京教勤〔2002〕23号），印发北京高校执行。

8月28日，中共北京市教育工作委员会、北京市教育委员会、北京市财政局、北京市发展和改革委员会发布《关于进一步加强北京高校后勤工作的意见》（京教勤〔2012〕9号）。

9月，教育部、卫生部联合发布14号令，公布《学校食堂与学生集体用餐卫生管理规定》，并要求各学校参照执行。文件下发前，中国高校"伙专会"应教育部相关部门的委托，充分发挥专业协会的优势，在该文件草拟阶段，为文件中的卫生管理指标、卫生管理流程、卫生管理范围、卫生管理责任等诸多内容提供了大量的第一手资料和数据，从而确保该《规定》在高校饮食行业执行的科学性、专用性、实用性。

10月19日教育部发展研究中心与上海市教委在重庆联合召开"中国教育服务产业发展课题研究成果发布暨交流研讨会"（国务院召开第一次全国高校后勤社会化改革之后，李岚清提出并由教育部下达的重点课题项目），会议重点围绕高校后勤社会化改革的现状和目标、趋势进行了深入探讨。教育部国家教育发展研究中心主任张力、上海市教委主任张伟江、教育部发展规划司高校后勤改革处处长朱宝铜、上海市高校后勤服务总公司董事长林炳华及部分高等教育专家和高校后勤系统的领导专家在会上做了重点发言。

12月24日，第四次全国高校后勤社会化改革工作电话会议在北京召开。李岚清副总理、陈至立部长出席会议并发表讲话。李岚清副总理在讲话中指出：高校后勤社会化改革"完成了三年改革预期目标，取得了令人瞩目的重大成绩，通过改革，高校后勤服务的容量和质量大大提高，教师的教学、科研条件显著改善，有力地支撑了这几年的高校扩招，增强了高校办学的活力，为扩大人才培养的规模创造了条件"。

2003 年

4月19日，中国高教学会后勤管理分会在南昌召开了"全国高校标准化学生公寓和学生食堂创建与管理研讨会"。会后，开始在全国高校推动标准化学生公寓和标准化学生食堂的创建工作。

7月1日，中国院校后勤信息网创建开通，并同时创办了《中国院校后勤信息》月刊。之后，中国高校学生公寓管理专业部、中国高校物业管理专业部委托该网创办了《中国高校学生公寓管理通讯》《中国高校物业管理通讯》月刊。

7月11日，财政部、国家税务总局发布《关于继续执行高校后勤社会化改革有关税收政策的通知》（财税〔2003〕152号），规定财政部、国家税务总局《关于高校后勤社会化改革有关税收政策的通知》（财税字〔2000〕25号）规定的有关税收政策，继续执行到2005年底。

7月25日，中国高教学会后勤管理分会"学生公寓专业部"在青岛成立，中国海洋大学为主办单位。

8月，由中国高校"伙专会"组织开展的"中国高校百佳食堂风采录"（第一辑）在各省级高校"伙专会"和各高校伙食同行大力支持下，经历一年多的精心制作最终得以完成。

9月24日，在北京举办了高校后勤系统ISO9000质量认证研讨培训班，ISO9000质量认证工作开始在高校后勤系统推广。

9月25日，教育部发展规划司课题《21世纪新型高校后勤保障体系构想》开题会在上海召开，教育部发展规划司高校后勤改革处处长朱宝铜、上海市教委副主任莫负春、原上海高教局局长卜中和、上海市教委后勤保卫处处长杨奇伟、上海外国语大学副校长盛裕良、上海高校后勤服务总公司董事长林炳华、上海市教科院高教所所长晏开利及上海和其他省市高校后勤领导、专家30余人与会并发言。会上朱宝铜处长首次提出构建新型高校后勤保障体系的五句话："市场提供服务，学校自主选择，政府宏观调控，行业自律管理，部门依法监督"，会议确定以这"五句话"为课题全书的核心论题。

12月，来自109所院校的185名代表在昆明世博酒店召开了中国高校"伙专会"第四届三次大会。昆明理工大学校长周荣，云南省教育厅计财处张明璞同志，中国烹饪协会会长张世尧、副秘书长冯恩援等领导出席开幕式并讲话。中国高校"伙专会"副秘书长崔芳菊同志还就协会整体加入中国烹饪协会的有关联系事宜向大会做了工作汇报。张世尧同志代表中国烹协向中国高校"伙专会"授牌，这标志着中国高校"伙专会"正式集体加入中国烹饪协会。

2004 年

1月，经中国高校"伙专会"研究决定正式创办《中国高校餐饮信息》。本会刊开辟了餐饮动态、业界信息、行业信息、经营管理、营养卫生、健康提示、饮食新知、特别关注等多个栏目。

3月20日，全国高校后勤社会化改革推进工作交流研讨会在江苏省南京市召开，来自全国各省、市、自治区300多所高校的500多名代表出席了此次会议。教育部和国资委专家做了专题报告。来自十几所高校的代表介绍了学校后勤社会化改革的几种典型模式，起到了很好的启示作用。

4月27日，教育部、国家发展和改革委员会、财政部、国家税务总局、国家粮食局联合发出通知，要求落实国务院办公厅3月12日下发的《关于加强学生食堂管理，维护高校稳定的紧急通知》（国办发电［2004］6号）精神，积极采取措施，稳定学生食堂价格。

4月27日，教育部、国家发展改革委、财政部、国家税务总局、国家粮食局联合发布《关于支持高等学校进一步做好学生食堂工作的若干意见》（教发［2004］15号）。

6月，北京市教委组织北京90余所高校在北京林业大学召开全市高校"创建标准化食堂和标准化学生公寓"双创现场会，推广北京林业大学的经验。

6月7日，教育部发出通知要求各高校切实加强对学生住宿管理。通知指出，近期以来，一些高校出现学生住宿场所发生治安伤害事件。通知要求各高校切实加强对学生住宿管理工作的领导，切实加强学生宿舍和公寓中的党建与思想政治工作，切实加强管理机制与规章制度建设，切实加强学生宿舍和公寓的安全保卫工作，切实加强学生校外租房的管理。高校主要负责人是学校安全稳定工作第一责任人，对包括学生住宿管理在内的学校安全与稳定工作负总责。

6月9日，由教育部主管，中国高等教育学会主办的《中国高校后勤研究》杂志被新闻出版总署批准，获得国内统一连续出版物号CN11－5245/G4，主编侯光明为法定代表人，《中国高校后勤研究》更名为《高校后勤研究》，成为中国高校后勤第一本也是唯一一本公出版发行的刊物。《高校后勤研究》自2004年第三期开始公开出版发行，杂志翻开了新的历史篇章。

6月20日，全国各省市高校后勤管理研究会一行35人，代表中国高教学会后勤管理分会及各省市区研究会响应党中央、国务院"全国支持西藏"的号召，赴西藏对西藏大学后勤进行对口支援。中国高教学会后勤管理分会负责人宣读了各省市高校后勤研究会支援西藏大学后勤首批名单和金额，并代表研究会提出下一步援藏要求，并希望各省市高校研究会要进一步组织落实，争取给西藏大学后勤更多的支援。

8月28日，苏州大学教育服务投资发展有限公司成立。公司是完全按照《公司法》运作的有限责任公司，注册资金为1080万元人民币，全部由员工出资，学校对该公司实行零产权，公司设立了董事会、监事会，形成了完整的法人治理结构。这是全国第一家由管理层和员工持股，学校零产权的后勤企业，在高校后勤社会化改革中有代表性的意义。

9月，在北京市教委杜松彭副主任和北京林业大学党委书记吴斌陪同下，新华社、中央电视台、《人民日报》等14家新闻单位集中采访报道了北京林业大学率先调整学生食堂价格（因全国市场办伙原材料大幅上涨）的办伙情况，并以内参形式上报国家高层领导，受到中央重视和教育部好评。随后，全国高校学生食堂调价全面实行。

11月，在海口召开了中国高校"伙专会"第四届四次大会暨换届大会。国家教育部发展规划司高校后勤处处长朱宝铜，中国烹饪协会会长苏秋成，海南省教育厅处长方敏，中国高教学会后勤研究分会秘书长沈晓春，海南大学副校长严庆等领导出席开幕式并讲话。大会明确了协会将实施从研究学会向行业协会转型的发展方向。大会进行了换届，选举龚守相为主任。

11月18日，在上海外国语大学迎宾馆会议中心，举行了"21世纪中国高校新型后勤保障体系构想"研究报告结题发布会。

12月3日，由中国高等教育学会后勤管理分会、中国院校后勤信息网和世行、GEF中国节能促进项目办公室、中国节能协会节能服务产业委员会共同主办的"全国高校后勤节能工作研讨交流暨世行项目推介会"在云南昆明召开，就"合同能源管理"机制在节能项目中的应用和商务运作模式，以及节能新技术、新产品在电梯、空调制冷、灯光照明、电量控制和锅炉采暖等方面的实际应用进行了讲解及案例分析。

2005年

4月12日，重庆市教育后勤协会正式成立。

5月21日上海外国语大学副校长盛裕良主编的《21世纪新型高校后勤保障体系构想》（教育部发展规划司课题项目"21世纪中国高校新型后勤保障体系构想"研究报告）出版。

6月，为了进一步发挥协会的专业职能，中国高校"伙专会"于2005年6月30日建立了自己的网站——中国高校伙食信息网（网址：www.chcmcc.com）。

7月26日，教育部发布《关于贯彻落实国务院通知精神做好建设节约型社会近期重点工作的通知》（教发〔2005〕19号），要求全国教育系统认真学习、贯彻落实《国务院关于做好建设节约型社会近期重点工作的通知》（国发〔2005〕21号）精神，做好建设节约型社会工作。

7月30日，为贯彻落实中央16号文件精神，探讨交流学生公寓服务与思想文化建设相结合的体制模式，中国高等教育学会后勤管理分会学生公寓专业部与中国院校后勤信息网在哈尔滨召开"全国高校学生公寓管理创新与思想文化建设交流研讨及展示展播"活动。

8月，由中国高校"伙专会"举办、重庆高校"伙专会"承办的中国高校首届川菜烹饪培训班顺利开班。

8月12日，中国高等教育学会后勤管理分会商贸管理专业部在上海正式宣告成立。

8月29日，教育部发展规划司副司长宋德民在教育部网站"在线访谈"谈中国高校后勤社会化改革，并答网友问，就高校后勤社会化改革的目的、基本思路、最终目标、主要任务以及网友感兴趣的问题进行了阐述和交流。

10月28日，在后勤管理分会长沙召开"全国推进节约型高校构建工作交流研讨会"。会议邀请了国家发改委能源效率中心主任朱跃中作了《我国能源形势与可持续发展》专题报告。会上，中国高等教育学会后勤管理分会与中国节能协会节能服务产业委员会宣布决定共同成立"建设节约型高校推进工作办公室"。

10月，全国高校物业管理专业部2005年年会暨换届大会在北京理工大学召开。

11月4日，浙江大学新宇集团和对外经贸大学合作管理学生公寓的签约仪式在对外经贸大学正式举行。本次合作管理中涉及的对外经贸大学学生公寓包括：原有老式公寓14幢，建筑面积约4.5万平方米，以及对外经贸大学2005年新近建成的面积约9.3万平方米的大型单体式公寓楼（虹远楼）。本次合作的达成是一次成功的跨地域性合作尝试，它不仅标志着新宇集团业务发展从此迈出了具有战略意义的坚实一步，而且也为推进高校后勤社会化改革做出了有益的探索。

11月，《探索中的跨越——高校后勤社会化改革经验材料选编》一书出版。该书是由教育部发展规划司后勤改革处从全国各省教育行政主管部门选送教育部的数百所高等院校五年来后勤社会化改革的经验材料中精选出近70所院校的典型案例编辑而成，由中国院校后勤信息网编印成册，读者从中可以看到全国高校后勤社会化改革的各种典型模式及最新经验总结。

12月4日，中国高等教育学会后勤管理分会成立20周年庆祝大会暨高校后勤改革发展论坛在国家教育行政学院隆重举行。教育部副部长袁贵仁，全国政协教科文主任、中国高等教育学会后勤管理分会首届理事长刘忠德以及中国高等教育学会秘书长张晋峰等领导先后发表讲话。袁贵仁在讲话中指出，

"解决当前高校后勤中存在的问题的根本出路在于深化社会化改革。"他提出，高校后勤社会化改革的一个目标，是要建立"市场提供服务、学校自主选择、政府宏观调控、行业自律管理、职能部门监管"的新型高校后勤保障体系。会议还表彰了后勤社会化改革过程中理论研究和实践创新的先进集体和个人。大会期间举办了"高校后勤社会化改革成果展"，大型画册《纪念中国高教学会后勤管理分会成立20周年一路辉煌一路歌——全国高校后勤社会化改革成就集萃》结集发行。

12月5日，中国高等教育学会后勤管理分会在国家教育行政学院进行换届，选举产生了第九届理事会，浙江省教育厅副厅长褚子育任理事长，浙江大学后勤集团总裁胡征宇任秘书长，第九届理事会秘书处设在浙江大学。

2006 年

1月27日，教育部下发《关于建设节约型学校的通知》（教发［2006］3号），之后又下发《在教育部直属高校进行节能工作调查统计的通知》，提出了建设节约型高校的新要求。

3月21日，中国高教学会后勤管理分会第九届理事会第一次常务理事（扩大）会议在浙江大学举行。会议审议并通过了《后勤管理分会第九届理事会（2006—2009）工作纲要》《后勤管理分会第九届理事会2006年工作要点》等文件。

4月4日，中国高教学会后勤管理分会主办、中国院校后勤信息网承办的"2006年全国深化高校后勤社会化改革推进工作会"在合肥召开。参加会议的代表有600多人，教育部、国资委等部门的专家和部分高校后勤实体的管理者在会上进行了演讲。此次会议对进一步落实教育部副部长袁贵仁关于加快高校后勤社会化改革的讲话精神，坚定改革信念，明确改革方向，推动高校后勤发展起到了积极作用。

6月，侯光明不再担任《高校后勤研究》主编，由北京理工大学副校长赵显利任《高校后勤研究》主编。

8月18日，经国务院批准，财政部、税务总局发布了《关于经营高校学生公寓及高校后勤社会化改革有关税收政策的通知》（财税［2006］100号）。

10月，中国高校"伙专会"精心编辑印制了《先行者的征程——中国高校伙食改革风采录》和《光辉的历程——中国高校伙食专业委员会成立二十周年》两本大型画册。《先行者的征程》收录汇编了全国高校105个学校伙食实体的有关资料，及照片3000多张，重点展示了全国高校伙食改革的丰硕成果。《光辉的历程》重点收录了中国高校"伙专会"的简介、大事记、章程、会员管理办法、照片等方面资料，以史实的角度，翔实的资料，展示了协会建会以来的发展历程，为今后了解历史，总结经验提供了鲜活的资料。

10月，中国高校"伙专会"在全国范围内开展"中国高校百佳食堂"评选，93个食堂被授予"中国高校百佳食堂"（第一批）荣誉称号。本项活动的开展，为全国高校今后学生食堂的建设工作起到了重要的引导和规范作用。

10月20日，"全国高校后勤服务管理信息化与标准化建设交流研讨会"在长沙举行。会议总结和交流了管理信息化、服务标准化建设的经验。各地高校后勤日益重视信息化建设，如：北京市高校在信息化建设上主要着力于推进信息化管理系统、软件的应用，高校后勤网站建设及各高校后勤OA办公系统建设；陕西师大等一批大学在后勤信息化建设取得了很好的实效。

10月29日，四川省教育后勤协会正式成立。

11月20日，在华中科技大学召开了中国高校"伙专会"成立20周年庆典大会暨表彰会，对中国高校百佳食堂、100个先进集体以及132名先进个人给予表彰和颁奖。大会全面总结了中国高校"伙专会"20年来的显著成绩，确定了中国高校"伙专会"的发展方向。会议分为开幕式、分组讨论、现场参观、文艺晚会、高峰论坛、交流发言、庆典酒会等几大板块的会议内容，是中国高校"伙专会"成立20年来最重要的一次盛会，伙食改革成为高校后勤社会化进程中突出的亮点。

12月15日，期刊编辑部在北京理工大学举行了《高校后勤研究》创刊20周年庆典活动及研讨会，教育部发展规划司朱宝铜处长、中国高教学会张晋峰秘书长、《高校后勤研究》主编赵显利、《高校后勤研究》原主编杨佳民、《高校后勤研究》原主编侯光明、中国教育装备行业协会会长王富、上海市教委后勤处原处长张子元及北京高校后勤干部近200人参加会议。20年来

《高校后勤研究》共出刊 118 期，汇稿 2 万余篇，载字 2000 余万，为指导和推动高校后勤改革发挥了不可替代的巨大作用。

2007 年

3 月 19 日，《国务院关于加快发展服务业的若干意见》（国发〔2007〕7 号）明确：到 2020 年，基本实现经济结构向以服务经济为主的转变，服务业增加值占国内生产总值的比重超过 50%，……继续推进政府机关和企事业单位的后勤服务、配套服务改革，推动由内部自我服务为主向主要由社会提供服务转变。

4 月 7 日，中国高教学会后勤管理分会在广州举办了"全国高校后勤改革推进工作研讨会"，对深入推进高校后勤改革起到了很好的促进作用。

5 月 19 日，在太原组织召开了"全国高校节能工作交流研讨会"，进一步推动全国高校后勤系统深入开展节约型后勤建设和节能减排工作。

6 月 28 日、8 月 27 日、11 月 9 日，中国高教学会后勤管理分会分别在张家界、乌鲁木齐、成都召开了"全国高校后勤分配制度改革工作交流会""全国高校后勤产业发展论坛"和"全国高校后勤成本管理与财务工作交流研讨会"，交流研讨如何通过改革建立和完善各项管理制度，降低成本，不断发展壮大后勤产业。

7 月，中国高教学会后勤管理分会发布了"推进高校后勤信息化建设的意见"，对积极推进信息化建设提出了具体要求和措施。

7 月 26 日，中国高校伙食专业委员会起草制订了高校餐饮业的"五大行业标准"（初稿），即《中国高校学生食堂标准菜谱》《中国高校学生食堂常用主副食加工规范与标准》《中国高校学生食堂服务标准》《中国高校标准化学生食堂建设标准》和《中国高校学生食堂成本核算标准》。"五大行业标准"是行业管理规范化、标准化的基础。

7 月 31 日，"全国高校后勤系统信息化标准化建设工作交流研讨会"在长春召开，以进一步促进高校后勤系统信息化标准化建设的发展，努力打造现代化的新型高校后勤。

9月23日,中国高教学会后勤管理分会在南昌举办了"全国高校后勤贯彻新《劳动合同法》与劳动用工管理交流研讨会",邀请有关专家从法律条文到司法实践进行了深入的讲解和阐述。

9月,教育部发布了"关于开展节能减排学校行动的通知"等文件,中国高教学会后勤管理分会积极响应,在太原组织召开了"全国高校节能工作交流研讨会",进一步推动全国高校后勤系统深入开展节约型后勤建设和节能减排工作。

10月15日,中国高校"伙专会"修改完善了《中国高校餐饮行业准入管理办法》《中国高校学生食堂评估指标体系》《创建节约型高校餐饮指南》等三个高校餐饮行业性文件,并正式下发。

10月28日,中国高教学会后勤管理分会在贵阳举行了全国高校后勤学习贯彻党的十七大会议精神专题报告会,邀请中央党校专家做了题为"科学、和谐、务实、奋进——党的十七大的理论创新和历史意义"的学习辅导报告,各高校后勤就如何落实党的十七大会议精神进行了交流。

2008年

1月1日,《劳动合同法》正式实施,中国高等教育学会后勤管理分会年初组织召开了"《劳动合同法》实施与高校后勤劳动用工规范化管理交流研讨会",要求高校主动适应《劳动合同法》的有关新规定,后勤部门做到规范用工。

4月13日,由中国高教育学会后勤管理分会主办的"2008年全国高校后勤改革推进工作交流研讨会"在浙江宁波举行。与会高校代表围绕深化高校后勤改革、开放高校后勤服务市场、应对物价上涨、建立高校学生食堂长效保障体制等热点问题进行了深入交流和研讨。

4月17日,安徽省高校后勤协会正式成立。

5月12日,四川省汶川县遭遇8级地震。在这场空前的灾难面前,灾区高校后勤以高度的责任感和使命感,团结一心,不分昼夜地奋战在抗震救灾的第一线,奋不顾身地冲锋陷阵在最危险的地方,用自己的生命和热汗谱写出一曲壮丽的凯歌。全国高校后勤系统踊跃捐款捐物，积极支援灾区，为抗震救灾的胜利做出了应有的贡献。

8月，举世瞩目的北京奥运会召开，有奥运比赛和练习场馆的北京、上海、天津等高校后勤全体动员，以饱满的热情做好各项服务工作，出色地完成了相关任务，得到了奥组委的高度评价。

10月14日，北京市教育委员会发布《关于印发北京高校标准化学生公寓和标准化食堂标准（2008版）的通知》（京教勤〔2008〕11号）。推进北京高校标准化学生公寓和标准化食堂建设。

10月20日，天津市高校后勤协会正式成立。

11月4日，由中国高教育学会后勤管理分会主办的"全国高校建设节约型校园政策落实与规划实施方案编制工作现场交流会"在江苏省无锡市举行，全国高校和国内外专家400余人参加了会议，取得了积极成果。

11月19日，来自306所高校500余名代表在广西南宁召开了中国高校"伙专会"第五届三次大会暨换届会。教育部发展规划司副司长宋德民，国家教育部发展规划司高校后勤改革处处长朱宝铜，广西壮族自治区教育厅正厅级巡视员林宁，广西高校后勤管理研究会理事长、广西大学副校长唐立照，中国高教学会后勤管理分会秘书长胡征宇等领导出席了会议并讲话。中国高校"伙专会"进行了换届，龚守相当选为伙专会理事长。

11月27日，吉林省高校后勤协会正式成立。

12月19日，北京大学、中国政法大学、天津大学、哈尔滨工业大学、吉林大学、东北师范大学、上海交通大学、复旦大学、南京大学、浙江大学、中国科技大学、华中科技大学、华南理工大学、中山大学、重庆大学、四川大学等高校的后勤主管校长齐聚浙江大学，纵论高校后勤与学校之间的新关系，阐述高校后勤改革与发展的新主张，阐释高校后勤服务产业发展的新思路，破解高校后勤改革与发展的新难题，开阔高校后勤改革与发展的新视野。

本年中，各地高校后勤纷纷以开研讨会、征文、文艺演出等形式开展纪念改革开放30周年活动。这些活动展现了高校后勤改革开放30年所取得的成绩，表达了继续坚持走改革开放道路的决心。

12月28日，上海外国语大学盛裕良副校长主编的《坚持科学发展观构建新型高校后勤保障体系》（教育部发展规划司研究课题）一书举行首发式，陈至立副委员长为该书作序，该书以科学发展观为指导，对教育部提出的新型高校后勤保障体系框架进行了充分论证和分析，对深化高校后勤改革具有重要的参考价值。

2009 年

4月2日，在财政部的支持下，住房和城乡建设部与教育部共同在上海同济大学召开高等学校节约型校园示范建设工作会议，公布了清华大学等12所高校为第一批节约型高校示范建设学校。

10月31日，中国高教育学会后勤管理分会在黄山市举办了"全国高校节能工作交流研讨会"和"全国高校节能工作成果图片展"，表彰了"全国高校节能工作先进单位"和"全国高校节能成果示范单位"。

11月，教育部办公厅、农业部办公厅和商务部办公厅联合发出《关于高校食堂农产品采购开展"农校对接"试点工作的通知》（教发厅［2009］8号），北京、天津、吉林、上海、湖南、重庆、陕西七省市作为第一批试点地区，自2009年起开展鲜活农产品基地直供高校食堂（简称"农校对接"）试点工作。

11月28日，上海市学校后勤协会宣告成立，成为继黑龙江、重庆、四川、安徽、天津、吉林等省市之后第七个成立省（直辖市）级后勤协会的省（市），标志着我国高校后勤行业协会建设工作从探索试点逐步进入全面推开的阶段。

11月，中国高教育学会后勤管理分会商专部在全国高校推行"百千工程"，《全国高校教育超市达标规范》出台，全国高校掀起创建全国高校教育超市"样板店""标准店"热潮。

《高校后勤研究》被"CNKI中国期刊全文数据库"和"万方数字化期刊群"全文收录，传播范围再次扩大。

2010 年

1月15日，湖南省高校后勤基建协会正式成立。

3月，《市场经济与新型高校后勤保障体系丛书》出版，本书由中国高教学会后勤管理分会秘书处组织编写，教育部发展规划司副司长宋德民作序，该丛书汇集了后勤管理分会"十一五"理论研究规划课题成果和近年来全国高校后勤优秀理论研究成果。

4月，赵显利不再担任《高校后勤研究》主编，由北京理工大学副校长杨宾任《高校后勤研究》主编。

4月10日，中国高教育学会后勤管理分会第十次会员代表大会在北京隆重召开，中国高教育学会会长周远清出席了开幕式，教育部发展规划司司长韩进发表了讲话。会议选举产生了中国高教学会后勤管理分会第十届理事会，张柳华当选为理事长，黎玖高任秘书长。第十届理事会秘书处设在中国人民大学。

5月，由《北京高等教育丛书》编委会编写的《保障服务育人——北京高校后勤五十五周年》出版发行，主编为北京市教委副主任杜松彭。

6月19日，江西省高校后勤协会正式成立。

7月28日，首届全国"农校对接"洽谈会在天津滨海国际会展中心隆重开幕。教育部副部长鲁昕，天津市人大常委会副主任李润兰，教育部、农业部、商务部、国家发展改革委、工信部、全国人大办公厅、建设部、国家标准化管理委员会、中国农业经济发展中心、农村教育发展中心、国家食品药品监管局、国家标准化管委会等部门有关负责人出席了开幕式。来自全国31个省、市、自治区的高校后勤领导、后勤管理分会及各地区后勤协会（研究会）负责人以及数百家全国大型农业生产企业、农村专业合作社的负责人2000多人共同参会。会上，中国高校"伙专会"分别与中粮集团和北大荒集团签订框架性协议，推动"农校对接"的具体落实。

7月29日，中共中央、国务院出台《国家中长期教育改革和发展规划纲要（2010－2020年）》（中发［2010］12号）："到2020年，基本实现教育现代化""……建设现代学校制度。完善中国特色现代大学制度。完善治理结构。……推进高校后勤社会化改革"。对建设新型高校后勤保障体系提出了新的要求。

9月10日,为了应对物价上涨对高校学生食堂的影响,教育部发展规划司宋德民、朱宝铜及中国高教学会后勤管理分会张柳华、黎玖高等领导在北京林业大学召开高校伙食工作专题调研会。

10月16日,全国高校节约型校园建设推进工作(2010年)交流会暨"高校节能联盟"会员代表大会在重庆召开,住建部、国务院机关事务管理局、重庆市教委和高校后勤管理分会有关负责人参加了开幕式。

根据新闻出版总署的要求,《高校后勤研究》杂志社实现了转制,注册成立了有限公司,拓宽了业务范围,为杂志的多元、长远发展打下了基础。

2011年

1月,中国高教学会后勤管理分会秘书处按照"整合资源、优化结构、良性运行、协调发展"的创新思路,将原《中国高校后勤通讯》与原《中国院校后勤信息》(后勤网会员刊物)进行合并,创办《高校后勤参考》月刊,《高校后勤参考》以开阔的视野和密集的资讯受到全国高校后勤同仁的高度关注。

4月28日,北京市教育委员会发布《关于印发北京高校学生食堂成本核算指导标准的通知》(京教勤[2011]6号),北京高校严格执行。

5月13日,由教育部发展规划司主办,中国高教育学会后勤管理分会、安徽省教育厅承办的"2011高校后勤改革座谈会"在安徽合肥市召开。教育部副部长鲁昕、教育部发展规划司副司长宋德民、安徽省政府副秘书长吴行、安徽省教育厅厅长程艺、中国高教学会后勤管理分会理事长张柳华出席了本次会议。鲁昕副部长作了重要讲话,对高校后勤社会化改革取得的成果给予了充分肯定,就下一步深化高校后勤改革、建立新型高校后勤保障体系做出了重要指示,她强调政府履行后勤服务公益性责任是当前后勤改革发展的一个重点,明确提出要按照"公益性投入与市场化运营相结合"的原则建立新型高校后勤保障体系。

5月16日,浙江省高校后勤协会正式成立。

5月25日,教育部发展规划司聘请龚守相、赵相华、崔芳菊、樊春起为高校伙食管理专家顾问。

6月12日,中国高校"伙专会"举办的中国高校伙食物资联合采购中心(简称"中联采")成立大会在海南三亚召开,中央财经领导小组办公室局长吴红等领导出席成立大会。

8月,由教育部、农业部、山东省人民政府联合主办,济南市人民政府、中国高教学会后勤管理分会共同承办的第二届全国"农校对接"洽谈会在济南举行。中央农村工作领导小组办公室局长张冬科、教育部发展规划司司长谢焕忠、农业部市场与经济信息司副巡视员陈丽水、中国高教学会后勤管理分会理事长张柳华出席开幕式。各省(区、市)教育厅(教委)、农业厅(局、委、办)、学校后勤协会(研究会)等有关单位领导参加了"洽谈会"开幕式。来自全国各地的300多家农副产品生产经营企业、农产品供应商、相关金融机构等组织和清华、北大等500多家全国高校后勤采购方参加了本次洽谈会。会议期间还举办了"农校对接"工作高峰论坛和高校学生食堂工作座谈会,教育部鲁昕副部长出席座谈会,与各省级教育主管部门领导座谈研讨高校学生食堂工作并发表讲话。

8月31日,教育部、国家发改委、财政部、国家食品药品监督管理局、国家税务总局联合下发了《教育部等五部门关于进一步加强高等学校学生食堂工作的意见》(教发〔2011〕7号)。对深化高校后勤改革,保障学生食堂平稳运行,建立可持续发展的长效运行机制,具有重大而深远的意义。

9月6日,经国务院批准,财政部、国家税务总局下发通知将高校学生公寓和食堂有关税收优惠政策延续到2012年12月底。

12月6日,中国高校"伙专会"年会在广州隆重召开。教育部发展规划司后勤改革处处长朱宝铜,中国高教学会后勤管理分会理事长张柳华,中国烹饪协会副会长兼秘书长冯恩援,广东省教育厅党组成员、副厅长王玉学,广东高校后勤研究会理事长、华南理工大学副校长李琳和广州大学副校长禹奇才等领导出席了会议并作重要讲话。中国高校"伙专会"理事长龚守相作了工作报告，中国高校"伙专会"副理事长董种德就《高校伙食中长期改革和发展规划纲要》，中国高校"伙专会"副秘书长姚海强就《高校学生食堂饭菜价格平抑基金实施办法》，北京林业大学赵相华就《高等学校学生食堂伙食结构及成本核算指导意见》，中国高校"伙专会"副秘书长樊春起就《第二届中国高校烹饪技能大赛实施方案》行业四个规范性文件作了专题说明。大会审议通过了中国高校"伙专会"《高校伙食中长期改革和发展规划纲要》《高校学生食堂饭菜价格平抑基金实施办法》《高等学校学生食堂伙食结构及成本核算指导意见》等三个行业性文件和《第二届中国高校烹饪技能大赛实施方案》。本次会议的召开，对各地各校贯彻落实五部门文件精神和加强行业发展有极大的促进作用和指导意义。

12月8日，中国高教学会后勤管理分会在广东省东莞市隆重召开高校后勤社会化改革表彰大会暨后勤设备展。全国300多所高校和100多家企业获得表彰。会议期间举办了高校后勤社会化改革论坛和后勤设备展览。中国高教学会周远清会长、教育部发展规划司谢焕忠司长、中国高教学会后勤管理分会张柳华理事长等领导出席大会。

2012 年

1月5日，中国高教学会后勤管理分会印发《高等学校学生食堂伙食结构及成本核算指导意见》（中高学后伙〔2012〕2号），各地高校认真执行。

3月，为落实《教育部等五部门关于进一步加强高等学校学生食堂工作的意见》，中国高等教育学会后勤管理分会协助教育部发展规划司组织10个工作组分别赴上海、浙江、四川、重庆、江苏、山东、福建、陕西、广东、湖南、湖北、安徽、黑龙江、辽宁、河南、山西、广西、云南、天津、河北等省市进行文件宣传、调研和检查，并形成10份调研报告上报教育部。调研工作对高校做好学生食堂工作和破解相关难题起到重要推动作用。

3月，中国高等教育学会后勤管理分会秘书处组织中国院校后勤信息网、《高校后勤参考》编辑部和中央教育科学研究院首度编撰印发了《中国高校后勤改革发展年度报告（2011）》。

4月10日，教育部发展规划司在郑州召开了全国高校学生食堂工作座谈会，各省级教育行政主管部门和部分高校主管领导200多人参加了会议。教育部发展规划司谢焕忠司长代表教育部发表了重要讲话，对贯彻落实五部门《意见》、加强高校学生食堂工作提出明确要求。

7月27日，由教育部、农业部、商务部、中华全国供销合作总社、陕西省人民政府联合主办，中国高等教育学会后勤管理分会承办的第三届全国"农校对接"洽谈会在西安市隆重举行。来自全国高校后勤系统代表千余人和近千家的食材供应商参加了洽谈。教育部副部长鲁昕、陕西省副省长朱静芝以及中华全国供销合作总社、商务部、国家食品药品监督管理局等部委相关负责人出席开幕式并讲话。后勤管理分会在同期举办了"农校对接"与高校学生食堂采购工作论坛暨先进院校表彰大会，全国214所高校获得表彰。北京市教委、重庆市教委、浙江大学后勤集团和郑州大学后勤集团分别就地方政府部门和区域高校学生食堂农校对接与联合采购工作经验做了交流演讲。

9月23日，中国高等教育学会后勤管理分会在上海举办了首届"全国高校科技与绿色后勤建设交流研讨会暨表彰会"。授予清华大学、陕西师范大学和江南大学3所高校为全国高校后勤信息化建设工作优秀示范院校；授予5所高校为示范院校；授予22所高校为先进院校。

11月17日，中国高校伙食研讨会暨中国高校"伙专会"2012年年会在厦门隆重召开。会议讨论通过了《中国高校餐饮经营准入制度》《高校食堂伙食物资采购准入制度》两个文件，大会还进行了《中国高校食堂常用主副食加工标准与规范指南》首发仪式。

11月23日，中国高等教育学会后勤管理分会在贵阳召开全国高校学生公寓工作表彰会。274个单位被授予"全国高校学生公寓管理服务先进单位"，463名同志被授予"全国高校学生公寓管理服务先进个人"。这是后勤管理分会首次对高校学生公寓工作进行表彰，活动隆重热烈，来自全国高校学生公寓工作一线的管理者近千人参加了表彰大会。

2013年

5月12日，"全国高校后勤改革发展推进工作（2012）交流研讨年会"

在英雄城市南昌召开，会议由黎玖高秘书长主持，教育部发展规划司谢焕忠司长、教育部综合改革司宋德民司长、教育部发展规划司葛华副巡视员、高校后勤改革处朱宝铜处长、江西省教育厅彭世东副厅长、中国高等教育学会后勤管理分会张柳华理事长、江西省高校后勤协会朱爱莹会长出席会议，来自全国各地300余所高校后勤系统负责同志约500人参加了会议。

5月23日，中国教育后勤协会筹备工作委员会会议在中国人民大学召开。30位筹备工作委员会成员参加会议。教育部发展规划司司长谢焕忠、副巡视员葛华、教育部机关服务局局长高聚慧、教育部发展规划司高校后勤改革处处长朱宝铜、中国人民大学原党委书记程天权出席本次会议。程天权主持会议。

5月23日，全国高校后勤系统秘书长年度工作会议在中国人民大学召开。教育部发展规划司高校后勤改革处处长朱宝铜、中国高等教育学会后勤管理分会理事长张柳华出席会议。

5月28日，由教育部发展规划司举办的"第三期高校后勤工作专题培训班"在国家教育行政学院正式开班。教育部综合改革司司长宋德民为全体学员做了开班报告，重点介绍了高等教育综合改革的形势、任务及对高校后勤改革的要求，开启了本次培训课程的第一篇。国家教育行政学院管理教研部教授赵庆典主持开班仪式并任本次培训班班主任。共有来自全国各地高校后勤管理领域的学员近100人参加本轮学习与培训。

6月30日，中国教育后勤协会成立大会暨第一次会员代表大会在北京国家教育行政学院隆重召开。教育部副部长鲁昕、发展规划司司长谢焕忠、发展规划司副巡视员葛华、中国高等教育学会会长瞿振元、中国教育装备行业协会会长王富、中国人民大学原党委书记程天权等领导和嘉宾出席。教育部副部长鲁昕在会上发表重要讲话，并对中国教育后勤协会提出了希望和要求。大会选举中国人民大学原党委书记程天权为中国教育后勤协会会长；谢焕忠、高聚慧、张柳华等22位同志为副会长；副会长黎玖高为秘书长。会议同期成立中国教育后勤协会专家委员会，聘任王富同志为专家委员会主席，中国人民大学原副校长陈一兵同志为副主席。会议通过了《中国教育后勤协会会费收缴标准（试行）》《中国教育后勤协会机构设置的建议方案》；决定法定代表人为程天权，住所地和挂靠单位为中国人民大学。在大会闭幕式上，谢焕忠致闭幕辞。

6月30日，随着中国教育后勤协会的成立，《高校后勤研究》由"中国高等教育学会"主办，变更为由"中国教育后勤协会主办"，成为全国教育后勤行业会刊。

7月25日，由中国高校"伙专会"主办、东北大学承办的第二届中国高校烹饪技术大赛在沈阳隆重举行。来自全国30个省市自治区、137所高校的700多名参赛选手和领队出席和参加了本次大赛活动。在3天的比赛时间内共进行了27场比赛，共决出红案和白案的一等奖、二等奖、三等奖、优秀奖及优秀组织奖等团体奖项，红案（白）案中国高校十佳烹饪技术能手奖、金奖、银奖、铜奖、优秀奖等个人奖项，中国高校最佳地方风味小吃和中国高校最佳创新菜品奖等单项奖。

8月17日，由教育部、工业与信息化部、农业部、中华全国供销合作总社、湖南省人民政府联合举办、中国教育后勤协会承办的第四届"农校对接"洽谈会暨全国名优农副产品博览展销会在湖南省长沙市湖南国际会展中心隆重举行。

9月23日，中国教育后勤协会第一次专家委员会在上海召开。

10月30日，北京市教育委员会制定下发《进一步规范高校引入社会餐饮企业承办学生食堂管理的意见》（京教勤［2013］9号）文件，北京高校贯彻执行。

11月3日，中国教育后勤协会第一次会长办公会在中国人民大学召开。

11月30日，中国高校伙食工作研讨会暨年会在南京隆重召开。大会举行了第二届中国高校烹饪技术大赛表彰仪式以及《中国高校菜肴精品荟萃》和纪实光碟《中国高校伙食之光——第二届中国高校烹饪技术大赛巡礼》发布仪式。

12月14日，中国教育后勤协会安全管理专业委员会成立大会暨第一次全体委员会议在深圳召开。

12月15日，中国教育后勤协会思想文化建设与人力资源管理专业委员会成立大会暨第一次全体委员会议在深圳召开。

12月28日，中国教育后勤协会物业管理专业委员会成立大会暨第一次全体委员会议在济南召开。

2014 年

1月，《高校后勤研究》杂志社调整了管理团队，由张柳华任社长、杨宾留任主编、卢彩晨任常务副主编。

3月22日，中国教育后勤协会商贸管理专业委员会成立大会暨第一次全体委员会议在陕西西安召开。

3月23日，中国教育后勤协会信息化建设专业委员会成立大会暨第一次全体委员会议在陕西西安召开。

4月26日，中国教育后勤协会能源管理专业委员会成立大会暨第一次全体委员会议在北京召开。

5月17日，中国教育后勤协会中小学后勤分会成立大会暨第一次会员代表（理事）大会在北京召开。

6月8日，中国教育后勤协会学生公寓管理专业委员会成立大会暨全体委员会议在合肥召开。

6月11日，由教育部、国管局、共青团中央主办，中国教育后勤协会、中国节能环保集团公司承办，北京大学协办的"厉行节约高校在行动"建设节约型校园主题宣传活动在北京大学百周年纪念讲堂举行。

6月15日，中国教育后勤协会伙食管理专业委员会成立大会暨全体委员会议在杭州召开。教育部发展规划司副巡视员葛华、教育部发展规划司高校后勤改革处处长朱宝铜、中国教育后勤协会会长程天权、中国教育后勤协会副会长兼秘书长黎玖高等领导出席会议，浙江省教育厅副厅长于永明、浙江省高校后勤协会会长戴文战到会祝贺。会议通过了《中国教育后勤协会伙食管理专业委员会组织规则》，选举产生了"伙专会"常务委员、主任、副主任、秘书长，龚守相同志被聘为伙专会名誉主任，中国教育后勤协会常务副会长张柳华当选为伙专会主任，浙江大学后勤集团总裁徐金强当选为伙专会副主任兼秘书长。

6月21日，在北京理工大学举办纪念《高校后勤研究》创刊28周年、公开出版发行10周年和高校后勤改革发展论坛活动；同期成立《高校后勤研究》首届理事会。教育部发展规划司副巡视员葛华、中国教育后勤协会会长程天权到会并讲话。本年中，《高校后勤研究》杂志社加强了编审制度建设，制定了《编辑规程》《审稿规程》等编审制度；开本由"中16开本"变更为"大16开本"。

9月28日，中国教育后勤协会接待服务分会成立大会暨第一次会员代表大会在北京召开。

11月11日，中国教育后勤协会伙食管理专业委员会官方网站——中国学校伙食管理网正式上线，网址为www.eduhuoshi.com，网站前台频道主要设置了要闻视界、学校视线、行业视野、伙管视点、安全视域、环保视廊、理论视角、文化视窗和政策法规、行业规范、采购物流、技术装备、市场播报、社团服务大厅等14个栏目和版块，体现了行业特征、社团特点、工作特色。

2015年

3月25日，中国教育后勤协会2015年会长办公会议和专家委员会工作会议在苏州大学召开。

4月12日，中国教育后勤协会学生公寓管理专业委员会（2015）年会暨学生公寓管理标准化建设交流研讨会在郑州召开。

4月25日，中国教育后勤协会思想文化建设与人力资源管理专业委员会（2015）年会在成都召开。

5月24日，"学校伙食管理行业高级研修班"开班仪式在浙江大学之江校区举行。教育部发展规划司高校后勤改革处处长朱宝铜、中国教育后勤协会常务副会长兼"伙专会"主任张柳华、中国教育后勤协会副会长兼秘书长黎玖高出席开班仪式并讲话。

6月1日，中教育后勤协会主管、中国教育后勤协会物业管理专业委员会主办的《中国校园物业管理》杂志正式出版发行。

6月10日，中国教育后勤协会商贸管理专业委员会（2015）年会在上海光大会展中心隆重举行。

7月，中国教育后勤协会伙食管理专业委员会第一届二次全体委员会议暨学校餐饮技术设备展示交流会在湖南省长沙市举行。中国教育后勤协会会长程天权，教育部发展规划司副巡视员葛华，教育部发展规划司高校后勤改革处处长朱宝铜，湖南省教育厅后勤改革办公室主任刘梦清等领导出席会议并讲话。

7月11日，"2015年度全国教育后勤系统秘书长工作会议"在沈阳召开。

8月20日，中国教育后勤协会印发《高等学校清真食堂管理办法（试行）》（中后协〔2015〕7号）文件，高校参照执行。

9月，由中国教育后勤协会伙食管理专业委员会主办，四川省高校后勤协会伙食专业委员会承办的伙专会川菜烹饪培训班在四川旅游学院顺利开班。共有来自全国教育系统伙食管理战线的约70名厨师长、烹饪技术骨干参加培训。

11月6日，中国教育后勤协会安全管理专业委员会2015年会暨学校后勤安全管理创新成果展示交流会在江南大学召开。

11月23日，中国教育后勤协会中小学后勤分会受广东省教育厅的委托，在上海承办了广东省教育后勤管理干部（高端）研修班。

12月，杨宾不再担任《高校后勤研究》主编，由《高校后勤研究》杂志社社长张柳华兼任主编。

2016年

1月19日，中国教育后勤协会正式在北京市西城区社会保险基金管理中心开户，并办理了《社会保险登记证》。

3月26日，中国教育后勤协会伙食管理专业委员会纪念"伙专会"组织建立30周年纪念大会筹备小组工作会议在北京林业大学举行。

4月10日，中国教育后勤协会2016年会长办公会议和专家委员会工作会议在天津大学召开，教育部发展规划司司长谢焕忠出席会议。

4月11日，由中国教育后勤协会伙食管理专业委员会主办的首届全国高校厨师粤菜烹饪研修班开班典礼在广州市白云工商技师学院学生活动中心举行。

5月20日，中国教育后勤协会颁布了《全国高校标准化学生公寓创建指导标准（试行）》。

5月21日，"中国教育后勤协会学生公寓管理专业委员会（2016）年会暨首届'感动公寓'人物颁奖典礼"在南昌市举办。

5月26日，北京市教育委员会发布《关于印发〈北京高校标准化公寓、食堂和物业标准（2016版）〉进一步推进高校后勤标准化建设工作的通知》（京教勤［2016］6号）。以新标准加速推进北京高校公寓、食堂和物业标准化建设。

6月18日，《高校后勤研究》创刊30周年庆典暨海峡两岸大学校园服务与管理高峰论坛在北京举办。中国教育后勤协会程天权会长、教育部发展规划司基建管理和后勤改革处王雪涛处长等领导出席并讲话。三十年风雨同舟，三十载春华秋实。《高校后勤研究》创刊以来，共出版174期，审阅文章3万余篇，刊发8000多篇，为推动高校后勤改革与发展做出了不可或缺的重要贡献。

6月23日，"伙专会"第一届三次全体委员会议暨"伙专会"组织建立30周年纪念大会第二次筹备工作会议在浙江大学紫金港校区举行。

7月15日，中国教育后勤协会主办的"2016年度全国教育后勤系统秘书长工作会议"在呼和浩特召开。

7月31日，"伙专会"第一届三次全体委员会议暨"伙专会"组织建立30周年纪念大会在哈尔滨举行，中国教育后勤协会会长程天权、教育部发展规划司副巡视员葛华、黑龙江省教育厅副厅长尹晓岚、中国教育装备协会会长王富、中国烹饪协会副会长边疆等领导出席大会并致辞。大会对评选出的13名"高校伙食工作突出贡献人物"，139个"高校伙食工作先进集体"，185名"高校伙食工作先进工作者"进行了隆重表彰。

8月11日，中国教育后勤协会主办的"高校后勤改革发展（2016）暑期峰会暨高校少数民族学生后勤服务管理工作交流研讨会"在乌鲁木齐召开。

9月19日，湖南省教育后勤协会换届暨2016年年会在长沙理工大学召开,中国教育后勤协会会长程天权出席并讲话。

10月21日,"中国教育后勤协会思想文化建设与人力资源管理专业委员会(2016)年会暨高校后勤文化与人事分配制度改革论坛"在江南大学召开,会上进行了高校后勤文化建设优秀示范单位、先进单位颁奖。

11月7日,中国教育后勤协会伙食管理专业委员会在浙江大学举办学校伙食管理精英高级研修班(之江二期)培训。

11月27日,中国教育后勤协会伙食管理专业委员会在浙江大学举办"第一期高校食堂管理人员研修班"培训。

11月28日,"第三届中国教育后勤互联网大会暨中国教育后勤协会信息化建设专业委员会(2016)年会"在杭州召开。

12月5日,"中国教育后勤协会物业管理专业委员会(2016)年会"在成都召开。同期,举行了"中国校园物业管理发展论坛"和"首届校园物业管理技术设备展示交流会"。

12月14日,中国教育后勤协会商贸管理专业委员会2016年会暨第一届三次常委会在海南省海口市召开。

12月,中国教育后勤协会伙食管理专业委员会编辑,张柳华、赵相华、徐金强主编的《实践思考创新前行——中国教育后勤协会伙食管理专业委员会三十年论文集》一书正式出版。该书对接续历史、启迪思维、指导实践、理论研究和深化改革具有重大现实意义。

2017年

1月,由于刊物质量的提升和稿源的丰富,《高校后勤研究》杂志由双月刊改为单月刊,成倍增加了发刊数量和后勤信息量,适应了深化高校后勤改革与管理的需要。

3月16日,中国教育后勤协会能源管理专业委员会第一届第三次全体委员大会暨2016年年会在重庆顺利召开。

3月19日,中国教育后勤协会专家委员会工作会议在中国人民大学召开。

3月26日,中国教育后勤协会伙食管理专业委员会在杭州举办"第二期高校食堂管理人员研修班"。

3月27日，中国教育后勤协会培训部在北京举办全国职业院校后勤管理干部培训班（第二期）。

3月30日，全国教育后勤系统信息宣传与理论研究工作年会在苏州举办。会上发布了2016年度全国高校后勤研究力和宣传力排行榜，并表彰2016年度信息宣传工作先进单位。

4月7日，中国教育后勤协会思想文化建设与人力资源管理专业委员会在井冈山举办第二期"高校后勤党委（党总支）书记高级研修班"。

4月7日，中国教育后勤协会伙食管理专业委员会在浙江大学举办学校伙食管理精英高级研修班（之江三期）。

4月17日，中国教育后勤协会伙食管理专业委员会在广州举办第二期粤菜烹饪培训班（研修班）。

4月18日，中国教育后勤协会学生公寓管理专业委员会在杭州举办全国高校学生公寓标准化、信息化建设高级研修班。

4月19日，中国教育后勤协会物业管理专业委员会在扬州举办第三期"高校物业管理招投标实务及标准规范高级研修班"。

4月20日，中国教育后勤协会培训部在北京举办"全国高校后勤办公室主任和教育后勤系统办公室主任综合管理能力提升高级研修班（第二期）"。

5月，中国教育后勤协会培训部在昆明举办全国高校后勤系统招标管理与采购业务培训班。

6月4日，中国教育后勤协会伙食管理专业委员会在杭州萧山开展"高校食堂厨房规划设计研修班"。

6月6日，中国教育后勤协会能源管理专业委员会在上海举办第三期江浙沪高端研修班。

6月9日，《高校后勤研究》杂志社在厦门成功举办首届"中国两岸四地大学校园服务与管理高峰论坛"。

6月13日，中国教育后勤协会物业管理专业委员会在秦皇岛举办"大学校园楼宇物业修缮与维护管理实务高级研修班"。

6月29日，中国教育后勤协会2017年课题立项评审会在北京召开。

6月，中国教育后勤协会伙食管理专业委员会在安徽马鞍山市召开"高校餐饮服务市场开放与监管专题研讨会"。

7月26日，中国教育后勤协会伙食管理专业委员会在江西南昌召开"伙食管理专业委员会一届四次全体委员会议暨学校餐饮技术设备展示交流会"。

7月，中国教育后勤协会思想文化建设与人力资源管理专业委员会在青岛举办"第五期走进海尔——全国高校后勤文化建设与人力资源管理创新高级研修班"。

7月24日，2017年度全国教育后勤系统秘书长工作会议在牡丹江顺利召开。

7月24日，中国教育后勤协会物业管理专业委员会在烟台举办第二期高校绿化管理和园林景观维护高级研修班。

8月3日，中国教育后勤协会商贸管理专业委员会在西宁举办全国高校校园商贸管理人员研修班。

8月8日，"2017年高校后勤改革发展暑期峰会暨中国教育后勤行业标准化大会"在西宁顺利召开，同步举行了"中国教育后勤协会标准化技术委员会"成立仪式。

8月9日，中国教育后勤协会能源管理专业委员会在呼和浩特举办2017年度第一期学校"能源管理师、能源审计师、节能评估师（中/高级）"三证培训班。

8月10日，中国教育后勤协会信息化建设专业委员会在西宁举办第二期全国高校后勤信息化建设高级研修班。

10月13日，中国教育后勤协会2016年课题结题评审会在北京召开。

10月21日，中国教育后勤协会接待服务分会在上海召开第二期会员单位总经理培训班。

10月25日，中国教育后勤协会物业管理专业委员会在南昌举办了首期"高校物业管理标准化建设高级研修班"。

11月11日，中国教育后勤协会思想文化建设与人力资源管理专业委员会（2017）年会暨高校后勤文化建设与人力资源管理创新论坛在海口召开，会上举办"第二届高校后勤文化建设评优颁奖典礼"。

11月17日，中国教育后勤协会安全管理专业委员会（2016-2017）年会暨学校后勤安全管理交流研讨会在宁波召开。

11月19日，中国教育后勤协会伙食管理专业委员会在浙江大学举办"第一期高校食堂食品安全监管工作研修班"。

12月1日，中国教育后勤协会物业管理专业委员会（2017）年会暨第四届中国校园物业管理发展论坛在厦门举办，会上发布"2016全国校园物业服务百强单位排名"和《高校物业管理指南》。同期开展2017校园物业管理技术设备展示交流会。

12月8日，中国教育后勤协会商贸管理专业委员会（2017）年会暨校园新零售创新发展论坛在昆明顺利召开。

12月11日，由中国教育后勤协会和中国教育后勤协会信息化建设专业委员会主办的"第四届中国教育后勤互联网大会暨中国教育后勤协会信息化建设专业委员会（2017）年会"在浙江桐乡召开，会上对荣获2017年度中国教育后勤信息化建设优秀示范单位、先进单位、先进个人和推动人物进行表彰并举行了颁奖仪式。

12月26日，中国教育后勤协会能源管理专业委员会在广州举办2017年度第二期学校"能源管理师、能源审计师、节能评估师（中/高级）"三证培训班。

12月27日，中国教育后勤协会受国家民委督查司委托，在中国人民大学召开高校清真食堂管理工作座谈会。

2018年

3月，中国教育后勤协会专家委员会工作会议在苏州大学召开。

3月，中国教育后勤协会能源管理专业委员会第一届第四次全体委员大会暨2017年年会在厦门召开，会上举行2017年度教育节能评优颁奖典礼。同期举办高校节能新产品新技术展。

4月8日，中国教育后勤协会伙食管理专业委员会在杭州举办第一期高校食堂采购实务管理研修班。

4月，中国教育后勤协会学生公寓管理专业委员会在成都举办全国高校学生公寓标准化建设骨干研修班（第五期）。

4月，中国教育后勤协会主办的首届（2018）中国教育后勤展览会在上海召开，同期举办"科技后勤·智慧校园新技术应用推广论坛"。

4月，中国教育后勤协会与国家节能中心联合主办的第二期高校节能高级管理人才研修班在咸阳召开。

4月，中国教育后勤协会物业管理专业委员会在杭州举办第二期高校物业管理标准化建设高级研修班。

4月，全国教育后勤系统信息宣传与课题研究工作（2018）年会在嘉兴召开。

4月，中国教育后勤协会伙食管理专业委员会在浙大科技园举办"第一期高校食堂采购实务管理研修班"。

5月24日，中国教育后勤协会伙食管理专业委员会在浙大科技园举办"第二期高校厨房规划设计研修班"。

5月，由中国教育后勤协会《高校后勤研究》杂志社主办的首届大学校园服务与管理国际论坛在广州召开。

5月，中国教育后勤协会思想文化建设与人力资源管理专业委员会在遵义举办第三期全国高校后勤党委（党总支）书记高级研修班。

6月，中国教育后勤协会学生公寓管理专业委员会（2018）年会暨高校后勤"最美公寓人"颁奖典礼在哈尔滨召开。

6月，中国教育后勤协会与国家节能中心联合主办的"高校节能高级管理人才"第三期研修班在昆明召开。

6月30日，"庆祝中国教育后勤协会成立五周年暨改革开放四十年高校后勤改革发展座谈会"在中国人民大学召开。

6月24日，中国教育后勤协会伙食管理专业委员会在浙江大学举办"第二期高校食堂食品安全监管工作研修班"。

7月17日，中国教育后勤协会伙食管理专业委员会在杭州举办"专家工作组团体标准研讨会"。

7月，《高等学校清真食堂管理规范》《高等学校学生食堂引入社会餐饮企业管理规范》团体标准研讨会在杭州召开。

7月，2018年度全国教育后勤系统秘书长工作会议在延吉召开。

7月，中国教育后勤协会商贸管理专业委员会在长春举办2018年高校校园商贸管理人员暑期研修班。

7月，高校修缮与园林工程规范化、精细化管理实务高级研修班在丹东召开。

8月，中国教育后勤协会在太原举办"纪念改革开放四十周年高校后勤改革发展（2018）暑期峰会"。

8月，中国教育后勤协会物业管理专业委员会在长春举办第三期高校物业管理标准化建设高级研修班。

9月，中国教育后勤协会接待服务分会在哈尔滨举办"2018全国教育宾馆餐饮服务技能大赛"。

9月，《高等学校物业管理服务规范》团体标准审查会在中国人民大学召开。

后 记

今年是我国改革开放 40 年,我国高校后勤改革也走过了 40 年不平凡的历程。

40 年来,我国高等教育不仅从精英阶段进入了大众化阶段,而且一跃成为世界高等教育第一大国。这得益于党和国家的改革开放政策,得益于各级政府的高度重视,得益于全国各地高校广大师生员工的共同努力。同时,也离不开高校后勤社会化改革,离不开全国高校后勤系统全体干部员工的艰苦奋斗和无私奉献。高校后勤广大干部员工为保证高等教育大众化、为使我国成为世界高等教育大国,做出了不可磨灭的巨大贡献。从这个意义上说,如果没有高校后勤社会化改革,没有全国高校后勤系统广大干部员工的大力支持,也许就不会有我国高等教育大众化的今天。

为隆重纪念改革开放 40 年,总结改革开放 40 年来高校后勤改革的经验,进一步深化高校后勤社会化改革,为我国高等教育改革发展、为实现高等教育强国梦提供有力保障,《高校后勤研究》杂志社发起并组织了高校后勤社会化改革案例征集活动,由中国政法大学出版社来出版这本案例集。期待本书能够对推动全国高校后勤社会化改革有所帮助和启示。

本书的出版,得到了全国各地教育行政部门、各高校及服务高校的社会企业、中国院校后勤信息网、中国政法大学出版社的大力支持,在此一并表示衷心感谢!

高校后勤社会化改革涉及内容比较广泛,优秀案例十分丰富,限于篇幅,本书仅选取了部分案例,没能满足更多高校和企业的需求。在此,特别向未

后 记

被选入本案例集的单位表示歉意！对杂志社而言，组织编写这样的案例集，经验不多，如有疏漏和不当之处，还请各位读者多多批评指正！

编　者
2018 年 10 月